BTS

Culture générale et expression

2023/2024

- **THÈME 1**

  ## Invitation au voyage

- **THÈME 2**

  ## Paris, ville capital[e]

W0380748

David Martin

Christel Pommier-Morand

Nathan

Édition : Karine Le Forestier
Coordination artistique : Vincent Rioult
Fabrication : Emmanuelle Perrier
Mise en pages : Nadine Aymard
Conception couverture : Vincent Rioult

ISBN : 978-2-09-501732-3
Code éditeur : 373 244

SOMMAIRE

Thème 1 : Invitation au voyage

Ce que dit le programme 5

Partie 1 – Voyage et exploration

1. Voyage et connaissance du monde 12
2. Plongée dans l'inconnu : entre fascination et effroi 24
3. Une invitation à redécouvrir la beauté des choses 33
4. Voyages virtuels et imaginaires 37

Partie 2 – Le voyage nous rend-il meilleurs ?

1. « Les voyages forment la jeunesse » 48
2. À la recherche de soi-même 58
3. L'émancipation par le voyage 69
4. Une fuite illusoire 77
5. À la rencontre de l'Autre 84

Partie 3 – Le voyage est-il un loisir comme un autre ?

1. Plaisir de « vacances » 98
2. Tourisme et consommation 113

Thème 2 : Paris, ville capitale ?

Ce que dit le programme 131

Partie 1 - Paris, une capitale attractive ?

1. Paris, lieu de tous les pouvoirs 138
2. Pourquoi on « monte à Paris » ? Pour y faire quoi ? 152
3. Tous les habitants de Paris sont-ils égaux ? 159

Partie 2 – Paris, une ville où il fait bon vivre ?

1. Paris est une fête 168
2. Paris, ville des badauds et de la flânerie 176
3. Le « Paris des Parisiens » 180
4. Le désir d'être ailleurs 187

Partie 3 – Paris fait-elle toujours rêvée ? Est-elle devenue une ville mythique ?

1. Paris, ville touristique 194
2. Paris, la « ville lumière » 202
3. Paris, capitale des arts 206
4. Paris, lieux de fête 214

Partie 4 – Paris, capitale internationale ?

1. Paris révolutionnaire, mythe et rayonnement 228
2. Une course pour maintenir un rang international 237
3. Paris, ville de manifestations internationales 251

Éléments de méthodologie 263

Invitation au voyage…

Ce que dit le programme

» Problématique

Longtemps apanage d'une élite sociale, le voyage s'est désormais démocratisé. La variété des moyens de transport, la baisse des coûts, la facilité de l'organisation du voyage en ligne, clé en main, donnent au plus grand nombre l'opportunité de se déplacer vers des destinations lointaines. Pourtant, tout le monde ne voyage pas : la peur de l'inconnu, les risques éventuels, l'éloignement de l'environnement familier ou encore les dépenses occasionnées peuvent freiner l'envie de partir.
Mais pourquoi voyageons-nous ? Certes, nous sommes parfois contraints de nous déplacer pour des raisons professionnelles ou des motifs familiaux, mais le temps des vacances est une invitation au dépaysement, à l'agrément et à l'exotisme, à la découverte de l'ailleurs. Voyager, c'est alors prendre le large et, quand on part, on ne revient pas toujours le même : le voyage est un rite de passage qui permet de faire l'expérience de soi-même face aux autres, face à l'inconnu. Ainsi, les peintres ont longtemps fait le voyage en Italie, les aristocrates ont eu leur Grand Tour et les étudiants européens peuvent participer au programme Erasmus. Cependant, s'agit-il encore de la même conception du voyage ?
Aujourd'hui, le tourisme déplace des foules selon des itinéraires balisés, au mépris des conséquences écologiques. La mondialisation des enseignes de commerce abolit les différences géographiques et culturelles : le voyageur actuel est semblable à certains contemporains de Montaigne qui, partout où ils vont, « se tiennent à leurs façons ». Peut-on véritablement parler de la découverte de nouveaux territoires lorsqu'on ne fait que se délocaliser du même au même ? On se photographie devant des monuments, des paysages ou des plats exotiques – selfies aussitôt mis en ligne pour donner une image de soi qui suscite admiration et envie. Est-ce encore voyager que de voyager sans changer de regard, sans s'oublier soi-même pour s'ouvrir aux autres ?

» Mots-clés

– Voyage, évasion, nomadisme, fuite, fugue, errance.
– Découvrir, comprendre, s'adapter, communiquer, survivre.
– Authenticité, us et coutumes, folklore.
– L'inconnu, l'étranger, l'exotisme, l'ailleurs.
– Voyage scolaire, séjour linguistique, voyage éclair, agence de voyages, voyagiste, tour-opérateur, circuit touristique, voyage de noces, croisière, voyage au long cours, tourisme de masse, tourisme solidaire, tourisme culturel, woofing.
– Auto-stop, covoiturage, compagnies low cost, port, paquebot, gare, train de nuit, Orient-Express, Transsibérien, aéroport.
– Selfie, carte postale, carnet de voyage, journal de bord (*log book*), récit de voyage, géographie, ethnographie.
– Quête de soi, voyage initiatique, pérégrin, pèlerin, pèlerinage, aventure, périple, tribulations, pérégrinations, odyssée, expédition, exploration, tour du monde, circumnavigation, voyage d'études, voyage scientifique, grandes découvertes, conquête spatiale.

» Expressions

Larguer les amarres, faire ses bagages, « bon vent ! », « bon voyage ! », les voyages forment la jeunesse, mérite le déplacement, vaut le détour, poser ses valises, souvenirs de voyage, retour aux sources, retour au bercail, regagner ses pénates, faire son dernier voyage…

» Indications bibliographiques

Littérature

Les Mille et Une Nuits

Charles Baudelaire, *Les Fleurs du mal*, *Le Spleen de Paris* (« L'invitation au voyage »)

Julien Blanc-Gras, *Touriste*

Nellie Bly, *Le Tour du monde en 72 jours*

Louis-Antoine de Bougainville, *Voyage autour du monde*

Nicolas Bouvier, *L'Usage du monde*

Michel Butor, *La Modification*

Louis-Ferdinand Céline, *Voyage au bout de la nuit*

Blaise Cendrars, *Bourlinguer, Du monde entier au cœur du monde* : « La prose du Transsibérien et de la petite Jehanne de France »

Joseph Conrad, *Jeunesse, Au cœur des ténèbres*

Bérengère Cournut, *De pierre et d'os*

Alexandra David-Néel, *Voyage d'une Parisienne à Lhassa*

Denis Diderot, *Supplément au Voyage de Bougainville*

Isabelle Eberhardt, *Au pays des sables*

Gustave Flaubert, *Par les champs et par les grèves*

François Garde, *Ce qu'il advint du sauvage blanc*

Laurent Gaudé, *Eldorado*

Christian Garcin et Tanguy Viel, *Travelling*

Théophile Gautier, *Voyage en Espagne*

André Gide, *Voyage au Congo*

Jean Giraudoux, *Supplément au voyage de Cook*

Cédric Gras, *L'Hiver aux trousses*

Hérodote, *Histoires*

Olivier Hodasava, *Éclats d'Amérique. Chronique d'un voyage virtuel*

Homère, *L'Odyssée*

Alexis Jenni, *La Conquête des îles de la Terre Ferme*

Jean-Paul Kauffmann, *L'Arche des Kerguelen. Voyage aux îles de la Désolation*

Jack Kerouac, *Sur la route*, *Satori à Paris*

Joseph Kessel, *Les Cavaliers*

Rudyard Kipling, *L'homme qui voulut être roi*

Matthew Kneale, *Les Passagers anglais*

Eugène Labiche, *Le Voyage de Monsieur Perrichon*

Selma Lagerlöf, *Le Merveilleux voyage de Nils Holgersson à travers la Suède*

Valery Larbaud, *Les Poésies de A. O. Barnabooth*, *Journal*

Jean-Marie Gustave Le Clézio, *Haï*, *Désert*

Jean de Léry, *Histoire d'un voyage fait en la terre du Brésil*

Jack London, *La Croisière du Snark*

Pierre Loti, *Voyages au Moyen-Orient*

Ella Maillart, *Des monts célestes aux sables rouges*

André Malraux, *La Voie royale*

Henri Michaux, *Ailleurs, Un barbare en Asie*

Michel de Montaigne, *Essais*, III, 9, *Journal de voyage*

Montesquieu, *Lettres persanes*

Gérard de Nerval, *Voyage en Orient*

Rabelais, *Le Quart Livre*

Arthur Rimbaud, *Illuminations* (« Ma bohème »)

Jean-Jacques Rousseau, *Les Confessions*

Jean-Christophe Rufin, *Rouge Brésil*, *Le Tour du monde du roi Zibeline, Immortelle randonnée. Compostelle malgré moi*

Antoine de Saint-Exupéry, *Courrier sud*, *Vol de nuit*, *Terre des hommes*, *Le Petit Prince*, etc.

Victor Segalen, *Les Immémoriaux*

Stendhal, *Voyages en Italie*

Jonathan Swift, *Les Voyages de Gulliver*

Sylvain Tesson, *Les Chemins noirs*, *Berezina*

Jean-Philippe Toussaint, *Partir*

Vercors, *Les Animaux dénaturés*, *Zoo ou l'Assassin philanthrope*

Jules Verne, *Le Tour du monde en quatre-vingts jours*, *Voyages extraordinaires*

Voltaire, *Candide*, *Micromégas*

Essais

Lucie Azema, *Les femmes aussi sont du voyage. L'émancipation par le départ*

Roland Barthes, *L'Empire des signes*

Anne Benoit-Janin, *Les Népalaises de l'Everest*

Matthias Debureaux, *De l'art d'ennuyer en racontant ses voyages*

François La Mothe Le Vayer, *De l'utilité des voyages*

Claude Lévi-Strauss, *Tristes Tropiques*

Véronique Meyer, *Voyage d'artistes en Italie du Nord, XVIe-XIXe siècle*

Juliette Morice, « "Les voyages rendent-ils meilleur ?" Autour d'une controverse au XVIIIe siècle », *Revue philosophique de Louvain*, 2012 ; « Voyage et anthropologie dans l'*Émile* de Rousseau », *Revue de métaphysique et de morale*, 2013/1 (n° 77)

Béat de Muralt, *Lettres sur les Anglais et les Français et sur les voyages*

Daniel Roche, *Les Circulations dans l'Europe moderne, XVIIe-XVIIIe siècle*

Jean-Jacques Rousseau, *Émile ou De l'éducation*, livre V

Judith Schalansky, *Atlas des îles abandonnées*

Bandes dessinées

Alain Ayroles, Juanjo Guarnido, *Les Indes fourbes*

Christophe Blain, *Carnet polaire*

Mathieu Blanchot et Frédéric Campoy, *Une vie avec Alexandra David-Néel*

Florent Chavouet, *Manabé Shima*

Cosey, *Jonathan* (série)

Nicolas De Crécy, *Visa Transit*

Guy Delisle, *Chroniques birmanes*

Fabcaro, *Carnet du Pérou*

Emmanuel Lepage, *Les Voyages d'Ulysse*

Aude Picault, *Parenthèse patagone*

Hugo Pratt, *Corto Maltese* (série)

Craig Thompson, *Un Américain en balade*

Didier Tronchet, *Vertiges de Quito*

Lewis Trondheim, *Carnet de bord*

Arts plastiques

Augustus Leopold Egg, *Les Compagnons de voyage* (The Travelling Companions)

Eugène Delacroix, *Femmes d'Alger dans leur appartement*

Caspar David Friedrich, *Le Voyageur au-dessus de la mer de nuages* (Der Wanderer über dem Nebelmeer)

Paul Gauguin, *Anywhere Out of the World*

Edward Hopper, *Compartiment C, voiture 293*

Le Lorrain, *Port de mer avec Villa Médicis*

Claude Monet, *La Gare Saint-Lazare*

Les orientalistes du XIXe siècle

Hubert Robert, *Le Port de Ripetta à Rome*

Antoine Watteau, *L'Embarquement pour Cythère*

Expositions en ligne

Bougainville à Tahiti : http://expositions.bnf.fr/lumieres/grand/uto_138.htm

Le capitaine Cook à Hawaï : http://expositions.bnf.fr/lumieres/grand/098.htm

Maupertuis en Laponie : http://expositions.bnf.fr/lumieres/grand/emi_92.htm

Solvyns aux Indes : http://expositions.bnf.fr/lumieres/grand/093.htm

Voltaire à Berlin : http://expositions.bnf.fr/lumieres/grand/333.htm

Films

Jean-Jacques Annaud, *Sept ans au Tibet*

Wes Anderson, *À bord du Darjeeling Limited*, *Moonrise Kingdom*

James Cameron, *Titanic*

Jane Campion, *La Leçon de piano*

Édouard Deluc, *Gauguin. Voyage de Tahiti*

Peter Farrelly, *Green Book. Sur les routes du Sud*

Kevin Costner, *Danse avec les loups*

Dennis Hopper, *Easy Rider*

John Huston, *L'homme qui voulut être roi*

Peter Jackson, *Le Seigneur des anneaux* (la trilogie)

Cédric Klapisch, *L'Auberge espagnole*, *Les Poupées russes*, *Casse-tête chinois*

Mike Leigh, *Mr. Turner*

Terrence Malick, *Le Nouveau Monde*

Sean Penn, *Into the Wild*

Rob Reiner, *Stand by Me*

Walter Salles, *Carnets de voyage*, *Central do Brasil*

James Uys, *Les Dieux sont tombés sur la tête*

Régis Wargnier, *Man to Man*

Musique

Charles Aznavour, « **Emmenez-moi** »

Bernard Lavilliers, « **On the Road Again** », « **Tu es plus belle que le ciel et la mer** », *Carnets de bord* (« **Voyageur** »)

Alexandre Borodine, « **Dans les steppes de l'Asie centrale** »

Jacques Brel, « **La quête** », « **Amsterdam** »

Étienne Daho, « **Week-end à Rome** »

Desireless, « **Voyage, voyage** »

Nino Ferrer, « **Le Sud** »

Jean-Jacques Goldman, « **Là-bas** », « **Je marche seul** »

Gérard Manset, « **Il voyage en solitaire** »

Nicolas Peyrac, « **Je pars** »

Henri Salvador, « **Syracuse** »

Téléphone, « **New York avec toi** »

Émissions de radio

https://www.franceculture.fr/philosophie/les-voyages-nous-rendent-ils-meilleurs

https://www.franceculture.fr/emissions/etre-et-savoir/leducation-au-voyage

https://www.franceculture.fr/emissions/du-grain-a-moudre-dete/le-voyage-therapie-ou-placebo

https://www.franceculture.fr/emissions/la-chronique-daurelien-bellanger/la-chronique-daurelien-bellanger-chronique-du-jeudi-08-avril-2021

https://www.franceculture.fr/peinture/voyages-les-inspirations-des-peintres

Partie 1
Voyage et exploration

Sujet d'écriture personnelle

?

« On dit toujours que les choses nouvelles plaisent », affirme l'explorateur Jean de Mandeville pour conclure son Voyage autour de la Terre. *Comment expliquez-vous cet attrait pour l'inconnu ?*

Chapitre 1
Voyage et connaissance du monde

Explorer obéit avant tout à un objectif de connaissance : sillonner le monde, le sonder, le cartographier, l'inventorier répond à une soif d'exhaustivité dont les enjeux intellectuels et scientifiques sont de taille, entre volonté de puissance et questionnements philosophiques et métaphysiques.

1. Le temps des grandes découvertes

a. Qu'appelle-t-on les « grandes découvertes » ?

Les XVe et XVIe siècles constituent ce que l'on a appelé « l'âge des découvertes » : les puissances européennes financent de grandes expéditions maritimes à des fins commerciales mais aussi en vue d'explorer le monde et de le cartographier. Au désir de se procurer de nouvelles ressources, s'adjoint la volonté de connaître et de maîtriser l'ensemble de la planète, que l'on considère aujourd'hui comme entièrement cartographiée. Cette quête de savoir exhaustif coïncide avec le courant de pensée humaniste, qui valorise la place de l'homme dans l'univers et célèbre son épanouissement par la connaissance et le questionnement scientifique.

Ces explorations sont notamment l'occasion de vérifier la rotondité de la Terre, de découvrir le continent américain, de nouvelles régions d'Afrique, de l'océan Pacifique et d'établir des contacts directs avec les différents points du globe, entamant un premier processus de mondialisation.

L'invention de l'imprimerie en 1450 permet de diffuser les récits de voyage et les cartes de terres lointaines.

Les grandes découvertes modifient donc considérablement la représentation du monde et marquent le passage du Moyen Âge à l'époque moderne.

b. Quelques figures d'explorateurs

Les premiers grands explorateurs sont les Portugais, qui tentent de trouver un passage vers les Indes en contournant l'Afrique : au XVe siècle, Bartolomeu Dias atteint la pointe sud de l'Afrique, nommée alors le cap de Bonne-Espérance pour saluer l'espoir de gagner les Indes par la mer, objectif atteint par Vasco de Gama en 1535 après un voyage épique de près de neuf mois.

Financé par les souverains espagnols, le Génois Christophe Colomb, voulant atteindre les Indes en traversant l'océan depuis l'Ouest, découvre les Bahamas, Cuba et Saint-Domingue en 1492 et, plus tard, le Honduras et le Panamá. Le Florentin Amerigo Vespucci poursuit les découvertes de Colomb et donne son nom au continent américain.

Au service du roi d'Angleterre, Jean Cabot atteint les côtes de l'Amérique du Nord en 1497 et 1498.
Quant à Jacques Cartier, c'est pour le compte de la couronne française qu'il accoste au Canada, à l'embouchure du fleuve Saint-Laurent en 1535.

Le **premier tour du monde** est réalisé par l'équipage du Portugais Fernand de Magellan entre 1519 et 1522 : par le détroit de la pointe sud du continent américain, qui porte désormais son nom, Magellan accède à l'océan qu'il baptise « Pacifique » en raison du temps clément qu'il y trouve.

ZOOM

Découverte de l'Amérique

Christophe Colomb n'a pas « découvert » l'Amérique, puisque des Vikings venus d'Islande ont gagné vers l'an 1000 des régions de l'est de l'actuel Canada pour y établir une colonie nommée « Vinland ».

c. Qu'ont rapporté les explorateurs des grandes découvertes ?

Épices, tabac, pommes de terre, tomates, aubergines, haricots, café, thé, chocolat… Les grands explorateurs ont rapporté en Europe ces denrées nouvelles. L'explorateur français André Thevet ramène de son voyage au Brésil les graines d'une plante qui deviendra le « tabac » et sera popularisée en Europe pour ses vertus curatives. Il en décrit l'usage par les Indiens dans *Les Singularités de la France antarctique* (1558) :

> Il y a une herbe, qu'ils nomment en leur langue pétun, laquelle ils portent ordinairement avec eux, parce qu'ils l'estiment merveilleusement profitable à plusieurs choses. Or, ils cueillent soigneusement cette herbe et la font sécher à l'ombre dans leurs petites cabanes. La manière d'en user est telle : ils enveloppent étant sèche quelque quantité de cette herbe en une feuille de palmier qui est fort grande, et la roulent comme de la grandeur d'une chandelle, puis mettant le feu par un bout, en reçoivent la fumée par le nez et par la bouche. Elle est fort salubre, disent-ils, pour faire distiller et consumer les humeurs superflues du cerveau. Davantage prise en cette façon, fait passer la faim et la soif pour quelque temps. Par quoi ils en usent ordinairement, même quand ils tiennent quelque propos entre eux, ils tirent cette fumée, et puis parlent ; ce qu'ils font continuellement et successivement l'un après l'autre en guerre, où elle se trouve très commode. Les femmes n'en usent aucunement. Vrai est que si l'on prend trop de cette fumée ou parfum, elle entête et enivre comme le fumet d'un fort vin. Les chrétiens étant aujourd'hui

par-delà sont devenus merveilleusement friands de cette herbe et parfum ; combien qu'au commencement l'usage n'est sans danger, avant que l'on y soit accoutumé : car cette fumée cause sueurs et faiblesses, jusques à tomber en quelque syncope ; ce que j'ai expérimenté en moi-même. Et n'est tant étrange qu'il semble, car il se trouve assez d'autres fruits qui offensent le cerveau, combien qu'ils soient délicats et bons à manger. »

Vers l'écriture personnelle

Faites des recherches sur l'Exposition universelle de 1992 à Séville célébrant les 500 ans de la découverte de l'Amérique. Comment le thème des découvertes y est-il célébré et valorisé ?

Pour en savoir plus

Consultez ces dossiers numériques de la BnF consacrés à la connaissance et au regard porté sur le monde lors des grandes périodes d'exploration.

- Les mappemondes : une image médiévale du monde : http://classes.bnf.fr/ebstorf/index.htm
- Les globes du Roi-Soleil : http://expositions.bnf.fr/globes/index.htm

2. Vers une infinité de connaissances

a. La soif de tout connaître

Voyager vise à assembler une connaissance exhaustive du monde, tout en s'émerveillant de la richesse illimitée des éléments qui le composent, ce qui constitue un défi stimulant pour un savoir à prétention encyclopédique. À travers les conseils que le géant Gargantua délivre à son fils Pantagruel, Rabelais, en 1532, chante les louanges d'une exploration complète de la nature : « qu'il n'y ait mer, rivière, ni source dont tu ignores les poissons ; tous les oiseaux du ciel, tous les arbres, arbustes et les buissons des forêts, toutes les herbes de la terre, tous les métaux cachés au ventre des abîmes, les pierreries de tous les pays de l'Orient et du Midi, que rien ne te soit inconnu ». Cette ambition « gigantesque » semble inviter l'humanité à une exploration sans relâche, d'autant plus captivante qu'elle s'annonce sans fin.

Les expéditions scientifiques se multiplient au cours du XVIIIe siècle :

> Parallèlement à ces desseins commerciaux, les voyages permettent d'effectuer des relevés de faune et de flore, de réaliser des observations astronomiques et météorologiques, de tester les nouvelles théories sur la longitude et d'éprouver les nouveaux matériaux. On compte au sein des équipages de nombreux scientifiques dont les tâches et les fonctions se complètent. Minéralogistes et jardiniers sont chargés de faire des prélèvements et d'analyser les échantillons de flore, botanistes et peintres effectuent des relevés, astronomes, météorologistes et horlogers œuvrent ensemble pour une meilleure navigation.
>
> Mélody Bellier et Justine Chauvin, http://expo-recits-de-voyage.edel.univ-poitiers.fr

Dans sa lettre aux autorités anglaises du 24 octobre 1768, le capitaine James Cook associe sa découverte du Pacifique à des enjeux scientifiques : « Les plans que j'ai tirés des endroits où j'ai été, ont été faits avec minutie et soin et je suis certain que la latitude et la longitude n'ont été mieux établies pour aucune partie du monde. [...] Et les nombreuses et précieuses découvertes d'histoire naturelle [plus de 1 000 espèces de plantes, 500 oiseaux et poissons, des insectes ont été découverts] [...] ne peuvent manquer de contribuer grandement au succès du voyage. »

ZOOM

Du cabinet de curiosités au musée

Les cabinets de curiosités sont des pièces ou meubles où sont entreposés et exposés les éléments (naturels comme artificiels) les plus inattendus, rares, étranges, issus des quatre coins du globe, de manière à en exhiber la richesse surprenante et voyager par procuration dans le temps et l'espace. Apparus à la Renaissance et très en vogue au XVIIIe siècle, ils avaient vocation à accroître la maîtrise scientifique du monde tout en consolidant une communauté de savants, puisque le contenu en était le plus souvent inventorié.

À partir du XIXe siècle, ils furent peu à peu remplacés par des musées spécialisés, où les découvertes du monde se sont vues catégorisées (muséums d'histoire naturelle, musées d'art, d'archéologie, anthropologie...).

Pour en savoir plus

Découvrez le monde des cabinets de curiosités au château de Cadillac :
liennathan.fr/3i38wp

Vers la synthèse de documents

1) Qu'est-ce qui relie ces deux approches de la connaissance du monde ?
2) Qu'est-ce qui fait leur différence ?

Texte 1

Le jeune Raphaël de Valentin découvre la boutique d'un antiquaire.

« Au premier coup d'œil, les magasins lui offrirent un tableau confus, dans lequel toutes les œuvres humaines et divines se heurtaient. Des crocodiles, des singes, des boas empaillés souriaient à des vitraux d'église, semblaient vouloir mordre des bustes, courir après des laques, ou grimper sur des lustres. [...] Le commencement du monde et les événements d'hier se mariaient avec une grotesque bonhomie. Un tournebroche était posé sur un ostensoir, un sabre républicain sur une hacquebute du Moyen Âge. [...]
Tous les pays de la terre semblaient avoir apporté là quelque débris de leurs sciences, un échantillon de leurs arts. C'était une espèce de fumier philosophique auquel rien ne manquait, ni le calumet du sauvage, ni la pantoufle vert et or du sérail, ni le yatagan du Maure, ni l'idole des Tartares ; il y avait jusqu'à la blague à tabac du soldat, jusqu'au ciboire du prêtre, jusqu'aux plumes d'un trône. Ces monstrueux tableaux étaient encore assujettis à mille accidents de lumière par la bizarrerie d'une multitude de reflets dus à la confusion des nuances, à la brusque opposition des jours et des noirs. L'oreille croyait entendre des cris interrompus, l'esprit saisir des drames inachevés, l'œil apercevoir des lueurs mal étouffées. [...]
L'inconnu compara d'abord ces trois salles gorgées de civilisation, de cultes, de divinités, de chefs-d'œuvre, de royautés, de débauches, de raison et de folie, à un miroir plein de facettes dont chacune représentait un monde. [...] La vue de tant d'existences nationales ou individuelles, attestées par ces gages humains qui leur survivaient, acheva d'engourdir les sens du jeune homme ; le désir qui l'avait poussé dans le magasin fut exaucé : il sortit de la vie réelle, monta par degrés vers un monde idéal, arriva dans les palais enchantés de l'Extase [...]. »

Honoré de Balzac, *La Peau de chagrin,* **1831.**

Texte 2

L'auteur étudie ici les romans d'aventures de Jules Verne.

« L'imagination du voyage correspond chez Verne à une exploration de la clôture. [...] Le monde est fini, le monde est plein de matériaux numérables et contigus. L'artiste ne peut avoir d'autre tâche que de faire des catalogues, des inventaires, de pourchasser de petits coins vides, pour y faire apparaître en rangs serrés les créations et les instruments humains. Verne appartient à la lignée progressiste de la bourgeoisie : son œuvre affiche que rien ne peut échapper à l'homme, que le monde, même le plus lointain, est comme un objet dans sa main [...]. Verne ne cherchait nullement à élargir le monde selon des voies romantiques d'évasion ou des plans mystiques d'infini : il cherchait sans cesse à le rétracter, à le peupler, à le réduire à un espace connu et clos, que l'homme pourrait ensuite habiter confortablement. [...]

Le geste profond de Jules Verne, c'est donc, incontestablement, l'appropriation. L'image du bateau, si importante dans la mythologie de Verne, n'y contredit nullement, bien au contraire : le bateau peut bien être symbole de départ ; il est, plus profondément, chiffre de la clôture. Le goût du navire est toujours joie de s'enfermer parfaitement, de tenir sous sa main le plus grand nombre possible d'objets. [...] Or tous les bateaux de Jules Verne sont bien des "coins du feu" parfaits, et l'énormité de leur périple ajoute encore au bonheur de leur clôture, à la perfection de leur humanité intérieure. Le *Nautilus* est à cet égard la caverne adorable : la jouissance de l'enfermement atteint son paroxysme lorsque, du sein de cette intériorité sans fissure, il est possible de voir par une grande vitre le vague extérieur des eaux, et de définir ainsi dans un même geste l'intérieur par son contraire. »

Roland Barthes, « Nautilus et Bateau ivre », *Mythologies*, 1957, éd. Denoël.

1) Les deux textes envisagent une approche encyclopédique du monde, dont il s'agit d'assembler le maximum de composantes et de réalités les plus hétéroclites, afin d'en établir une connaissance globale, qui n'ignore aucune de ses raretés ou spécificités.

2) La boutique d'antiquités imaginée par Balzac entretient la confusion et le chaos pour rendre compte d'un amoncellement étourdissant qui suscite vertige et fascination précisément parce que l'étendue des réalités du monde semble à ce point inépuisable et inconciliable qu'il demeure impossible d'en faire le tour ou d'y déceler un sens accessible et cohérent. À l'inverse, les romans de Jules Verne viseraient, selon Barthes, à réduire l'ensemble de la création à un monde connu et maîtrisé, que l'on peut raisonnablement et confortablement mesurer.

Vers l'écriture personnelle

Lisez, au choix, un roman de Jules Verne. Partagez-vous l'interprétation qu'en fait Roland Barthes ou estimez-vous, au contraire, que le voyage y sert à toujours repousser plus loin les limites du connu ?

ZOOM

Dian Fossey et les gorilles

La primatologue américaine Dian Fossey (1932-1985) a passé dix-huit ans de sa vie à étudier les gorilles dans les montagnes du Rwanda. Ses travaux vont durablement bouleverser notre perception des primates. Elle laisse derrière elle un héritage précieux, aussi bien scientifique qu'écologique. Son ouvrage autobiographique *Gorilles dans la brume* a fait l'objet d'une adaptation cinématographique en 1988, où son rôle est interprété par Sigourney Weaver.

b. Existe-t-il encore des zones inexplorées ?

Christian Clot, vice-président de la Société des explorateurs français, explique, dans un entretien accordé en 2017 à *Libération*, qu'« il n'existe pas de territoires dont on ignore l'existence sur la planète, mais beaucoup n'ont jamais été visités ». Ces fameuses « zones grises », lui préfère les nommer « zones bleues, une couleur qui fait davantage appel au rêve, car l'exploration c'est avant tout un message d'espoir ».
« En Amérique du Sud, nous connaissons peu de chose de la Patagonie, une immense forêt primaire où des milliers d'espèces végétales et animales sont à découvrir. Je ne parle pas de l'Amazonie, encore plus gigantesque et source de découvertes de plantes dont les principes actifs sont utilisés pour la conception de médicaments. »
L'explorateur est convaincu qu'un jour, « nous découvrirons de nouvelles traces de vie humaine ancienne qui pourraient peut-être remettre en cause ce que nous savons de notre histoire, de l'origine du vivant. L'exploration, c'est avant tout se requestionner en permanence ».
Sur la découverte de nouvelles tribus, Christian Clot précise : « Nous savons qu'elles existent, de même que leurs membres ont conscience qu'ils ne sont pas seuls, du simple fait que de nombreux avions survolent l'Amazonie par exemple. Cela a été mon cas en 1999 au Népal, quand je suis arrivé dans une vallée où les habitants n'avaient jamais vu d'hommes blancs, n'avaient jamais touché une fermeture éclair, mais nous nous connaissions mutuellement. »
Explorer, c'est aussi creuser la terre, la croûte terrestre devenant un « vaste champ de découverte de nouvelles espèces et un lieu où l'on peut observer des traces sociétales comme des ossements, des déchets ou même des petites constructions et abris ».
L'explorateur-écrivain évoque ainsi la découverte il y a seulement une quinzaine d'années de traces anciennes de civilisation dans le sud de la Turquie : « Göbekli Tepe est une des plus vieilles structures cultuelles du monde. Ce temple a été construit au moins 10 000 ans avant Jésus-Christ. C'est 7 000 ans avant les pyramides égyptiennes ! Je suis persuadé que nous ferons des découvertes extraordinaires de ce genre dans les prochaines années. »
Christian Clot pense qu'un jour, « nous trouverons des cités qui ont contribué au mythe de l'Atlantide. La mer Méditerranée n'a pas livré tous ses secrets. [...]

70 % de notre planète est recouverte par des océans. C'est un champ de recherche énorme d'un point de vue scientifique et archéologique sachant que l'intégralité des fonds marins profonds n'a toujours pas été explorée. Qui sait ce qu'on pourrait y trouver ? »

ZOOM

Regarder des films sur la recherche de zones inexplorées

- *The Lost City of Z* (2016) de James Gray.
- *Jungle* (2018) de Greg McLean.

Vers l'écriture personnelle

Quel est l'intérêt, selon vous, de partir en quête de zones inexplorées ?

3. Explorer l'espace et le temps

a. Les enjeux de l'exploration spatiale

Les premières civilisations humaines se sont distinguées par l'observation du ciel et la volonté d'en percer les mystères, à des fins utilitaires ou philosophiques et depuis, l'exploration spatiale a progressé de façon spectaculaire et demeure un enjeu majeur pour l'humanité. Des hommes ont marché sur la Lune et des engins d'exploration se sont posés sur Vénus, Mars et Titan, les comètes et astéroïdes ont été étudiés de près. Désormais, même le tourisme spatial est devenu possible et l'idée de coloniser d'autres planètes pour préserver notre espèce n'est plus un scénario de science-fiction… Outre les enjeux techniques, géopolitiques et économiques, la compréhension de l'univers repose sur des questionnements scientifiques majeurs, à commencer par la quête de l'origine et du sens même de la vie.

> « Depuis la nuit des temps, les êtres humains ont toujours été fascinés par les cieux. Après avoir exploré tout (ou presque) ce qu'il y avait à explorer sur notre planète, la suite logique était de se diriger vers l'Espace.
>
> Les êtres humains ont toujours eu la volonté d'explorer l'inconnu, découvrir de nouveaux mondes, repousser toutes les limites pour aller toujours plus loin. Les avancées réalisées en repoussant sans cesse ces limites ont apporté de nombreux bénéfices à nos sociétés.

L'exploration spatiale permet de répondre à des questions fondamentales sur notre place dans l'Univers et sur l'histoire de notre Système solaire. En relevant les défis liés à l'exploration spatiale, nous améliorons nos connaissances, notre technologie, créons de nouvelles industries, et contribuons à créer un cadre paisible avec les autres nations.

La curiosité et l'exploration sont vitales à l'esprit humain.

L'exploration a façonné et changé le cours de l'histoire humaine. Notre nature profonde nous incite à repousser les limites et voir ce qui se trouve au-delà de l'horizon. Notre envie d'explorer est alimentée par la curiosité qui nous pousse à rechercher et à comprendre l'inconnu. Inévitablement, les nouvelles connaissances obtenues soulèvent de nouvelles questions, de nouvelles possibilités, de nouveaux horizons à explorer, et le cycle d'exploration et de découverte recommence.
L'exploration spatiale signifie plus que simplement voir ce qui se trouve derrière l'horizon, l'exploration nous aide à mieux comprendre notre planète, notre Système solaire, notre Univers et nous-mêmes. À chaque fois que nous explorons une nouvelle destination, découvrons une nouvelle planète, ou faisons une percée technologique, nous sommes récompensés. Pas seulement par le fait d'avoir satisfait notre curiosité, mais avec des bénéfices et applications tangibles que nous pouvons utiliser ici sur Terre. Alors que nous nous élevons pour relever les défis de l'exploration spatiale, nous améliorons nos connaissances scientifiques, favorisons la croissance économique et technologique, et inspirons une collaboration et une réussite mondiale.
Le cœur même de l'exploration spatiale, c'est le désir d'explorer l'inconnu et d'utiliser les connaissances obtenues pour servir l'humanité.

https://www.podcastscience.fm/dossiers/2013/09/13/pourquoi-tout-le-monde-devrait-sinteresser-a-lexploration-spatiale/

Pour en savoir plus

- « Explorer l'espace » :
https://www.enseignementsup-recherche.gouv.fr/fr/explorer-l-espace-47245
- « Pourquoi tout le monde devrait s'intéresser à l'exploration spatiale ? » :
https://www.podcastscience.fm/dossiers/2013/09/13/pourquoi-tout-le-monde-devrait-sinteresser-a-lexploration-spatiale
- « Les mystères de Mercure bientôt découverts ? » :
https://www.franceculture.fr/ecologie-et-environnement/les-mysteres-de-mercure-bientot-decouverts

ZOOM

Star Trek

La célèbre série de science-fiction américaine *Star Trek*, qui a débuté dans les années 1960 et donné lieu à toutes sortes de suites et réadaptations, fonde son argument sur la nécessité scientifique d'explorer l'espace : l'équipage du vaisseau spatial *USS Enterprise* a pour mission d'explorer la galaxie pour élargir les connaissances humaines et toujours repousser les limites du connu, comme le rappelle le début de chaque épisode : « Espace, frontière de l'infini, vers laquelle voyage notre vaisseau spatial l'*Enterprise*. Sa mission de cinq ans : explorer de nouveaux mondes étranges, découvrir de nouvelles vies, d'autres civilisations et, au mépris du danger, avancer vers l'inconnu. »

b. Voyager dans le temps

Qu'il s'exprime à travers des récits de science-fiction, à visée éducative, à l'instar de la série *Doctor Who*, destinée, au départ, à cultiver ses jeunes téléspectateurs en matière d'histoire et de sciences, ou bien des recherches historiques sérieuses, le voyage dans le temps permet lui aussi de parfaire l'état de nos connaissances et d'explorer le passé pour mieux éclairer le présent. Plonger dans l'histoire la plus ancienne de l'humanité, à l'image des archéologues et paléontologues, révèle nos fondements biologiques et culturels au point de nous aider à comprendre qui nous sommes.

Plus largement, on note un très vif intérêt pour les reconstitutions historiques sous toutes leurs formes, telles que des livres, films, séries (*Borgia*, *Rome*, *The Crown*, *Versailles*, *Vikings*...), spectacles d'animation (le Puy du Fou...) ou même jeux vidéo (*Age of Empires*, *Assassin's Creed*, *Civilization*, *Total War*...). L'immersion ainsi recherchée offre l'opportunité de revivre un passé révolu, pour en découvrir les codes et usages.

Pour en savoir plus

« Un prof s'appuie sur *Assassin's Creed* pour enseigner la Révolution française », France 3 Hauts-de-France.

Regardez le reportage :
liennathan.fr/r35b6a

ZOOM

Lire un livre
Au commencement était… Une nouvelle histoire de l'humanité

Le livre *Au commencement était… Une nouvelle histoire de l'humanité*, de l'anthropologue David Graeber et de l'archéologue David Wengrow, publié en 2021, replonge dans le passé pour interroger notre modèle de civilisation.

Exploitation d'un document

Question : Comment le paléontologue Georges Cuvier est-il perçu par Balzac ?

« Vous êtes-vous jamais lancé dans l'immensité de l'espace et du temps, en lisant les œuvres géologiques de Cuvier ? Emporté par son génie, avez-vous plané sur l'abîme sans bornes du passé, comme soutenu par la main d'un enchanteur ? En découvrant de tranche en tranche, de couche en couche, sous les carrières de Montmartre ou dans les schistes de l'Oural, ces animaux dont les dépouilles fossilisées appartiennent à des civilisations antédiluviennes, l'âme est effrayée d'entrevoir des milliards d'années, des millions de peuples que la faible mémoire humaine, que l'indestructible tradition divine ont oubliés et dont la cendre, poussée à la surface de notre globe, y forme les deux pieds de terre qui nous donnent du pain et des fleurs. Cuvier n'est-il pas le plus grand poète de notre siècle ? […] notre immortel naturaliste a reconstruit des mondes avec des os blanchis, a rebâti comme Cadmus des cités avec des dents, a repeuplé mille forêts de tous les mystères de la zoologie avec quelques fragments de houille, a retrouvé des populations de géants dans le pied d'un mammouth. Ces figures se dressent, grandissent et meublent des régions en harmonie avec leurs statures colossales. Il est poète avec des chiffres, sublime en posant un zéro près d'un sept. Il réveille le néant sans prononcer des paroles grandement magiques ; il fouille une parcelle de gypse, y aperçoit une empreinte, et vous crie : – Voyez ! Soudain les marbres s'animalisent, la mort se vivifie, le monde se déroule ! Après d'innombrables dynasties de créatures gigantesques, après des races de poissons et des clans de mollusques, arrive enfin le genre humain. »

Honoré de Balzac, *La Peau de chagrin*, 1831.

Cuvier apparaît ici comme un véritable magicien, qui détient les pouvoirs d'un démiurge, c'est-à-dire un créateur de mondes (ce qui est aussi le sens étymologique du mot « poète »), car il peut récréer des mondes disparus, engloutis par le temps, pour nous les dévoiler et nous les rendre accessibles. Il réalise l'impossible en nous projetant dans des réalités qui nous préexistent et nous dépassent.

Chapitre 2
Plongée dans l'inconnu : entre fascination et effroi

L'inconnu exerce un pouvoir de fascination inépuisable dans la mesure où il excite une imagination avide de repousser toujours plus loin les limites du réel et du possible. Aussi, l'exploration est-elle toujours irrémédiablement associée à un certain nombre de fantasmes. Mais si le voyage fait « rêver », c'est aussi parce qu'il entretient un besoin de côtoyer l'incroyable, voire de flirter avec le fantastique et la déraison.

1. L'inconnu, source de fascination et de fantasmes

L'**orientalisme** est un mouvement européen de grande ampleur aux XVIIIe et XIXe siècles, qui marque une curiosité et un attrait pour les pays du couchant (le Maghreb) ou du levant (le Moyen-Orient). Né de la fascination pour l'Empire ottoman, exacerbée par la traduction des contes des *Mille et Une Nuits*, cet intérêt pour la culture orientale s'étend avec les colonisations européennes. Les différents domaines et courants artistiques s'en emparent, mais ce penchant pour l'exotisme, dans un souci de reproduire un Orient pittoresque, se nourrit d'un puissant imaginaire, qui révèle surtout la force des fantasmes que suscitent les mœurs, pratiques, décors et paysages de ces contrées si différentes en dépit de leur proximité géographique.

Vers l'écriture personnelle

Observez des tableaux représentatifs de l'orientalisme et retenez-en quelques-uns en notant ce qui fait l'objet de la fascination des peintres.

ZOOM

L'odalisque

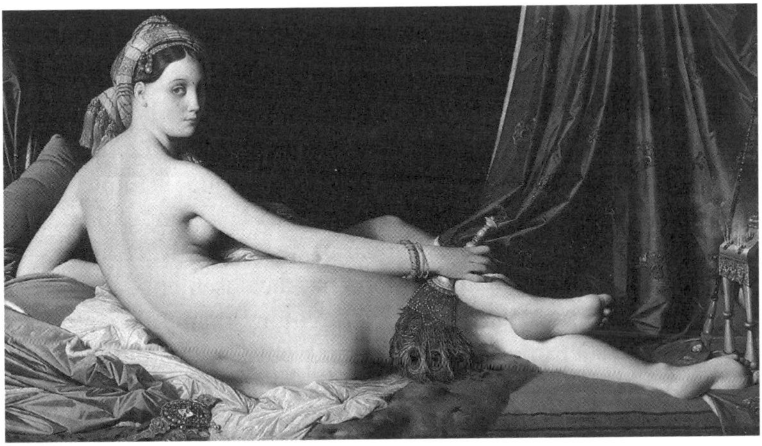

La Grande Odalisque de Jean-Auguste-Dominique Ingres, 1814.

Ingres s'inspire du thème de l'odalisque (femme de harem) pour peindre un Orient plus fantasmé que réel (il ne s'y est jamais rendu mais le rêve d'après des lectures et gravures). Les accessoires tels que l'éventail, les bijoux et le turban recréent un univers oriental auquel se rattache une très forte sensualité. Dotée de trois vertèbres supplémentaires, cette odalisque revêt une forme irréelle et idéalisée, à l'image de l'univers auquel elle renvoie.

Pour en savoir plus

- Musée Marmottan Monet, l'exposition « L'Orient des peintres, du rêve à la lumière » : https://www.youtube.com/watch?v=W_TV2Srn5Xg
- Quand les voyages inspirent les peintres : https://www.franceculture.fr/peinture/voyages-les-inspirations-des-peintres

Vers l'écriture personnelle

Faites des recherches sur Paul Gauguin à Tahiti et la façon dont il peint la Polynésie.

En quoi sa peinture reproduit-elle son regard fasciné par des beautés inédites ?

···→ Exploitation d'un document

Question : Qu'est-ce qui fait la beauté des Égyptiennes, pour Gérard de Nerval ?

« Parmi les riches costumes arabes et turcs que la réforme épargne, l'habit mystérieux des femmes donne à la foule qui remplit les rues l'aspect joyeux d'un bal masqué ; la teinte des dominos varie seulement du bleu au noir. Les grandes dames voilent leur taille sous le habbarah de taffetas léger, tandis que les femmes du peuple se drapent gracieusement dans une simple tunique bleue de laine ou de coton (khamiss), comme des statues antiques. L'imagination trouve son compte à cet incognito des visages féminins, qui ne s'étend pas à tous leurs charmes. De belles mains ornées de bagues talismaniques et de bracelets d'argent, quelquefois des bras de marbre pâle s'échappant tout entiers de leurs larges manches relevées au-dessus de l'épaule, des pieds nus chargés d'anneaux que la babouche abandonne à chaque pas, et dont les chevilles résonnent d'un bruit argentin, voilà ce qu'il est permis d'admirer, de deviner, de surprendre, sans que la foule s'en inquiète ou que la femme elle-même semble le remarquer. Parfois les plis flottants du voile quadrillé de blanc et de bleu qui couvre la tête et les épaules se dérangent un peu, et l'éclaircie qui se manifeste entre ce vêtement et le masque allongé qu'on appelle borghot laisse voir une tempe gracieuse où des cheveux bruns se tortillent en boucles serrées, comme dans les bustes de Cléopâtre, une oreille petite et ferme secouant sur le col et la joue des grappes de sequins d'or ou quelque plaque ouvragée de turquoises et de filigrane d'argent. Alors, on sent le besoin d'interroger les yeux de l'Égyptienne voilée, et c'est là le plus dangereux. Le masque est composé d'une pièce de crin noir étroite et longue qui descend de la tête aux pieds, et qui est percée de deux trous comme la cagoule d'un pénitent ; quelques annelets brillants sont enfilés dans l'intervalle qui joint le front à la barbe du masque, et c'est derrière ce rempart que des yeux ardents vous attendent, armés de toutes les séductions qu'ils peuvent emprunter à l'art. Le sourcil, l'orbite de l'œil, la paupière même, en dedans des cils, sont avivés par la teinture, et il est impossible de mieux faire valoir le peu de sa personne qu'une femme a le droit de faire voir ici. »

Gérard de Nerval, *Voyage en Orient*, 1851.

Paradoxalement, la beauté envoûtante des Égyptiennes repose sur le voilement de leur corps, qui enflamme l'imagination et les sens de l'auteur. En effet, non seulement les moindres accessoires de la tenue orientale (bijoux, étoffes) aiguisent son attention et contribuent à diviniser la femme en lui conférant une forme irréelle et majestueuse, mais le mystère qui découle de ce corps dissimulé rehausse son charme et stimule la rêverie. De fait, toutes les parties visibles du corps s'en trouvent magnifiées et dotées d'un pouvoir de séduction inégalé, de la nudité extraordinairement sensuelle du pied ou de l'oreille au terrible pouvoir des yeux, que tous ces ornements viennent sublimer.

2. Le poids des mythes et des légendes

André Thevet, comme beaucoup d'explorateurs et géographes du XVIe siècle, pensait que l'Amérique découverte était un reste de l'Atlantide dont parlait le philosophe Platon ; on se persuade au XVIIIe siècle que l'Afrique, encore mal connue, abrite le Paradis perdu de la Bible et Mungo Park, l'un des premiers Occidentaux à explorer le fleuve Niger, y associe une part de légende : « [les] marchands eux-mêmes ignorent, ce me semble, où se termine le Niger [...] disant seulement qu'ils croient qu'il va au bout du monde ».
Voyage et exploration, loin de discréditer les nombreux mythes qui parcourent les siècles, semblent au contraire une occasion de les nourrir et les consolider, voire les accréditer, comme si la découverte des « merveilles » de la création donnait tout son prix au périple, tout en garantissant à l'observateur notoriété et autorité, qui se mesurent précisément au pouvoir de captiver son public.
Dans son *Livre des Merveilles*, Marco Polo décrit en 1298, avec une redoutable assurance, les cynocéphales qui peuplent l'île d'Andaman, tout en soulignant l'attrait évident qu'ils présentent pour le lecteur, friand d'étrangeté :

« Et vous dirai d'une manière de gens dont il fait bon conter en notre livre. Or sachez très véritablement que les hommes de cette île ont tous une tête de chien, et dents et yeux comme chiens ; et vous n'en devez douter, car je vous dis en bref qu'ils sont du tout semblables à la tête de grands chiens mâtins. [...] ils sont gens très cruels et mangent les hommes tout crus. »

ZOOM

Merveille

Le terme « merveille », tiré du latin *mirabilia* (« choses étonnantes, prodiges »), désigne en premier lieu ce qui défie l'imagination, ce qui est proprement stupéfiant, incroyable.

Pour en savoir plus

Explorez le mythe de l'Atlantide :
liennathan.fr/vts698

Voyage autour de la Terre, ou ***Le Livre des merveilles du monde***, est un récit de voyage rédigé par le chevalier anglais Jean de Mandeville entre 1355 et 1357, qui eut un succès retentissant au point d'être l'ouvrage le plus lu en Europe jusqu'au XVIIe siècle. L'auteur, vraisemblablement parti en pèlerinage en Terre sainte, s'est peut-être mis au service des sultans, mais a sans doute fini d'imaginer son voyage de retour en Occident. Cette œuvre, offrant des données géographiques nouvelles, donne forme à l'Asie occidentale et à une Afrique encore inexplorée, mais elle adopte une approche historique qui côtoie la légende : l'auteur y décrit un monde merveilleux à la manière d'un aimable reportage, se complaisant dans l'étrangeté et la monstruosité pour justifier son entreprise et captiver son lecteur.
L'île de Ceylan abrite un lac fabuleux :

> Il y a dans cette île une haute montagne et, au milieu de cette montagne, il y a un grand lac dans une belle plaine avec une grande quantité d'eau. Et les gens du pays disent qu'Adam et Ève pleurèrent cent ans sur cette montagne quand ils furent chassés du Paradis. Et ils disent que ce lac fut formé de leurs larmes, car ils pleurèrent tant sur cette montagne que ce lac se forma ainsi. On trouve au fond de ce lac beaucoup de pierres précieuses et de grosses perles.

Jean de Mandeville, *Voyage autour de la Terre* (1355-1357), Les Belles Lettres, 2004.

La Bactriane, en Asie centrale, offre une faune et une flore hors du commun :

> En cette terre, il y a des arbres qui portent de la laine, comme des brebis, et on en fait du très bon drap pour se vêtir. Il y a en ce pays beaucoup d'hippopotames ; ce sont des bêtes qui demeurent tantôt sur terre, tantôt dans l'eau, elles sont moitié homme, moitié cheval, comme je vous l'ai déjà dit. Ils mangent

les gens quand ils peuvent les prendre. Il y a dans ce pays des eaux et des rivières trois fois plus amères que l'eau de la mer. Il y a dans ce pays plus de griffons que dans nul autre. Certains disent qu'ils ont le corps par-devant comme un aigle et par-derrière comme un lion et ils disent vrai, car c'est ainsi qu'ils sont. Mais le corps d'un griffon est plus grand et plus fort que celui d'un lion, voire de huit lions de par-deçà et il est plus grand et plus fort que cent aigles, car il peut emporter en volant jusqu'à son nid un grand cheval et le monter s'il trouve la place, ou deux bœufs attachés ensemble comme on les attache à la charrue. Car les ongles de ses pieds de devant sont aussi grands et longs que ceux du bœuf ou de la vache.

Jean de Mandeville, *Voyage autour de la Terre* (1355-1357), Les Belles Lettres, 2004.

Les îles Andaman regorgent de peuples plus monstrueux les uns que les autres :

Dans l'une des îles demeurent des gens de haute stature, comme des géants, hideux à voir ; ils n'ont qu'un œil au milieu du front et ne mangent que de la viande et du poisson crus. Dans une autre île, vers le midi, demeurent des gens dont la forme est laide et la nature mauvaise, qui n'ont pas de tête et ont les yeux aux épaules et, au milieu de la poitrine, la bouche tordue comme un fer à cheval. Et dans une autre île, il y a des gens sans tête qui ont les yeux et la bouche par-derrière les épaules. Et dans une autre île, il y a des gens qui ont la figure toute plate, unie, sans nez, sans yeux et ils n'ont que deux petits trous ronds à la place des yeux et une bouche plate, comme une fente, sans lèvres. Et dans une autre île, il y a des gens mal façonnés qui ont la lèvre inférieure si grande que, quand ils veulent dormir au soleil, ils couvrent toute leur figure de cette lèvre inférieure. Et dans une autre île, il y a des gens aussi petits que des nains, mais toutefois plus grands que les Pygmées ; ils ont un petit trou au lieu de bouche, aussi ils doivent prendre ce qu'ils mangent et boivent avec un tuyau de plomb ou d'autre métal. Ils n'ont pas de langue, ils ne parlent donc pas, mais ils se font des signes l'un à l'autre, comme les moines ou les muets et comprennent ainsi ce que l'autre veut dire. Et dans une autre île, il y a des gens avec de grandes oreilles pendant jusqu'aux genoux. Et dans une autre île, il y a des gens qui ont des pieds de cheval, ils sont forts, vigoureux et courent vite, car ils attrapent à la course les bêtes sauvages et les mangent. Et il y a une autre sorte de gens qui marchent sur les mains et les pieds, comme des bêtes, ils sont tout velus et grimpent facilement sur les arbres aussi rapidement qu'un singe. Et dans une autre île, il y a des gens qui sont à la fois homme et femme, ils ont un sein d'un côté, de l'autre n'en ont pas et ils ont les organes de génération d'homme et de femme et s'en servent comme ils le veulent, tantôt de l'un, tantôt de l'autre ; ils engendrent des enfants quand ils agissent en mâles et, quand ils agissent en femmes, ils les conçoivent et les portent. Dans une autre île, il y a des gens qui marchent toujours sur les genoux de façon étonnante, car il semble qu'ils vont tomber à chaque pas et ils ont huit orteils à chaque pied. Il y a plusieurs sortes de gens dans les autres îles environnantes dont on pourrait longuement parler, mais cela allongerait trop mon propos, aussi je m'en dispenserai, pour être bref.

Jean de Mandeville, *Voyage autour de la Terre* (1355-1357), Les Belles Lettres, 2004

Illustration d'un sciapode, un cyclope, un acéphale et un cynocéphale, inspirée des descriptions de Mandeville :
liennathan.fr/ma78h3

Vers l'écriture personnelle

Pourquoi sommes-nous attirés par les mythes et légendes du monde ?

Menez des recherches sur certains mythes (signes ou témoignages de leur existence, localisation, caractéristiques fabuleuses, raisons de leur attrait…), comme les Amazones, l'Atlantide, l'Eldorado, le Paradis perdu, le monstre du loch Ness, le triangle des Bermudes…

ZOOM

Indiana Jones

Le succès des aventures du célèbre Indiana Jones, au cinéma, confirme l'attrait persistant pour les légendes et trésors enfouis que recèleraient des contrées mythiques (Arche d'alliance, Saint-Graal, crâne de cristal…).

3. Frissons garantis

Qu'elles soient redoutées ou paradoxalement recherchées, l'appréhension et l'angoisse font partie du voyage, tant l'inconnu suppose une perte de repères qui confine au vertige.

Vers la synthèse de documents

Comment se manifeste l'appréhension de l'inconnu ?

Texte 1

« Alors commença une étrange nuit, toute remplie de visions fantastiques et d'épouvante. Les draperies d'écorce mûrier voltigeaient autour de moi avec des frôlements d'ailes de chauves-souris, le terrible vent de la mer passait sur ma tête. Je tremblais de froid sous mon paréo. Je sentais toutes les terreurs, toutes les angoisses des enfants abandonnés… Où trouver en français des mots qui traduisent quelque chose de cette nuit polynésienne, de ces bruits désolés de la nature, de ces grands bois sonores, de cette solitude dans l'immensité de cet océan, de ces forêts remplies de sifflements et de rumeurs étranges, peuplées de fantômes ; les toupapahous de la légende océanienne, courant dans les bois avec des cris lamentables, des visages bleus, des dents aiguës et de grandes chevelures… Vers minuit, j'entendis au dehors un bruit distinct de voix humaines qui me fit du bien ; et puis une main prit doucement la mienne : C'était Teharo qui venait voir si j'avais encore la fièvre. Je lui dis que j'avais aussi le délire par instants et d'étranges visions, et le priai de rester près de moi. Ces choses sont familières aux Maoris, et ne les étonnent jamais. Il garda ma main dans la sienne, et sa présence apporta du calme à mon imagination. Il arriva aussi que, la fièvre suivant son cours, j'eus moins froid, et finis par m'endormir. »

Pierre Loti, ***Le Mariage de Loti*****, 1882.**

Texte 2

Blaise Cendrars, au moment de la guerre russo-japonaise, en 1905, traverse la Russie en train. Il est accompagné d'une jeune Parisienne, Jeanne.

« "Blaise, dis, sommes-nous bien loin de Montmartre ?"

Nous sommes loin, Jeanne, tu roules depuis sept jours
Tu es loin de Montmartre, de la Butte qui t'a nourrie, du Sacré-Cœur contre lequel tu t'es blottie
Paris a disparu et son énorme flambée
Il n'y a plus que les cendres continues
La pluie qui tombe
La tourbe qui se gonfle
La Sibérie qui tourne
Les lourdes nappes de neige qui remontent
Et le grelot de la folie qui grelotte comme un dernier désir dans l'air bleui
Le train palpite au cœur des horizons plombés
Et ton chagrin ricane…

"Dis, Blaise, sommes-nous bien loin de Montmartre ?"

Les inquiétudes
Oublie les inquiétudes
Toutes les gares lézardées obliques sur la route
Les fils télégraphiques auxquels elles pendent

Les poteaux grimaçants qui gesticulent et les étranglent
Le monde s'étire s'allonge et se retire comme un accordéon qu'une main sadique tourmente
Dans les déchirures du ciel, les locomotives en furie
S'enfuient
Et dans les trous,
Les roues vertigineuses les bouches les voix
Et les chiens de malheur qui aboient à nos trousses,
Les démons sont déchaînés
Ferrailles
Tout est un faux accord
Le *broun-roun-roun* des roues
Chocs
Rebondissements
Nous sommes un orage sous le crâne d'un sourd. »

Blaise Cendrars, *La Prose du Transsibérien et de la petite Jehanne de France*, 1913, extrait, éd. Denoël.

La perte de repères associée ici à l'inconnu engendre vertige et angoisse qui se manifestent dans des visions hallucinées où le décor prend une dimension épouvantable et fantastique. Le narrateur du roman de Pierre Loti ressent la terreur enfantine inspirée par les légendes polynésiennes qui semblent prêter une vie surnaturelle à son environnement tandis que l'inquiétude de Jeanne – croissante à mesure que le train l'éloigne de Paris – donne corps à une Sibérie sombre et oppressante, accentuée par les images cauchemardesques et infernales suggérées par la vitesse de l'engin personnifié qui déforme la réalité extérieure pour la précipiter dans une sorte d'apocalypse.

Chapitre 3
Une invitation à redécouvrir la beauté des choses

Si l'exploration consiste à « Plonger [...] Au fond de l'Inconnu pour trouver du *nouveau* », d'après le poème « Le voyage » de Baudelaire, nul besoin étonnamment de s'évader bien loin pour (re)découvrir les merveilles du monde : pour qui sait regarder et apprécier ce qui l'entoure, le quotidien le plus ordinaire devient une promesse de voyage riche et intense. En nous défaisant du pouvoir lénifiant de l'habitude, nous saurions déceler la poésie dissimulée sous la banalité des choses.

1. Découvertes de proximité

La pandémie de Covid-19 a largement contribué à revivifier le goût pour le tourisme de proximité : faute de pouvoir envisager des destinations exotiques, nous nous tournons plus facilement vers des activités, balades et vacances limitées à un périmètre restreint, qui connaissent un regain d'intérêt. Nous découvrons alors l'attrait insoupçonné de certains endroits, de la modeste campagne environnante jusque-là dédaignée au musée local que nous n'avions pas encore eu la curiosité de visiter.
Dans leur article « Crise du tourisme et résistances des vacances », Gael Chareyron, Saskia Cousin et Sébastien Jacquot développent même la thèse selon laquelle la pandémie n'a fait que rendre visible et mesurable une tendance déjà très ancrée au tourisme « domestique », masquée jusque-là par la mobilité à l'international :

> Avant la crise sanitaire, l'emprise des indicateurs et les imaginaires du tourisme international rendaient invisibles les pratiques populaires de vacances, pourtant majoritaires : dépaysement de proximité, oisiveté assumée et hospitalité familière. La disparition momentanée du tourisme international a entraîné une attention publique et un intérêt médiatique pour ces pratiques.
>
> https://journals.openedition.org/tourisme/3899

Les auteurs estiment que la pandémie a ainsi permis de repenser le tourisme et le voyage en obligeant l'Organisation mondiale du tourisme (OMT) à reconsidérer le poids de l'intérêt pour la proximité : « La pandémie a – momentanément – rendu le monde "indisponible" [...]. Cela entraînera-t-il un changement des politiques de loisirs et de tourisme ? La pandémie est-elle en train de déstabiliser les façons habituelles de penser le voyage, les vacances et le tourisme ? Les notes de conjoncture et autres publications actuelles de l'OMT pourraient le laisser penser. » Ainsi, en septembre 2020, l'OMT publie-t-elle un rapport disposé à prendre en compte des données statistiques très antérieures mais jusque-là mésestimées qui « atteste de l'importance et de la reconnaissance de cette forme de tourisme qui représente six fois plus de voyages domestiques qu'internationaux, 75 % des dépenses touristiques totales dans les pays de l'OCDE, une part importante des visiteurs, largement au-dessus des visiteurs internationaux, dans de nombreux pays ».

L'écrivain Sylvain Tesson, lui, n'a pas attendu la pandémie pour explorer une France secrète, inattendue, en s'enfonçant dans les chemins délaissés d'une France rurale et profonde :

> Je voulais m'en aller par les chemins cachés, bordés de haies, par les sous-bois de ronces et les pistes à ornières reliant les villages abandonnés. Il y avait encore une géographie de traverse pour peu qu'on lise les cartes, que l'on accepte le détour et force les passages. Loin des routes, il existait une France ombreuse protégée du vacarme, épargnée par l'*aménagement* qui est la pollution du mystère. Une campagne du silence, du sorbier et de la chouette effraie.
>
> Sylvain Tesson, *Sur les chemins noirs*, Gallimard, 2019.

En optant pour ces chemins écartés, il choisit de revisiter le « mystère » effacé par l'aménagement urbain du territoire par lequel l'espace nous devient domestiqué et banal, sans épaisseur.

Par ailleurs, ce grand voyageur, connu pour sillonner la planète, reconnaît lui-même l'incohérence consistant à dénigrer ce que nous offre l'environnement immédiat : « J'avais passé vingt ans à courir le monde entre Oulan-Bator et Valparaíso et [...] il était absurde de connaître Samarcande alors qu'il y avait l'Indre-et-Loire. »

ZOOM

Voyager près de chez nous

Dans son livre *France insolite et extraordinaire* (2012), Georges Feterman se propose de nous faire « découvrir la France sous un jour nouveau », « hors des sentiers battus », en nous invitant à dénicher « les curiosités qui se cachent près de chez nous ».

2. La poésie du quotidien

Vers la synthèse de documents

Comment percevoir la poésie du quotidien ?

Texte 1

« L'espace d'un éclair, nous voyons un chien, un fiacre, une maison pour la première fois. Tout ce qu'ils présentent de spécial, de fou, de ridicule, de beau nous accable. Immédiatement après, l'habitude frotte cette image puissante avec sa gomme. Nous caressons le chien, nous arrêtons le fiacre, nous habitons la maison. Nous ne les voyons plus.

Voilà le rôle de la poésie. Elle dévoile, dans toute la force du terme. Elle montre nues, sous une lumière qui secoue la torpeur, les choses surprenantes qui nous environnent et que nos sens enregistraient machinalement.

Inutile de chercher au loin des objets et des sentiments bizarres pour surprendre le dormeur éveillé. C'est là le système du mauvais poète et ce qui nous vaut l'exotisme.

Il s'agit de lui montrer ce sur quoi son cœur, son œil glissent chaque jour sous un angle et avec une vitesse tels qu'il lui paraît le voir et s'en émouvoir pour la première fois. »

Jean Cocteau, ***Le Rappel à l'ordre*****, 1926, éditions Stock.**

Texte 2

« À tout désir d'évasion, opposer la contemplation et ses ressources. Inutile de partir : se transférer aux choses, qui vous comblent d'impressions nouvelles, vous proposent un million de qualités inédites.

Personnellement ce sont les distractions qui me gênent, c'est en prison ou en cellule, seul à la campagne que je m'ennuierais le moins. Partout ailleurs, et quoi que je fasse, j'ai l'impression de perdre mon temps. Même, la richesse de propositions contenues dans le moindre objet est si grande, que je ne conçois pas encore la possibilité de rendre compte d'aucune autre chose que des plus simples : une pierre, une herbe, le feu, un morceau de bois, un morceau de viande. [...]

Je propose à chacun l'ouverture de trappes intérieures, un voyage dans l'épaisseur des choses, une invasion de qualités, une révolution ou une subversion comparable à celle qu'opère la charrue ou la pelle, lorsque, tout à coup et pour la première fois, sont mises au jour des millions de parcelles, de paillettes, de racines, de vers et de petites bêtes jusqu'alors enfouies. Ô ressources infinies de l'épaisseur des choses, rendues par les ressources infinies de l'épaisseur sémantique des mots ! »

Francis Ponge, ***Introduction au galet*****, 1933, extrait, éditions Gallimard.**

Les deux poètes se rejoignent dans le même rejet de la solution facile de l'exotisme que l'on court chercher loin, alors qu'il suffit de savoir ressentir et dire le réel le plus ordinaire pour en faire ressortir une beauté insolite. Tous deux tendent à réhabiliter les « choses » ordinaires qui nous environnent, que nous ne voyons plus ou n'interrogeons plus parce qu'elles disparaissent derrière leur dimension utilitaire ou la force des habitudes. Or, en ôtant le voile de l'habitude, nous pouvons redécouvrir avec une fraîcheur inédite et originelle les éléments les plus communs. À travers la recherche d'une langue adaptée, le poète semble le plus à même de révéler toute l'épaisseur du réel qui nous entoure.

Vers l'écriture personnelle

Recherchez un poème visant à faire ressortir la beauté cachée des choses ordinaires.

Pour en savoir plus

- *Du merveilleux caché dans le quotidien* de Benoît Roman, Étienne Reyssat, José Bico, Étienne Guyon, 2018.
- *La Vie ordinaire. Voyage au cœur du quotidien* de Jean-Claude Kaufmann, 1989.

Chapitre 4
Voyages virtuels et imaginaires

Le voyage peut prendre une dimension métaphorique non négligeable, car vagabonder par l'esprit s'avère non seulement épanouissant mais peut aussi, dans certains cas, devenir salutaire. S'évader par l'imagination reste précieux car, tout en maintenant un équilibre psychique nécessaire, ce type de voyage illimité confirme les pouvoirs de l'esprit et ouvre la voie de tous les possibles.

1. Voyage au pays du rêve

a. Un univers mental propice à l'évasion

– **La lecture peut être vécue comme une expérience du voyage.** Nous pénétrons un autre univers, qui peut défier les lois de la réalité, et qui surtout, bien souvent, nous arrache à nous-mêmes et au cadre ordinaire de notre existence. Cette opportunité d'intégrer d'autres espaces-temps semble à ce point recherchée et addictive que la littérature fictive, dite « d'évasion », reste la plus plébiscitée et marque profondément les premières lectures de jeunesse. Ce n'est pas un hasard si le roman d'aventures (de la piraterie aux formules plus modernes associées à la magie ou à la science-fiction) séduit le plus jeune âge, comme s'il s'agissait de retarder par ces lectures les contraintes et limitations du monde menaçant et imminent des adultes.

L'expérience rapportée par Georges Perec dans *Espèces d'espaces*, en 1974 semble universelle :

> C'est couché à plat ventre sur mon lit que j'ai lu *Vingt ans après*, *L'Île mystérieuse* et *Jerry dans l'île*. Le lit devenait cabane de trappeurs, ou canot de sauvetage sur l'Océan en furie, ou baobab menacé par l'incendie, tente dressée dans le désert, anfractuosité propice à quelques centimètres de laquelle passaient des ennemis bredouilles. […]
> J'ai beaucoup voyagé au fond de mon lit. La peur – la terreur, même – était toujours présente, malgré la protection des couvertures et de l'oreiller.

Comme le confirme Véronique Ovaldé, « le voyage par procuration est très important, et pour cela la littérature est un support absolu. Ce qui est intéressant en littérature c'est que vous pouvez voyager sans bouger de chez vous ».

Vers l'écriture personnelle

Rapportez une expérience de lecture qui vous a permis de voyager. Pourquoi parler de voyage ? Quels effets ce voyage virtuel a-t-il eus sur vous ?

– L'esprit et l'imagination ont même le pouvoir de déjouer l'enfermement véritable.

Condamné à la prison à perpétuité, l'écrivain turc Ahmet Altan relate ainsi son expérience dans *Je ne reverrai plus le monde* (2019) : « Oui, je suis détenu dans une prison de sécurité au beau milieu d'un *no man's land*. Oui, je demeure dans une cellule où la lourde porte de fer fait un bruit d'enfer en s'ouvrant et en se refermant. [...] Où que vous m'enfermiez, je parcourrai le monde illimité de mon esprit. Comme tous les écrivains, j'ai des pouvoirs magiques. Je peux traverser les murs avec facilité. »

De fait, la richesse du monde de l'esprit semble précieuse et inépuisable, elle nous permet de voyager sans frontières.

En 1794, condamné à quarante-deux jours d'arrêt dans sa chambre de la citadelle de Turin pour s'être battu en duel, Xavier de Maistre tire un profit paradoxal de cet enfermement en rédigeant *Voyage autour de ma chambre*, récit de réclusion qu'il définit comme « la nouvelle manière de voyager que j'introduis dans le monde ». Or, c'est bien d'un riche voyage mental qu'il s'agit, que ce soit à travers les impressions que lui procurent les objets ou ce qu'il capte de son environnement restreint, les souvenirs dans lesquels il se plonge, les rêves auxquels il s'abandonne, les pensées ou méditations qui le traversent.

> « Mon voyage continue réellement [...] j'étais dans mon fauteuil, sur lequel je m'étais renversé [...] et, tout en me balançant à droite et à gauche, et gagnant du terrain, j'étais insensiblement parvenu tout près de la muraille. – C'est la manière dont je voyage lorsque je ne suis pas pressé. – Là, ma main s'était emparée machinalement du portrait de madame de Hautcastel, et l'autre s'amusait à ôter la poussière qui le couvrait. – Cette occupation lui donnait un plaisir tranquille, et ce plaisir se faisait sentir à mon âme, quoiqu'elle fût perdue dans les vastes plaines du ciel ; car il est bon d'observer que, lorsque l'esprit voyage ainsi dans l'espace, il tient toujours aux sens par je ne sais quel lien secret [...].

À mesure que le linge enlevait la poussière et faisait paraître des boucles de cheveux blonds, et la guirlande de roses dont ils sont couronnés, mon âme, depuis le soleil où elle s'était transportée, sentit un léger frémissement de plaisir et partagea sympathiquement la jouissance de mon cœur. Cette jouissance devint moins confuse et plus vive lorsque le linge, d'un seul coup, découvrit le front éclatant de cette charmante physionomie ; mon âme fut sur le point de quitter les cieux pour jouir du spectacle. Mais se fût-elle trouvée dans les Champs Élysées, eût-elle assisté à un concert de chérubins, elle n'y serait pas demeurée une demi-seconde, lorsque sa compagne, prenant toujours plus d'intérêt à son ouvrage, s'avisa de saisir une éponge mouillée qu'on lui présentait et de la passer tout à coup sur les sourcils et les yeux, – sur le nez, – sur les joues, – sur cette bouche ; – ah ! Dieu ! le cœur me bat ! – sur le menton, sur le sein : ce fut l'affaire d'un moment ; toute la figure parut renaître et sortir du néant. – Mon âme se précipita du ciel comme une étoile tombante ; elle trouva l'autre dans une extase ravissante, et parvint à l'augmenter en la partageant. Cette situation singulière et imprévue fit disparaître le temps et l'espace pour moi. – J'existai pour un instant dans le passé, et je rajeunis contre l'ordre de la nature. – Oui, la voilà, cette femme adorée, c'est elle-même, je la vois qui sourit ; elle va parler pour dire qu'elle m'aime. – Quel regard ! viens, que je te serre contre mon cœur, âme de ma vie, ma seconde existence ! Viens partager mon ivresse et mon bonheur ! »

Xavier de Maistre, *Voyage autour de ma chambre*, 1794.

Ces transports de l'âme suscités par le portrait s'associent aux réactions du cœur et du corps pour vivre une expérience mystique intense avec madame de Hautcastel dans un autre espace-temps que le lieu de la réclusion.

ZOOM

Baudelaire et les « paradis artificiels »

L'expression « paradis artificiels » est une périphrase employée pour désigner les différents états et sensations procurés par la prise de drogues. Tirée du titre d'un essai que le poète Charles Baudelaire écrit en 1860, la formule souligne précisément qu'il est possible d'accéder mentalement à un monde idéal par des stimulants extérieurs, le pluriel suggérant par ailleurs le foisonnement d'images ou effets insolites qui en découlent. Bien que l'essai *Les Paradis artificiels* tende à défendre l'idée que le vrai poète n'a pas besoin de drogues pour trouver l'inspiration, c'est surtout l'occasion de valoriser l'univers du rêve, qui nous fait toucher à une réalité plus profonde : « Le bon sens nous dit que les choses de la terre n'existent que bien peu, et que la vraie réalité n'est que dans les rêves », affirme Baudelaire. Ou encore : « Dans le sommeil, ce voyage aventureux de tous les soirs, il y a quelque chose de positivement miraculeux ; c'est un miracle dont la ponctualité a émoussé le mystère. »
De fait, toute la poésie de Baudelaire ne fera que chanter l'idéal d'un Ailleurs poétique pour combattre le spleen (la mélancolie) associé au monde réel.
Notamment, la section « Spleen et Idéal » des *Fleurs du mal* exprime la tentation permanente du poète d'atteindre par l'esprit cet Ailleurs salvateur. Lisez, par exemple, les poèmes suivants : « Élévation », « La vie antérieure », « La géante », « Parfum exotique », « Le serpent qui danse », « Ciel brouillé », « L'invitation au voyage », « Mœsta et errabunda », « La musique », « La chevelure »...

Vers l'écriture personnelle

Quel poème de Baudelaire évoquant le voyage a votre préférence ? Pour quelles raisons ?

⋯→ Exploitation d'un document

Question : En quoi la cigarette (l'opium) est-elle un outil d'évasion ?

« Oui, ce monde est bien plat ; quant à l'autre, sornettes.
Moi, je vais résigné, sans espoir à mon sort,
Et pour tuer le temps, en attendant la mort,
Je fume au nez des dieux de fines cigarettes.

Allez, vivants, luttez, pauvres futurs squelettes.
Moi, le méandre bleu qui vers le ciel se tord
Me plonge en une extase infinie et m'endort
Comme aux parfums mourants de mille cassolettes.

Et j'entre au paradis, fleuri de rêves clairs
Où l'on voit se mêler en valses fantastiques
Des éléphants en rut à des chœurs de moustiques.

Et puis, quand je m'éveille en songeant à mes vers,
Je contemple, le cœur plein d'une douce joie,
Mon cher pouce rôti comme une cuisse d'oie. »

Jules Laforgue, « La cigarette », ***Le Sanglot de la Terre*****, 1880.**

Ce poème illustre parfaitement les pouvoirs des « paradis artificiels » : l'opium permet ici de s'extraire d'un réel morne et anxiogène pour voyager dans les contrées d'un imaginaire loufoque et fantaisiste qui vient littéralement « emplir » le poète confronté au vide et à la platitude de son existence.

b. Richesse du « Pays Imaginaire »

Vers la synthèse de documents

Comment les auteurs célèbrent-ils les pouvoirs de l'imaginaire ?

Texte 1

« Ô ciel ! toute la Chine est par terre en morceaux !
Ce vase pâle et doux comme un reflet des eaux,
Couvert d'oiseaux, de fleurs, de fruits, et des mensonges
De ce vague idéal qui sort du bleu des songes,
Ce vase unique, étrange, impossible, engourdi,
Gardant sur lui le clair de lune en plein midi,
Qui paraissait vivant, où luisait une flamme,
Qui semblait presque un monstre et semblait presque une âme,
Mariette, en faisant la chambre, l'a poussé
Du coude par mégarde, et le voilà brisé !
Beau vase ! Sa rondeur était de rêves pleine,
Des bœufs d'or y broutaient des prés de porcelaine.
Je l'aimais, je l'avais acheté sur les quais,
Et parfois aux marmots pensifs je l'expliquais.
Voici l'yak ; voici le singe quadrumane ;
Ceci c'est un docteur peut-être, ou bien un âne ;
Il dit la messe, à moins qu'il ne dise hi-han ;
Ça, c'est un mandarin qu'on nomme aussi kohan ;
Il faut qu'il soit savant, puisqu'il a ce gros ventre.
Attention, ceci, c'est le tigre en son antre,
Le hibou dans son trou, le roi dans son palais,
Le diable en son enfer ; voyez comme ils sont laids ! »

Victor Hugo, « Le pot cassé », *L'Art d'être grand-père*, 1877.

Texte 2

« De la sorte, avec quelques accrochages mais, dans l'ensemble, en s'amusant beaucoup, ils approchèrent du Pays Imaginaire. Et de fait, après bien des lunes, ils y arrivèrent. Le plus étrange, c'est qu'ils n'avaient pratiquement pas dévié de la ligne droite, pas tellement parce que Peter et Clochette les avaient guidés mais parce que le Pays Imaginaire était à leur recherche. C'est à cette condition qu'on parvient à voir enfin ses rivages magiques.

– C'est là, dit Peter.

– Où ? Où ?

– Là, vers où toutes les flèches sont pointées.

Et de fait, un million de flèches dorées le désignaient aux enfants, toutes lancées par leur ami le soleil qui voulait être sûr qu'ils trouveraient leur chemin avant de se retirer pour la nuit.

Wendy, John et Michael se hissèrent sur la pointe des pieds dans les airs pour lancer un premier coup d'œil à l'île. C'est étrange à dire mais ils la reconnurent tout de suite, et, jusqu'à ce que la peur les saisisse, ils la saluèrent, non pas comme une chose dont on a longuement rêvé et qu'on découvre enfin mais comme une amie familière chez qui on retourne pour passer les vacances.
– John, il y a le lagon !
– Wendy, regarde les tortues qui enterrent leurs œufs dans le sable !
– Tu sais, John, je vois ton flamant rose à la patte cassée !
– Regarde, Michael, voilà ta grotte !
– John, c'est quoi, là, dans les broussailles ?
– C'est une louve avec ses louveteaux ! Wendy, je crois bien que le tien est là !
– Il y a mon bateau, John, avec ses bordages enfoncés !
– Non, ce n'est pas lui ! Le tien, nous l'avons brûlé !
– C'est lui, j'en suis certain ! Eh John ! je vois la fumée du camp indien !
– Où ? Fais-la-moi voir et, à la forme du panache, je te dirai s'ils sont sur le sentier de la guerre.
– Là, juste de l'autre côté de la Rivière Mystérieuse.
– Je la vois à présent. Oui, ils sont tout à fait sur le sentier de la guerre.
Peter fut un peu fâché de voir qu'ils en savaient aussi long. »

James Matthew Barrie, *Peter Pan* (1911), Librairie Générale Française, 2020.

Pour Victor Hugo, non seulement le pot représente à lui seul « toute la Chine » par les motifs qu'il comporte, permettant de voyager en Asie, mais c'est surtout un support inépuisable pour l'imagination, un puissant stimulant pour s'inventer des histoires et faire rêver les enfants. Quant au fameux « Pays Imaginaire » de Peter Pan, également associé à la faculté sans limites qu'ont les enfants de recréer le monde selon leur fantaisie à travers les jeux, il apparaît ici comme une matérialisation de l'univers intérieur de tout un chacun, peuplé de toutes sortes de croyances et créatures forgées dans l'intimité, afin de célébrer la part de rêve qui nous habite tous.

2. Vers une réalité virtuelle ?

À mi-chemin entre le rêve et le réel, ou plutôt afin de rendre plus tangible un accès à l'imaginaire en brouillant la frontière entre la réalité et l'illusion, les temps modernes valorisent de plus en plus l'immersion dans le virtuel, à travers les « réalités augmentées », qui non seulement nous propulsent physiquement dans le cadre de notre choix à l'aide d'un casque, par exemple, mais apparaissent de plus en plus comme un relais au monde réel, dans lequel nous pourrions mener une vie parallèle.

ZOOM

Le *metaverse*

Le *metaverse* (contraction de l'anglais « meta universe », *métavers* en français) désigne une réalité parallèle dans un environnement virtuel en trois dimensions, où il est possible d'évoluer à travers un avatar ou un hologramme et d'interagir avec d'autres personnes, à travers un univers collectif. Ce nouvel Eldorado très florissant mobilise les grands entrepreneurs du Net comme Mark Zuckerberg et permet désormais d'acheter des biens virtuels (œuvres d'art numériques, biens immobiliers virtuels…) à l'aide de jetons non fongibles (*non-fungible tokens* NFTs).

Vers l'écriture personnelle

À votre avis, qu'est-ce qui explique l'engouement pour le *metaverse* ?

ZOOM

Regarder un film

***Ready Player One* (2018) de Steven Spielberg**

Ce film de science-fiction imagine un monde dévasté en 2045 où l'humanité trouve refuge dans l'univers virtuel de l'OASIS. Le jeune Wade Watts, sous les traits de son avatar Parzival, s'y adonne à une série d'épreuves au cours desquelles il forge des amitiés bien réelles.

Vers l'écriture personnelle

Visitez en ligne le musée d'art digital de Tokyo :
liennathan.fr/72r9ix

Explorez les différentes expériences numériques interactives proposées par ce musée.

1. Comment qualifieriez-vous les univers créés par ce musée ?

2. Quel est l'intérêt, selon vous, de proposer cette immersion interactive ?

3. Quelle expérience suscite votre préférence ? Pourquoi ?

SYNTHÈSE

Le voyage répond avant tout à un désir d'exploration et de découverte : parcourir le monde et la création permet d'enrichir nos connaissances tout comme d'asseoir notre maîtrise et notre compréhension de l'univers, dont la diversité et les mystères ont partie liée avec la place de l'homme sur Terre et le sens même de la vie dans le cosmos. La curiosité insatiable qui nous pousse vers l'inconnu et l'avidité à déceler des trésors insoupçonnés sont des moteurs puissants du voyage, quitte à nourrir des fantasmes et des mythes insistants, qui défient l'imaginaire.

Car le voyage est aussi une aventure mentale. Le regard que nous portons sur notre réalité immédiate peut nous aider à y déceler des merveilles inattendues. Et si nous souhaitons au contraire nous écarter du réel, les possibilités infinies de l'esprit et de l'imaginaire nous offrent le plus riche et stupéfiant des voyages, que rien ne saurait limiter.

MOTS ET NOTIONS CLÉS :
Connaissances, conquête spatiale, curiosité, découverte, exploration, extraordinaire, fantasmes, imaginaire, inconnu, virtuel.

Corrigé

Sujet d'écriture personnelle (chapitres 1 à 4) : *« On dit toujours que les choses nouvelles plaisent », affirme l'explorateur Jean de Mandeville pour conclure son* Voyage autour de la Terre. *Comment expliquez-vous cet attrait pour l'inconnu ?*

La fascination pour l'inconnu semble à ce point universelle qu'au Moyen Âge, déjà, l'explorateur Jean de Mandeville justifiait son récit de voyage par la conviction que « les choses nouvelles plaisent ». Comment expliquer alors cet attrait pour l'inconnu et l'inédit ? C'est d'abord l'occasion de nourrir notre curiosité, voire notre appétit intellectuel, mais cela répond aussi à un besoin de se renouveler. Enfin, c'est une invitation infinie au rêve.

I. La nouveauté nourrit notre curiosité et satisfait notre besoin de connaissances

1. La nouveauté permet une rupture avec l'ordinaire

<u>Exemple</u> : Observer des aurores boréales reste une expérience unique, recherchée pour son caractère merveilleux et insolite.

2. Explorer l'inconnu permet de repousser les limites du savoir

<u>Exemple</u> : L'exploration spatiale vise à expliquer les mystères du cosmos et de la vie.

II. C'est aussi une promesse de *renouvellement*

1. C'est une invitation à renouveler nos pratiques

<u>Exemple</u> : La série documentaire *À chaque pays sa recette !* invite des producteurs de cultures différentes à comparer leurs pratiques.

2. C'est un moyen de repenser le monde

<u>Exemple</u> : La découverte du « Nouveau Monde », à la Renaissance, bouleverse toutes les conceptions établies et invite notamment à repenser les fondements de l'humanité.

III. L'inconnu alimente le rêve et l'imaginaire

1. L'inconnu stimule notre imagination

<u>Exemple</u> : Le mystère qui entoure les lignes de Nazca au Pérou enflamme l'imagination et se prête à toutes sortes d'interprétations, plus ou moins fantaisistes.

2. Le champ des possibles devient illimité

<u>Exemple</u> : La quête insatiable de l'inconnu semble signifier que les limites de la raison et du possible seront toujours repoussées (des films comme *eXistenZ* ou *Inception* semblent notamment attester du fantasme du voyage par interpénétration des consciences).

L'attrait de l'inconnu nourrit notre curiosité et sonne comme la promesse d'un renouveau, au point de stimuler un imaginaire sans limites.

Partie 2
Le voyage nous rend-il meilleurs ?

Sujet d'écriture personnelle

Diriez-vous que le voyage nous rend meilleurs ?
Vous répondrez dans un développement argumenté.

Chapitre 1
« Les voyages forment la jeunesse »

« J'ai vieilli », conclut la petite Zazie lorsque sa mère lui demande ce qu'elle a fait au cours de son séjour mouvementé à Paris auprès de son oncle, à la fin de *Zazie dans le métro* de Raymond Queneau (1959). De fait, selon le fameux adage attribué à Montaigne, les voyages sont réputés « former la jeunesse », comme s'il était nécessaire de « voir du pays » et se confronter au monde dans sa diversité pour devenir une personne à part entière. Véritable rite de passage, le voyage nous « apprend la vie » et nous fortifie. À moins qu'il n'inspire à la jeunesse une trop grande nonchalance, en flattant ses vices…

1. La pédagogie du voyage

a. Élargir ses horizons

Ce serait le sens même de la « pédagogie » que de s'extraire de son cocon pour apprendre de l'extérieur et se construire dans l'errance, comme le souligne le philosophe Michel Serres dans *Le Tiers-Instruit* :

> Aucun apprentissage n'évite le voyage. Sous la conduite d'un guide, l'éducation pousse à l'extérieur. Pars : sors. Sors du ventre de ta mère, du berceau, de l'ombre portée par la maison du père et des paysages juvéniles… Le voyage des enfants, voilà le sens nu du mot grec "pédagogie". Apprendre lance l'errance… Partir. Sortir. Se laisser un jour séduire. Devenir plusieurs, braver l'extérieur, bifurquer ailleurs.

Le voyage permet donc à l'enfant de s'extirper de l'étroitesse du cadre familier pour s'enrichir de la diversité du monde qui l'entoure. C'est ce qui fait la raison d'être des classes vertes ou classes de neige, proposant aux enfants, dès le plus jeune âge, des séjours à la campagne pour pratiquer en groupes des activités de plein air. Le site des CPAN (Classes de Plein Air et de Neige) rappelle l'utilité de ces dispositifs : « La classe verte offre à tous les enfants une belle opportunité de voir de nouveaux horizons, en s'immergeant dans un univers complètement différent de celui qui leur est familier. Ce voyage scolaire est une expérience riche sur tous les plans : pédagogique, relationnel, psychologique, physique, etc. » C'est notamment « une invitation à vivre en harmonie avec la nature », « hors du contexte scolaire et de la ville » ; c'est l'occasion de « nouer des liens forts dans le groupe » afin de mieux se sociabiliser et de développer « de nouvelles formes de solidarité » ; dès lors, « on en ressort automatiquement plus mûr et plus autonome ».

Selon Emmanuelle Peyvel, maître de conférences en géographie, même « Sorti de l'école, une des manières de continuer à apprendre des choses c'est précisément en faisant du tourisme, apprendre l'histoire de l'art, l'histoire d'un pays, la géographie, la biologie, etc. »

ZOOM

Les voyages enfantins comme outil pédagogique

Les voyages enfantins consacrés à l'espace national sont une spécialité de la seconde moitié du XIXe siècle et de la première moitié du XXe siècle, en Europe comme dans le reste du monde. Tout en satisfaisant un désir de vulgarisation scientifique, ils visaient à consolider dès le plus jeune âge le sentiment d'appartenance et de destinée collective recherché par les États-nations. Le célèbre manuel scolaire *Le Tour de la France par deux enfants* élaboré en 1877 par Augustine Fouillée-Tuillerie – *alias* G. Bruno – sera utilisé jusque dans les années 1950 : ce livre d'édification patriotique vise à la formation civique, géographique, scientifique, historique et morale de la jeunesse. De même, le conte *Le Merveilleux Voyage de Nils Holgersson à travers la Suède* fut commandé à Selma Lagerlöf par le ministère de l'Instruction publique pour faire découvrir leur pays aux petits Suédois.

Vers l'écriture personnelle

Feuilletez *Le Tour de la France par deux enfants*. Comment le voyage entretient-il le sentiment national ?

Feuilletez l'ouvrage :
liennathan.fr/73eh5q

b. S'enrichir par l'expérience : une « école de la vie »

C'est en expérimentant « le grand livre du monde », c'est-à-dire en se confrontant très tôt aux aléas de l'existence, que l'on peut véritablement se former, en vivant des expériences nouvelles, quitte précisément à oublier ou repréciser ce que l'on croyait savoir en restant dans le carcan familial ou national.
Le siècle des Lumières semble même assimiler voyage et éducation, comme en témoigne l'article « Voyage » de l'*Encyclopédie*, ce vaste condensé des savoirs, où l'éducation devient une composante définitoire du voyage :

> Les grands hommes de l'antiquité ont jugé qu'il n'y avait de meilleure école de la vie que celle des voyages ; école où l'on apprend la diversité de tant d'autres vies, où l'on trouve sans cesse quelque nouvelle leçon dans ce grand livre du monde ; & où le changement d'air avec l'exercice sont profitables au corps & à

> l'esprit. […] Aujourd'hui les voyages dans les états policés de l'Europe (car il ne s'agit point ici des voyages de long cours), sont au jugement des personnes éclairées, une partie des plus importantes de l'éducation dans la jeunesse, & une partie de l'expérience dans les vieillards. Choses égales, toute nation où règne la bonté du gouvernement, & dont la noblesse & les gens aisés voyagent, a des grands avantages sur celle où cette branche de l'éducation n'a pas lieu. Les voyages étendent l'esprit, l'élèvent, l'enrichissent de connaissances, & le guérissent des préjugés nationaux. C'est un genre d'étude auquel on ne supplée point par les livres, & par le rapport d'autrui ; il faut soi-même juger des hommes, des lieux, & des objets. »
>
> **Louis de Jaucourt, « Voyage », *L'Encyclopédie*, 1765.**

Jean-Jacques Rousseau considère même dans son *Émile*, traité sur l'éducation, que le voyage serait l'opportunité de former un citoyen. Émile, le jeune garçon qu'il imagine dans cet essai, visiterait différents pays pour étudier et comparer « la nature du gouvernement » et ainsi connaître les différentes formes de pouvoirs et de lois politiques : « si, au retour de ses voyages, […] Émile n'en revient pas versé dans toutes les matières de gouvernement, de mœurs publiques, et de maximes d'État de toute espèce, il faut que lui ou moi soyons bien dépourvus, l'un d'intelligence, et l'autre de jugement ».

ZOOM

Le programme Erasmus

Erasmus (EuRopean Action Scheme for the Mobility of University Students) est un programme d'échange d'étudiants entre les universités, les grandes écoles européennes et des établissements d'enseignement à travers le monde entier. Outre l'enjeu de la formation professionnelle et linguistique, il reste une expérience privilégiée pour s'ouvrir à d'autres cultures et développer un sentiment communautaire entre les étudiants de divers pays, contribuant ainsi à la formation de chaque individu.

Le film *L'Auberge espagnole* de Cédric Klapisch (2002) met à l'honneur cette expérience fructueuse, à travers six étudiants Erasmus de divers pays en séjour en colocation à Barcelone.

« Tu ne t'imagines pas la richesse que peut t'apporter cette expérience à l'étranger : ouverture d'esprit, maîtrise d'une autre langue, faculté d'adaptation, développement de la curiosité… Tous ces avantages, tu pourras les mettre en valeur ensuite dans ta vie professionnelle. Dans tous les cas, après une expérience comme celle-ci, tu penseras différemment… » confie Sarah sur le site vivreaudeladesfrontieres.com.

···➝ Exploitation d'un document

Question : Quels enseignements Nils tire-t-il de son voyage ?

Changé en créature minuscule pour ses mauvais agissements, notamment envers les animaux, Nils Holgersson, surnommé « Poucet », parcourt la Suède en compagnie d'une bande d'oies sauvages menée par Akka.

« "Vous voyez certainement à quel point je suis triste de ne pas retrouver ma véritable nature, poursuivit-il. Mais je voudrais vous dire que je ne regrette pas de vous avoir suivies au printemps dernier. Non, je préférerais ne plus jamais redevenir un homme que de ne pas avoir fait ce voyage."
Akka chercha plusieurs fois son souffle avant de répondre.
"J'aurais dû te parler d'une chose bien avant maintenant mais, puisque tu ne devais pas retourner auprès des tiens, je pensais qu'elle ne pressait pas. Néanmoins, je serai soulagée quand je t'en aurai parlé."
"Vous savez bien que j'essaie toujours de faire ce que vous me demandez", dit le garçon.
"Si tu as appris des choses utiles en notre compagnie, Poucet, tu dois certainement penser maintenant que les humains ne sont pas les seuls à avoir le droit d'être sur terre, dit solennellement l'oie meneuse. Dis-toi que vous possédez un grand pays et que vous auriez certainement les moyens de nous laisser, à nous autres pauvres animaux, quelques îlots dénudés, quelques lacs peu profonds, tourbières humides, montagnes isolées ou forêts éloignées, où nous pourrions vivre en paix ! Durant toute ma vie j'ai été poursuivie et chassée. Ce serait bon de savoir qu'il existe aussi un refuge pour quelqu'un comme moi." »

Selma Lagerlöf, *Le Merveilleux Voyage de Nils Holgersson à travers la Suède* (1907), Le Livre de Poche.

Le voyage a profondément changé le jeune Nils, qui ressort (paradoxalement) grandi de l'aventure. Lui qui se montrait violent envers les animaux a appris à les respecter et à se montrer conciliant : il est devenu très respectueux et humble avec Akka. Il a conscience du chemin symbolique parcouru, au cours duquel il s'est enrichi. Dès lors, il peut être sensibilisé à la cause animale et au respect du vivant, pour avoir partagé et compris de l'intérieur l'existence des différentes espèces, auxquelles les hommes devraient pouvoir accorder une place.

2. Le voyage pour devenir soi

a. Se fortifier par le voyage

De nombreux théoriciens de l'éducation ont soutenu l'idée que le voyage devait être entrepris le plus tôt possible, comme si la « formation » consistait ici à « donner forme » à un être en devenir. Dans ses *Quelques pensées sur l'éducation* (1693), John Locke propose qu'un jeune homme entreprenne son voyage entre 7 et 14 ans, dans la mesure où, à cet âge, « la souplesse de son caractère le rend plus traitable ». Le philosophe suggère ici une certaine *malléabilité* de l'enfant encore jeune, qui justifie la construction de soi par le voyage.
La métaphore botanique se déploie dès lors dans la plupart des écrits sur la question pour célébrer les bienfaits de la *transplantation* d'un lieu à un autre, qui permet de vivifier, renforcer, épanouir des organismes en pleine évolution. Si le philosophe François de La Mothe Le Vayer estime, dans sa lettre *De l'utilité des voyages* (1648), qu'il « n'y a point de meilleure ni de plus utile école pour la vie, que celle des voyages », c'est parce que les hommes sont pareils aux « plantes, qui deviennent plus fortes et plus considérables par la transplantation ». Son contemporain, l'avocat Charles César Baudelot de Dairval, puise dans la sagesse antique le même argument :

> Il est de la nature de l'homme, dit Pline, d'aimer la nouveauté, et cette inclination le porte à faire des voyages, qui servent indubitablement à le perfectionner, ainsi que le changement de lieu, et le transport corrige même la nature des arbres les plus sauvages. *C'est l'usage de transplanter les arbres d'un lieu à un autre, et ce transport*, dit-il, *corrige merveilleusement les plus sauvages, et les rend incomparablement meilleurs ; soit qu'il soit de la nature des arbres comme de celle des hommes, d'aimer la nouveauté, et le changement de lieu qui se fait dans le voyage ; afin qu'en quittant leur terre natale, ils perdent ce qu'ils avaient de mauvais.*
>
> Charles César Baudelot de Dairval, *De l'utilité des voyages et de l'avantage que la recherche des antiquités procure aux savants*, 1686.

Le déplacement semble faire fructifier les qualités des êtres et les régénérer sous une forme de purification salutaire, comme le clame le poète Jacques Delille, dans son *Épître sur les voyages*, en 1765 : si « l'homme devient meilleur de ses courses savantes », c'est que, par les voyages, « mille talents noblement transplantés, Vont fleurir loin des lieux qui les ont enfantés ».

⇢ Exploitation d'un document

Question : Quels changements le voyage a-t-il opérés sur Nils ?

Après avoir parcouru la Suède avec les oies sauvages grâce à sa taille minuscule, Nils est de retour à la ferme familiale.

« Quand [la vache] Rose de Mai entendit la voix du garçon, elle sursauta, comme prête à lui donner un coup de corne. Mais elle n'était plus aussi nerveuse qu'avant et elle se donna le temps de regarder Nils Holgersson avant de le toucher. Il était aussi petit que lorsqu'il était parti, et vêtu de la même manière, pourtant, il était complètement différent. Le Nils Holgersson qui était parti au printemps dernier avait eu la démarche lourde et lente, une voix traînante et des yeux assoupis, mais celui qui revenait était vif et agile, sa voix était vive et ses yeux alertes et brillants. Il se tenait si bien qu'il inspirait le respect. En dépit de sa petite taille et du fait qu'il avait l'air d'être lui-même malheureux, quiconque le regardait se sentait heureux. »

Selma Lagerlöf, *Le Merveilleux Voyage de Nils Holgersson à travers la Suède* (1907), Le Livre de Poche.

La vache est ici frappée par la véritable métamorphose de Nils, revenu « complètement différent » : aguerri par le voyage, s'il n'a pas changé physiquement, il est devenu quelqu'un d'autre. Le contraste entre l'enfant indifférent, engourdi, voire paresseux qu'il était et l'extraordinaire vitalité qui le caractérise désormais est saisissant. L'énergie et la vivacité d'esprit qui émanent de sa personne témoignent des vertus vivifiantes du voyage. Le mollasson désagréable s'est mué en un jeune garçon sémillant et dégourdi, qui « inspir[e] le respect » et l'admiration. Il semble auréolé d'une saine maturité et devenu à ce point agréable qu'il suscite l'enthousiasme autour de lui.

b. Un rite de passage : le voyage de noces

Dans l'Ancien Régime, les jeunes couples de la noblesse faisaient un voyage après le mariage pour visiter et s'approprier leurs terres.
Popularisé au XIXe siècle, le voyage de noces, ou « lune de miel », conserve une fonction sociale, comme le rappelle le sociologue Jean-Didier Urbain : « C'est à la base un rite d'agrégation qui scelle l'association de deux familles. » Il s'agissait de boucler la tournée des membres de la famille à qui il fallait faire valider son couple.

Mais c'est aussi un rituel pour découvrir le corps de l'autre et la sexualité. Les jeunes époux s'autonomisent du lignage familial et accèdent à l'intimité du conjoint pour véritablement mieux se connaître, à l'occasion de ce qui fut longtemps un rite d'initiation sexuelle pour la femme.

ZOOM

Regarder un film
Honeymoon

Dans *Honeymoon* (2014) de Leigh Janiak, Paul et Bea, tout juste mariés, passent leur lune de miel dans une cabane sur les bords d'un lac isolé au fin fond des États-Unis. Des événements terrifiants sont l'occasion de révéler la solitude au sein d'un couple : connaît-on vraiment la personne avec qui l'on s'engage à passer sa vie ?

c. Vers l'accomplissement de soi : le mythe de Télémaque

Dans l'*Odyssée* d'Homère, Télémaque, le fils d'Ulysse, honteux de son inaction et impuissance à déloger les prétendants qui assaillent sa mère, part en quête de son père, sous l'impulsion d'Athéna. Ce voyage symbolique sur les traces du père héroïque devient l'occasion pour le jeune garçon de réaliser son potentiel, d'actualiser sa propre valeur pour devenir un homme accompli. L'aventure est une étape nécessaire pour se découvrir lui-même et mettre au jour la version héroïque de soi latente, condamnée à rester en sommeil dans la stagnation.

Vers la synthèse de documents

En quoi le voyage permet-il la réalisation de soi ?

Texte 1

« Athéna, paraissant à quelques pas, vint à lui : elle avait emprunté la figure et la voix de Mentor ; prenant la parole, elle lui adressa ces mots ailés : "Télémaque, tu ne manqueras dans l'avenir ni de vaillance ni de sens, si la belle ardeur de ton père s'est installée en toi ; ah ! qu'il excellait à mener au terme action et parole ! Si tu lui ressembles, ton voyage ne sera pas un vain projet et tu n'y renonceras point. Mais, si tu n'es pas le fils d'Ulysse et de Pénélope, je n'espère pas que tu achèves jamais ce que tu médites. Peu d'enfants sont pareils à leur père : la plupart sont pires ; il en est peu qui aient plus de mérite. Mais, puisque tu ne lui seras inférieur ni en courage ni en esprit, que la prudence d'Ulysse ne te fait nullement défaut, il y a lieu d'espérer que tu mèneras à bonne fin ces projets. [...] Le voyage que tu médites ne sera plus longtemps retardé : crois-en le fidèle compagnon de ton père ; je vais équiper pour toi un vaisseau rapide et je t'accompagnerai en personne. [...] Il y a beaucoup de vaisseaux dans Ithaque cernée des flots, des neufs et des vieux. Je verrai moi-même quel est le meilleur ; nous l'armerons sans tarder et le lancerons sur la vaste mer." »

Homère, *Odyssée* (entre 850 et 750 av. J.-C.), Chant II, t. M. Dufour et J. Raison

Texte 2

« Enfin Minerve prononça ces paroles : Fils d'Ulysse, écoutez-moi pour la dernière fois. Je n'ai instruit aucun mortel avec autant de soin que vous ; je vous ai mené par la main au travers des naufrages, des terres inconnues, des guerres sanglantes, et de tous les maux qui peuvent éprouver le cœur de l'homme. Je vous ai montré, par des expériences sensibles, les vraies et les fausses maximes par lesquelles on peut régner. Vos fautes ne vous ont pas été moins utiles que vos malheurs : car quel est l'homme qui peut gouverner sagement, s'il n'a jamais souffert, et s'il n'a jamais profité des souffrances où ses fautes l'ont précipité ?

Vous avez rempli, comme votre père, les terres et les mers de vos tristes aventures. Allez, vous êtes maintenant digne de marcher sur ses pas.

[...] Il est temps que vous appreniez à marcher tout seul. Je ne me suis séparée de vous, en Phénicie et à Salente, que pour vous accoutumer à être privé de cette douceur, comme on sèvre les enfants lorsqu'il est temps de leur ôter le lait pour leur donner des aliments solides. »

Fénelon, *Les Aventures de Télémaque*, 1699.

Le voyage de Télémaque permet de vérifier qu'il est le digne « fils d'Ulysse », en mettant au jour cette identité héroïque, la part du père, qui sommeille en lui. La déesse de la Sagesse (Athéna en grec / Minerve en latin) semble avoir perçu la valeur encore latente du jeune garçon qu'elle encourage à partir pour révéler le « courage », l'« esprit », la « prudence » qui l'habitent. Et à l'issue de ses aventures, chez Fénelon, Télémaque est donc reconnu « digne de marcher sur [l]es pas » d'Ulysse. Cette mise en action par le voyage, qui permet de se confronter à des « expériences sensibles », se lit comme une entreprise proprement *pédagogique* où Télémaque a su apprendre de ses errances et souffrances pour devenir un homme accompli, apte à *diriger* les autres à son tour, avec sagesse et discernement.

ZOOM

Le roman d'apprentissage

Le roman d'apprentissage, appelé aussi roman de formation ou d'éducation, est un genre littéraire basé sur le parcours d'un jeune héros qui se forge une identité et devient un adulte accompli dans la confrontation avec les grands événements de l'existence, souvent mis en relief par la pérégrination, c'est-à-dire le déplacement incessant.

Ainsi, dans *Les Aventures de Huckleberry Finn* de Mark Twain (1884), le héros éponyme et le jeune Jim, un esclave en fuite, parcourent près de 2 000 km à bord d'un radeau sur le fleuve Mississippi. Devant la mort, le vol, les intempéries, les deux jeunes hommes se confrontent à la société américaine.

Voltaire parodie le genre dans son conte philosophique *Candide* (1759), où la naïveté du jeune héros se heurte systématiquement aux réalités du monde.

Vers l'écriture personnelle

Cherchez, dans la littérature enfantine ou des films d'animation, des exemples de voyages initiatiques (*Alice au pays des merveilles, Le Magicien d'Oz, Le Voyage de Chihiro…*).

En quoi le voyage contribue-t-il à faire évoluer l'enfant ?

3. Un outil de corruption de la jeunesse ?

Précisément parce que la jeunesse traverse un stade d'immaturité et de tentations difficiles à réfréner sans le contrôle exercé par la raison ou une autorité extérieure, le voyage peut etre l'opportunité d'exacerber les mauvais penchants.

Dans son *Dialogue sur les mœurs des Anglais et sur les voyages considérés comme faisant partie de l'éducation de la jeunesse* (1765), l'abbé Le Blanc, à travers le personnage de Locke, contredit l'idée que les jeunes gens pourraient s'assagir par le voyage : « Et la vérité est, du moins je le crois, que cette corruption, à l'un et à l'autre égard, était ce que notre jeunesse acquérait journellement dans ses voyages, et que les progrès dont vous parlez n'en étaient que le bénéfice accidentel. »

Loin de tout et notamment des figures d'autorité, dans un contexte temporaire désancré où tout devient possible, le voyage serait presque une invite à une forme de désinhibition sans limite. C'était déjà la thèse d'un certain Turlin, avocat au Parlement de Paris, qui remporte en 1787 le concours de l'académie de Lyon en estimant que les voyages « ne peuvent former l'esprit d'un jeune homme et qu'ils l'exposent infailliblement à perdre les mœurs ». Le défaitiste considère que cette expédition est souvent vaine pour un jeune voyageur qui cherche davantage à assouvir sa curiosité, se distraire, voire fuir son foyer, qu'à s'instruire. « Il faut les interdire à la jeunesse », conclut Turlin.

ZOOM

Regarder un film
Scout toujours… **de Gérard Jugnot (1985)**

Le chef de troupe Jean-Baptiste Foucret, surnommé « Biquet », doit subir les coups pendables des jeunes scouts dont il a la charge et qui s'adonnent aux pires turbulences lors d'un camp d'été.

⇢ Exploitation d'un document

Question : Le *spring break* est-il le symptôme d'une jeunesse déviante ?

« Sous ses airs de défouloir, la fête permet de renforcer l'ordre social : un certain désordre est permis… avant un retour à la vie "normale".

Le *spring break* en est l'illustration éclatante, ainsi que l'a montré l'anthropologue Alix Boirot : ce phénomène festif apparu aux États-Unis après la Seconde Guerre mondiale, aujourd'hui présent dans de nombreux pays du monde, se nourrit d'un imaginaire autour de la débauche. Le concept ? Des étudiants se retrouvent quelques jours dans une station balnéaire avec pour programme : plage, soleil, excès d'alcool et autres substances, promesse de relations hétérosexuelles débridées. En réalité, les jeunes hommes sont souvent déçus car, si l'alcool coule à flots, les corps féminins ne sont pas aussi disponibles que prévu.

Ce qui se joue finalement est une forme de reproduction sociale, le *spring break* constituant un rite de passage vers le monde adulte. Car une fois la grande fiesta achevée, chacun s'engage dans une existence très cadrée : un couple, un travail, une vie bien ancrée dans la norme. »

Marc Belpocs, interview d'Emmanuelle Lallement, « Non, la fête n'est pas finie ! », *Télérama*, 21 décembre 2021.

Alors même qu'il se caractérise par tous les excès et donne libre cours aux penchants et fantasmes, le *spring break* constitue, au regard de la sociologie, un « rite de passage », un défoulement qui permet paradoxalement de mieux réintégrer la norme et se muer en adulte rangé.

Chapitre 2
À la recherche de soi-même

Parce qu'il nous confronte en réalité à nous-mêmes en nous incitant à dessiner notre propre parcours, parce qu'il mobilise des ressources parfois insoupçonnées face à l'inconnu ou parce qu'il nous perd pour mieux nous retrouver, le voyage, à tout âge, demeure une expérience de l'exploration de l'intime.

1. Apprendre à mieux se connaître

a. Comprendre sa propre histoire : du retour aux sources…

La connaissance de soi est indissociable de la maîtrise de ses racines, constitutives de notre identité. Le voyage s'impose dès lors comme une exploration des origines, un retour aux sources nécessaire à la constitution de soi.

ZOOM

Le tourisme généalogique

On assiste ces dernières années à l'essor du « tourisme généalogique », proposant de voyager sur les traces de ses ancêtres. « Il s'agit de rendre hommage aux générations passées, et, surtout, de se réapproprier certains éléments de la culture locale dans l'espoir de parfaire un sentiment d'appartenance, sinon de clarifier une identité », selon les anthropologues sur lesquels s'appuie le site racinesvoyages.com.

Critique du film *ADN* (2020) de Maïwenn, « une émouvante quête des origines » :

> Tout comme son personnage, qu'elle interprète elle-même, Maïwenn a perdu il y a quelques années un grand-père qu'elle adorait et s'est plongée dans ses racines algériennes de manière quasi obsessionnelle, au point de faire réaliser un test ADN pour déterminer la part de ses origines nord-africaines et de demander la nationalité d'un pays où elle n'avait quasiment jamais mis les pieds jusque-là.
>
> Si *ADN* est de ce point de vue sans doute son film le plus personnel, il touche à des questions – le deuil, le chagrin, la filiation, les origines – qui peuvent trouver un écho en n'importe lequel d'entre nous. Et dans un pays traversé par des questions identitaires, prend une dimension toute particulière en interrogeant les notions de transmission et d'appartenance.

"J'aimerais que les spectateurs se demandent : Qu'est-ce que mes parents m'ont transmis et qu'ai-je envie de transmettre à mon tour ? explique la réalisatrice. Comment l'histoire de nos origines rejaillit dans notre vie au quotidien ? Qu'est-ce que veut dire être d'origine de tel ou tel pays ? Ça passe par quoi ? la connaissance de l'histoire, la pratique de la langue ? C'est tout ça que j'ai voulu questionner dans le film."

Neige, mère divorcée de trois enfants, traverse un véritable tsunami familial et émotionnel après la mort d'Émir, son grand-père algérien de 93 ans dont elle était très proche. Non seulement parce que cet ancien militant communiste, qui a combattu aux côtés du FLN, constituait la colonne vertébrale d'une famille passablement dysfonctionnelle. Mais aussi parce que sa disparition conduit la jeune femme à s'interroger sur la part qui survit en elle de cet homme admiré et de son histoire.

Submergée par le chagrin, en butte à l'hostilité de son entourage, elle se lance dans une quête identitaire libératrice qui la conduira à se réconcilier avec elle-même et à fouler pour la première fois le sol de l'Algérie.

Céline Rouden, la-croix.com, le 27 octobre 2020.

Vers la synthèse de documents

À l'occasion d'un documentaire en Russie, l'auteur part en quête de son histoire familiale, sur les traces de son grand-père maternel.

Qu'est-ce qui rend à la fois nécessaire et délicate cette exploration des origines ?

Texte 1

« J'attendais de ce séjour le déclic qui me ferait enfin parler russe et, dans le même mouvement, développer de chaleureuses relations avec autrui, or je ne parle pas russe et chaque jour me replie davantage. Je baigne dans une langue qui m'est familière, intime, maternelle, et que pourtant je ne comprends pas. Je me laisse bercer par elle et le sens de ce qu'on me dit, ce n'est pas seulement qu'il m'échappe pour moitié, mais surtout qu'au fond il ne m'intéresse pas. Quand je dis qu'il m'échappe pour moitié, est-ce le pourcentage juste ? Si je disais un tiers, un quart, le serait-ce davantage ? Comment évaluer le niveau de quelqu'un capable, deux mois durant, de tenir son journal en russe, capable à Moscou d'une conversation hérissée de fautes et de mots anglais appelés à la rescousse, mais suivie et vivante, et qui aujourd'hui, à Kotelnitch, semble frappé d'aphasie ? Quand je dis à mes compagnons que malgré des efforts soutenus un blocage m'interdit l'accès à la langue russe, ils haussent les épaules : pourquoi appeler blocage la classique difficulté à passer de la pratique passive à la pratique active dans une langue étrangère ? Je sais, moi, cependant, que c'est bien d'un blocage qu'il s'agit, que quelque chose en moi, ou quelqu'un, redoute et refuse ce retour à la langue maternelle, et qu'il y a là une énigme dont ce travail, commencé avec l'histoire du hongrois, poursuivi en me servant du russe pour retrouver des souvenirs d'enfance, régressant aujourd'hui à Kotelnitch, finira, je l'espère, par me livrer la clé. Si je suis à Kotelnitch, si j'ai décidé de faire ce film à Kotelnitch, c'est pour cela. »

Texte 2

« Le lendemain matin, je m'assieds sur la terrasse avec ma mère pour un dernier café avant de reprendre la route. Silence, tintement de cuillers, malaise. Puis, tout à coup, sans me regarder : Emmanuel, je sais que tu as l'intention d'écrire sur la Russie, sur ta famille russe, mais je te demande une chose, c'est de ne pas toucher à mon père. Pas avant ma mort.

C'est étrange, mais je m'y attendais. J'attendais qu'elle me dise cela un jour, et même je l'attendais à ce moment précis, quand le silence s'est prolongé. Je reste silencieux un moment à mon tour, puis je dis que j'entends, que j'ai entendu, mais que c'est une demande terrible de sa part, qui revient à me tuer comme écrivain.

Tu es complètement fou, si tu t'intéresses à tes origines russes, il y a mille autres histoires intéressantes à raconter, je ne comprends pas ce qui te pousse à vouloir déterrer celle-là.

Mais maman, si je suis devenu écrivain c'est pour pouvoir un jour raconter celle-là, pour en finir un jour avec elle. S'il y a une chose qu'il est interdit de raconter, tu comprends bien que fatalement il n'y a que celle-là qu'on puisse et qu'on doive raconter.

Ce n'est pas ton histoire, c'est la mienne. D'ailleurs tu ne sais rien, Nicolas ne sait rien, c'est moi qui en suis la seule dépositaire et je veux qu'elle meure avec moi.

Tu te trompes : je n'en sais peut-être rien, mais c'est mon histoire aussi. Elle a hanté ta vie, du coup elle a hanté la mienne, et si on continue comme ça elle hantera et détruira mes enfants, tes petits-enfants, c'est comme ça que ça se passe avec les secrets, ça peut empoisonner plusieurs générations. »

Emmanuel Carrère, *Un roman russe*, édition POL, 2007.

Emmanuel Carrère est d'autant plus obsédé et aimanté par cette quête des origines, qu'elles semblent marquées du sceau du non-dit et du secret. Le voyage en Russie s'associe à la volonté irrépressible de sonder le mystère de l'histoire maternelle, d'autant plus fascinant et intimidant qu'il est frappé d'interdit. Le « blocage » à pratiquer le russe est le symptôme de la transmission d'un tabou dans sa propre chair qu'il n'aura de cesse de lever, en dénouant les secrets de son origine, constitutifs de son être.

Vers l'écriture personnelle

Dans *Carré 35*, film documentaire réalisé en 2017, Éric Caravaca part sur les traces de sa petite sœur à Casablanca pour rompre le déni parental et rétablir son histoire familiale, imbriquée à la grande histoire de la décolonisation.

Visionnez la bande-annonce :
liennathan.fr/4s5t9u

En quoi ce film s'apparente-t-il à une enquête ? En quoi revêt-elle un caractère fondateur pour Éric Caravaca ?

b. … à la volonté d'embrasser son destin

La tradition du voyage initiatique suppose un parcours dont l'issue délivrerait au héros les clés de son propre destin. Accédant ainsi à la finalité de son existence, il pourrait dès lors rentrer pour faire coïncider sa vie avec ce qu'il a appris, en toute quiétude, réalisant la droite ligne tracée pour lui.
Le thème de la **descente aux Enfers** est un motif récurrent des récits mythologiques (Héraclès, Ulysse, Orphée…). Dans *L'Énéide*, l'épopée du poète latin Virgile, le troyen Énée, ancêtre mythique du peuple romain, voyage jusqu'aux Enfers pour y consulter l'âme de son père, Anchise :

> C'est ainsi qu'ils erraient dans ces vastes contrées,
> Parcourant du regard les plaines vaporeuses.
> Lorsque Anchise eut montré toute chose à son fils,
> Enflammant le désir de sa gloire future,
> Il lui dit les combats qu'il aurait à livrer,
> L'État de Latinus, le peuple des Laurentes,
> Et comment éviter ou subir chaque épreuve.

Ainsi, éclairé sur son destin et la route à suivre, Énée semble galvanisé et s'empresse d'entreprendre le cours de son histoire :

> Et le héros rejoint ses vaisseaux et ses hommes.
> Alors, longeant la côte, il cingle vers Caiète.

c. Une quête spirituelle

Le voyage se veut une étape indispensable dans l'accomplissement spirituel de l'individu, comme s'il symbolisait l'accès à une forme de transcendance ou confirmait du moins la volonté d'opérer un dépassement de soi.

Au regard de la religion, les **pèlerinages** constituent un itinéraire nécessaire vers un lieu de dévotion pour entrer en contact avec le sacré et se trouver soi-même en quelque sorte. Parfois, le caractère contraignant de l'entreprise vise à vérifier la foi du croyant. Ainsi, le pèlerinage de Saint-Jacques-de-Compostelle, l'un des « trois grands pèlerinages de la chrétienté », avec Jérusalem et Rome, selon le pape Alexandre VI, implique un carnet du pèlerin à faire valider, comme pour attester d'un engagement et d'un accomplissement effectifs, supposant pour certains d'effectuer plusieurs mètres par jour sur les genoux. « Je fais ce chemin pour comprendre pourquoi je fais ce chemin », déclare Jean-Marc Potdevin dans *Les mots ne peuvent dire ce que j'ai vu. L'expérience mystique d'un business angel* (2018). Le pèlerinage à La Mecque (lieu de naissance du prophète Mahomet, en Arabie saoudite, selon la tradition islamique) est, quant à lui, le voyage de toute une vie pour un musulman.

ZOOM

***Le Voyage de Théo* (1998) de Catherine Clément**

Atteint d'une maladie incurable, Théo, quatorze ans, est entraîné par sa tante dans un tour du monde des religions : au contact des grands courants spirituels de l'humanité, qui ouvrent son esprit et apaisent son cœur, il finit par se trouver lui-même.

Les **retraites spirituelles** constituent des pauses existentielles qui passent par l'éloignement géographique, pour réfléchir aux questions fondamentales de la vie dans un lieu naturel reculé inspirant la quiétude.

ZOOM

***Les Chemins du sacré* (2020) de Frédéric Lenoir**

Ce récit de voyage photographique sur les traces du sacré à travers les cinq continents illustre, au gré de rencontres et de paysages, des questionnements existentiels, et interroge la place de la nature et de l'humain.

Regardez la vidéo de présentation :
liennathan.fr/4mw7f4

Feuilletez le livre :
liennathan.fr/u59sa4

La **méditation Vipassana** est une forme de méditation bouddhiste permettant de se ressourcer spirituellement. Connue en Europe depuis les années 2000, elle s'est déliée de ses connotations religieuses pour se dispenser dans des centres de retraite disséminés partout dans le monde, où chacun accède à une forme de méditation qui aide à faire le vide en soi pour se régénérer.

Vers l'écriture personnelle

Quels sont les bienfaits du retrait dans la nature, d'après vous ?

d. Se révéler par le voyage : voyages d'artistes en Italie

Depuis la Renaissance, l'Italie s'impose comme un modèle d'inspiration et de formation pour les artistes désireux de se perfectionner, d'affiner leur style et leur sensibilité. D'ailleurs, le célèbre prix de Rome, créé en 1663 par Colbert, offrant aux artistes une pension à Rome pour parfaire leurs dons, a longtemps été considéré comme une consécration pour les talents jugés dignes de bénéficier de cette expérience incontournable pour un parcours accompli.

Vers l'écriture personnelle

Consultez le site de l'académie de Strasbourg sur les voyages en Italie et les différents liens qu'il propose :
liennathan.fr/2z9y8q

Pourquoi le voyage en Italie apparaît-il comme une étape indispensable dans le parcours d'un artiste ?

2. En route pour l'aventure !

a. Le moi à l'épreuve

Par son étymologie, l'« aventure » désigne précisément tout ce qui est amené à survenir ; entre destin et hasard, elle implique le surgissement d'événements imprévus auxquels nous sommes confrontés. C'est donc en se jetant dans l'inconnu et en affrontant les aléas du voyage que nous nous découvrons nous-mêmes.

Comme le précise Christian Pociello dans l'*Encyclopædia Universalis* (1992), l'aventure signifie « l'engagement dans l'inconnu, le passage difficile – parfois accidentel – d'un monde familier à un monde étranger et l'exposition à des risques mortels au cours d'épreuves qui ponctuent le voyage ». C'est l'occasion de se tester soi-même pour vérifier ses propres ressources : « Dans l'aventure solitaire où l'on est soumis à sa seule volonté, il n'y a d'autres lois ou discipline que celles que l'on s'impose à soi-même. C'est là l'expression de l'autonomie fondamentalement recherchée du voyageur. Mais, face aux forces extérieures, écrasantes et indomptables de la nature, on est menacé, en permanence, de la sanction imminente : dans la série ininterrompue des choix décisifs, chaque erreur commise se paie immédiatement et au prix fort. »

Vers l'écriture personnelle

Cherchez des émissions de télévision mettant en scène la survie en territoire hostile.

Que recherchent les acteurs de ces aventures, selon vous ?

⟶ Exploitation d'un document

Question : Quelle leçon de vie Santiago retire-t-il de son périple ?

Santiago, un berger espagnol, entreprend un voyage jusqu'aux pyramides d'Égypte, où il a rêvé qu'un trésor caché l'attendait.

« "Chaque instant de quête est un instant de rencontre, dit le jeune homme à son cœur. Pendant que je cherchais mon trésor, tous les jours ont été lumineux parce que je savais que chaque heure faisait partie du rêve de le trouver. Pendant que je cherchais mon trésor, j'ai découvert en chemin des choses que je n'aurais jamais songé rencontrer si je n'avais eu le courage de tenter des choses impossibles aux bergers." Alors, son cœur demeura en paix tout un après-midi durant. Et cette nuit-là il dormit calmement. Lorsqu'il s'éveilla, son cœur commença à lui raconter les choses de l'Âme du Monde. […]

"Chaque homme sur terre a un trésor qui l'attend, lui dit son cœur. Nous, les cœurs, en parlons rarement, car les hommes ne veulent pas trouver ces trésors. Nous n'en parlons qu'aux petits enfants. Ensuite, nous laissons la vie se charger de conduire chacun vers son destin. Malheureusement, peu d'hommes suivent le chemin qui leur est tracé, et qui est le chemin de la Légende Personnelle et de la félicité.

> La plupart voient le monde comme quelque chose de menaçant et, pour cette raison même, le monde devient en effet une chose menaçante. Alors, nous, les cœurs, commençons à parler de plus en plus bas, mais nous ne nous taisons jamais." »
>
> **Paulo Coelho, *L'Alchimiste*, trad. Jean Orecchioni, J'ai lu, 1996.**

Santiago découvre qu'il tire profit de son parcours en lui-même, qui éveille ses propres capacités d'accomplissement. L'aboutissement de sa quête réside en réalité dans la réactivation de ses envies profondes et de ses rêves. Cette « Légende Personnelle » est un projet qui nous porte et nous réconcilie avec nous-mêmes, car en suivant sa trajectoire, nous faisons taire les peurs ou frilosités qui nous freinent pour écouter notre cœur et nos impulsions d'enfant. Santiago semble avoir trouvé un sens à son existence dans la preuve même qu'il était capable de se lancer à sa poursuite, sans s'imposer de fausses barrières.

ZOOM

L'Ingénieux Hidalgo Don Quichotte de la Manche

Dans ce roman de Miguel de Cervantès, publié en 1605, puis en 1615, le héros, Alonso Quichano, se prend pour un chevalier errant nommé Don Quichotte et s'assigne pour mission de parcourir l'Espagne pour protéger les opprimés. Dans *L'Ancien et le nouveau*, la critique littéraire Marthe Robert le résume ainsi : « Un homme d'âge mûr – il frise la cinquantaine – décide un beau jour de quitter tout ce qui faisait sa vie jusque-là pour s'en aller courir les routes, apparemment au hasard, mais en réalité à la poursuite d'un but bien défini, qui est simplement de mettre en pratique ce qu'il a lu dans les livres. » Ses aventures tendraient donc à prêter vie au personnage fictif qu'il s'est créé pour vérifier le pouvoir et la vérité des livres.

b. L'aventure intérieure

L'aventure peut se lire comme la métaphore de l'introspection, laquelle s'apparente, chez le poète Jules Supervielle, à une plongée périlleuse dans les méandres et les abysses du moi intime, à l'exploration duquel se livre aussi son lecteur :

> Je ne vais pas toujours seul au fond de moi-même
> Et j'entraîne avec moi plus d'un être vivant.
> Ceux qui seront entrés dans mes froides cavernes
> Sont-ils sûrs d'en sortir même pour un moment ?
> J'entasse dans ma nuit, comme un vaisseau qui sombre,

Pêle-mêle, les passagers et les marins,
Et j'éteins la lumière aux yeux, dans les cabines,
Je me fais des amis des grandes profondeurs.

Jules Supervielle, « Un poète », *Les Amis inconnus*, éditions Gallimard, 1934.

c. Voyage et métamorphoses

Sans nécessairement activer un accomplissement de soi, le voyage est propice à toutes sortes de métamorphoses, plus ou moins inattendues.
Le cas d'Anacharsis, barbare du peuple des Scythes qui, au VIe siècle avant J.-C., aurait perdu sa sauvagerie en se rendant chez les Athéniens, tendrait à appuyer une valeur thérapeutique des voyages. « Moi je suis venu au pays des Grecs pour être instruit de leurs coutumes et de leurs pratiques. L'or, je n'en ai aucun besoin : il me suffit de retourner chez les Scythes en homme meilleur », lui fait dire Diogène Laerce dans ses *Vies et doctrines des philosophes illustres*. Ce « polissage moral » est vanté par l'abbé Gros de Besplas dans son traité *De l'utilité des voyages, relativement aux sciences et aux mœurs* (1763) : il propose de comparer deux « cas », deux hommes « d'une égale trempe de caractères, austères, sombres, concentrés en eux-mêmes, sauvages, atrabilaires » ; si l'un d'eux entreprend de voyager, « vous verrez comme son humeur changera », nous dit-il, soutenant l'idée que le voyage nous délivre d'un « engourdissement » moral dont la racine est l'ignorance, voire nous arrache à nous-mêmes.

À l'inverse, le voyage peut contribuer à nous endurcir, comme le clame avec cynisme et provocation Arthur Rimbaud, pour qui l'aventure répondrait à une soif de conquête et de brutalité barbare, qui puisse le rendre insensible, avide et coriace :

> Ma journée est faite ; je quitte l'Europe. L'air marin brûlera mes poumons ; les climats perdus me tanneront. Nager, broyer l'herbe, chasser, fumer surtout ; boire des liqueurs fortes comme du métal bouillant, – comme faisaient ces chers ancêtres autour des feux.
> Je reviendrai, avec des membres de fer, la peau sombre, l'œil furieux : sur mon masque, on me jugera d'une race forte. J'aurai de l'or : je serai oisif et brutal. Les femmes soignent ces féroces infirmes retour des pays chauds. Je serai mêlé aux affaires politiques. Sauvé.

Arthur Rimbaud, « Mauvais sang », *Une saison en enfer*, 1873.

···➝ Exploitation d'un document

Question : Décrivez le phénomène produit par le trajet en train sur le personnage.

Au cours de son voyage de Paris à Rome pour rejoindre sa maîtresse et lui annoncer un projet de vie commune, ayant décidé de quitter sa femme, Léon Delmont, porté par le train et le flux de ses pensées et images mentales, subit une transformation radicale qui le conduit à renoncer à son entreprise.

« Vous voici revenu, l'esprit toujours empli de cette agitation qui n'a fait que croître et s'obscurcir depuis que ce train s'est mis en marche à Paris, le corps fourmillant de ces pincements de fatigue se faisant de quart d'heure en quart d'heure plus aigus, intervenant de plus en plus violents dans le cours de vos pensées, dérangeant votre regard lorsque vous vous efforcez de l'appliquer à un objet ou un visage, vous aiguillant brusquement vers une de ces régions de vos souvenirs ou de vos projets que vous désirez justement éviter, toutes bouillonnantes, toutes fermentantes, toutes bouleversées dans cette réorganisation de l'image de vous-même et de votre vie qui est en train de s'accomplir, de se dérouler implacablement sans qu'y soit pour rien votre volonté, cette métamorphose obscure dont, vous le sentez bien, vous ne percevez qu'une minime zone, dont les tenants et aboutissants vous demeurent en grande partie inconnus et sur lesquels il vous serait si nécessaire de projeter quelque lueur [...]. »

Michel Butor, *La Modification*, Éditions de Minuit, 1957.

Le trajet en train semble avoir libéré des flux de conscience inattendus, des souvenirs, des pensées, des projets refoulés qui refont surface et s'entrecroisent au point que le déplacement dans l'espace donne lieu à un déplacement temporel et mental qui altère le personnage. La matérialité du train assaille la conscience du héros, qui se sent littéralement emporté : le voyage matériel confine au vertige intérieur. Ce phénomène, présenté comme indépendant de sa volonté, obscur et mystérieux, le dépasse, comme si une force invisible, suscitée par le trajet, avait mis en branle des zones insoupçonnées de son être et orientait ses pensées contre son gré. Son corps et son esprit semblent suivre une même pente incontrôlable, sur laquelle reviendra la clôture du roman en rappelant « cet épisode crucial de votre aventure, le mouvement qui s'est produit dans votre esprit accompagnant le déplacement de votre corps d'une gare à l'autre à travers tous les paysages intermédiaires ».

Chapitre 3
L'émancipation par le voyage

Pouvoir « larguer les amarres », c'est conquérir notre liberté, en nous délivrant de tout ce qui nous entrave ou nous limite. Le voyage peut être aussi bien une façon de rejeter ce qui nous contraint ou les valeurs que nous réfutons, de fuir une réalité invivable et aliénante, que d'affirmer une liberté sans limite.

1. « Je rêvais d'un autre monde »

Les rêves de départ coïncident, la plupart du temps, avec l'espoir de se projeter dans d'autres possibles, reflétant du même coup une déception ou une frustration engendrées par une réalité jugée trop peu satisfaisante, voire contraire à nos valeurs.

a. Fuir une réalité terne ou trop étroite

Le voyage offre ainsi la possibilité de quitter une vie trop morne et étriquée, comme le chante Françoise Hardy dans « Première rencontre » :

> Je restais seule dans ma chambre
> Rêvant de celui qui viendrait
> Me sortir un jour de l'enfance
> Et avec qui je partirais
> Loin

Le besoin de partir « loin » exprime ici l'urgence de quitter le carcan à la fois familial, social et temporel (l'enfance étant vécue comme une prison psychologique, assujettie à l'interdit).

→ Exploitation d'un document

Questions : Qu'est-ce qui caractérise les rêves d'Emma ? Que reflètent-ils ?

Emma Bovary, lasse de la médiocrité de la vie de province aux côtés d'un mari à l'esprit étroit, organise sa fuite avec son amant et, la veille du départ, se projette déjà dans un avenir libérateur.

« Au galop de quatre chevaux, elle était emportée depuis huit jours vers un pays nouveau, d'où ils ne reviendraient plus. Ils allaient, ils allaient, les bras enlacés, sans parler. Souvent, du haut d'une montagne, ils apercevaient tout à coup quelque cité splendide avec des dômes, des ponts, des navires, des forêts de citronniers et des cathédrales de marbre blanc, dont les clochers aigus portaient des nids de cigogne. On marchait au pas, à cause des grandes dalles, et il y avait par terre des bouquets de fleurs que vous offraient des femmes habillées en corset rouge. On entendait sonner des cloches, hennir les mulets, avec le murmure des guitares et le bruit des fontaines, dont la vapeur s'envolant rafraîchissait des tas de fruits, disposés en pyramide au pied des statues pâles, qui souriaient sous les jets d'eau. [...] Leur existence serait facile et large comme leurs vêtements de soie, toute chaude et étoilée comme les nuits douces qu'ils contempleraient. Cependant, sur l'immensité de cet avenir qu'elle se faisait apparaître, rien de particulier ne surgissait ; les jours, tous magnifiques, se ressemblaient comme des flots ; et cela se balançait à l'horizon, infini, harmonieux, bleuâtre et couvert de soleil. »

Gustave Flaubert, *Madame Bovary*, 1857.

Se sentant à l'étroit dans sa vie d'épouse et de mère, Emma se projette dans une existence dynamique, où les chevauchées et les grands espaces lui permettraient de respirer enfin. L'évocation des sens, ici très marquée, souligne ce besoin d'épanouissement physique et la quête d'une forme de plénitude qui passe par un ravissement esthétique. Ses fantasmes de décors exotiques et pittoresques trahissent précisément le dégoût de la banalité qu'elle veut fuir. Le passage pesant du temps que suscite l'ennui semble ici disparaître, au profit d'une extase sans fin, dans l'intensité continue d'une vie sans nuages.

b. Opérer un déconditionnement

Partir, c'est couper les ponts avec un monde qu'on désapprouve, c'est affirmer le rejet d'une société dont on ne partage plus les valeurs et répondre à la nécessité de s'en délivrer.

Le philosophe Olivier Remaud, dans *Solitude volontaire* (2017), constate que ce désir de « partir loin » est largement répandu, tout comme des « histoires de

fuite » où « [l]es protagonistes exaltent la liberté absolue. Ils revendiquent le pouvoir de dire non. Ils refusent l'histoire, le conformisme, la sédentarité. Ils se rebellent en coupant les liens et s'en vont sans regarder en arrière ».
Sylvain Tesson, l'écrivain voyageur, n'a de cesse, quant à lui, de revendiquer les bienfaits du nomadisme. Lorsqu'il entreprend, en 2015, la traversée de la France pour se réapproprier son corps après un grave accident, il choisit d'emprunter les « chemins noirs », ces passages secrets de l'ancienne France rurale et piétonne, à l'écart des routes et des circuits balisés, pour recouvrer à la fois santé et liberté dans le choix de la marge, qui opère comme une désintoxication : « Aller par les chemins noirs, chercher des clairières derrière les ronces était le moyen d'échapper au dispositif. Un embrigadement pernicieux était à l'œuvre dans ma vie citadine : une surveillance moite, un enrégimentement accepté par paresse. Les nouvelles technologies envahissaient les champs de mon existence, bien que je m'en défendisse. »

ZOOM

Regarder un film
***Into the Wild* (2007) de Sean Penn**

Ce film relate l'histoire réelle de Christopher McCandless, un étudiant américain promis à un brillant avenir qui rejette la société moderne de consommation pour partir sur les routes et rejoindre l'Alaska.

Vers l'écriture personnelle

Écoutez la chanson « Là-bas » de Jean-Jacques Goldman.

Qu'est-ce qui motive ici le besoin de partir ? Quelles sont les deux visions de l'existence qui s'opposent à travers les deux interprètes ? Vers quelle conception va votre préférence ?

c. L'espoir d'une vie meilleure : le cas des migrants

« Que ce soit pour fuir la pauvreté, l'insécurité, pour des raisons démographiques ou climatiques, plusieurs facteurs poussent les individus à migrer », précise le site du Parlement européen. De fait, l'Europe peut apparaître comme un Eldorado pour des réfugiés fuyant la famine, le climat, la guerre ou les persécutions. Poussés par l'espoir d'une vie meilleure, beaucoup sont prêts à risquer leur vie et braver tous les dangers pour gagner des cieux plus cléments.
Dans *Eldorado* (2006), Laurent Gaudé, pour montrer à la fois le tragique et la détermination des migrants livrés à des passeurs sans foi ni loi et confrontés à

la mort, imagine le récit d'une clandestine venue du Proche-Orient retraçant sa terrible traversée de la Méditerranée :

> Le nouveau continent était au bout. Et la promesse qu'elle avait faite à son enfant de l'élever là-bas était à portée de main. Elle aurait tenu, vaille que vaille, pourvu qu'elle ait pu se raccrocher à l'idée qu'ils se rapprochaient, qu'ils ne cessaient, minute après minute, de se rapprocher. Mais il y eut des cris poussés à l'aube du deuxième jour, ces cris qui renversèrent tout et marquèrent le début du second voyage. De celui-là, elle se rappelait chaque instant. Depuis deux ans, elle le revivait sans cesse à chacune de ses nuits. De celui-là, elle n'était jamais revenue.
> Les cris avaient été poussés par deux jeunes Somalis. Ils s'étaient réveillés avant les autres et donnèrent l'alarme. L'équipage avait disparu. Ils avaient profité de la nuit pour abandonner le navire, à l'aide de l'unique canot de sauvetage. La panique s'empara très vite du bateau.

Laurent Gaudé, *Eldorado*, éditions Actes Sud, 2006.

S'embarquer pour le « nouveau continent », promesse d'une nouvelle vie, répond ici à un désir tenace et une foi en l'avenir qui motivent toutes les prises de risque, mais beaucoup connaissent une fin tragique.

Pour en savoir plus

Pourquoi migrer ? Les raisons derrière la migration :
liennathan.fr/5fkx44

ZOOM

***Les Raisins de la colère* (1939) de John Steinbeck**

Ce roman rapporte le périple d'une famille de métayers quittant l'Oklahoma, pendant la Grande Dépression américaine, à cause de la sécheresse et des difficultés économiques, en quête d'un avenir en Californie.

2. Se libérer de ses chaînes

a. Partir pour conquérir sa liberté

Partir pour s'arracher à son destin et déjouer toutes sortes de déterminismes, telle peut être la finalité de la mobilité, qu'elle soit temporaire ou plus radicale.

···➝ Exploitation d'un document

Question : Pourquoi le voyage est-il un accès à la liberté ?

« Être dominé, être du côté des faibles, c'est être contraint à l'immobilité. Ne pas pouvoir sortir de son quartier, de sa condition sociale, de son pays. Dans mon enfance, je voyais tous les matins les longues files devant les consulats d'Espagne, de France, du Canada. […] Tout le monde voulait un visa. L'Europe devenait un territoire à la fois honni et follement désiré. Sur les toits-terrasses de toutes les villes pullulaient les paraboles, portes de sortie vers un monde inaccessible, qu'on regardait à la télé et qui faisait frémir d'envie. C'est ce que l'artiste marocaine Yto Barrada, qui a longtemps vécu et travaillé à Tanger, appelait "le désir d'Occident". Depuis, cette injustice fondamentale m'obsède : des millions d'hommes sont condamnés à ne pas pouvoir sortir de chez eux. Ils sont interdits de voyage, empêchés, enfermés. C'est ainsi qu'est structuré notre monde contemporain : sur l'inégal accès à la mobilité et à la circulation.

Mon ami l'écrivain Abdellah Taïa […] vient d'un quartier pauvre de Salé et, quand il a eu dix-huit ans, il a décidé, contre l'avis de beaucoup, de venir étudier la littérature à Rabat. On a tenté de l'en dissuader. On lui a dit qu'un enfant de pauvres n'avait pas de temps à perdre sur les bancs de l'université. Qu'il fallait rester à sa place. Ne pas chercher à s'en sortir. "Tous les jours, je devais prendre le bus et effectuer un voyage qui mettait environ une demi-heure entre mon quartier et la fac de littérature. Ce n'était pas grand-chose comme distance et pourtant, ce voyage en bus a demandé à ma mère d'incroyables sacrifices. De 1992 à 1998, elle s'est arrangée pour trouver les douze dirhams quotidiens dont j'avais besoin pour me déplacer. Sans elle, sans ce voyage en bus, je n'aurais pu m'extraire de mon milieu et échapper à mon destin", m'a-t-il un jour raconté. Nous nous sommes dit que si nous n'étions pas devenus écrivains, que si nous n'avions pas émigré, nous ne nous serions sans doute jamais connus. Nous aurions vécu dans deux villes voisines, nous nous serions peut-être croisés dans une rue, sur une plage, mais il est fort peu probable que nous soyons jamais devenus amis. Pour devenir libres, pour devenir nous-mêmes, il nous a fallu nous arracher chacun aux rives de ce fleuve. Trouver un ailleurs où s'inventer. »

Leïla Slimani, *Le Parfum des fleurs la nuit*, Stock, 2021.

La possibilité de voyager et de sortir de chez soi apparaît ici comme une liberté fondamentale qui distingue les privilégiés et les opprimés, lesquels seraient comme assignés à résidence, brimés par des contraintes politiques, sociales ou financières. Cette ségrégation par le voyage serait une façon de maintenir sous une forme de servitude les plus faibles, ainsi privés de l'opportunité de devenir quelqu'un d'autre, par les études ou l'accès à de nouveaux horizons. S'arracher à sa ville, à son pays, à sa culture ou son milieu est la condition nécessaire à un développement libre et autonome de soi-même.

ZOOM

Les *road movies*

Le *road movie* est un genre cinématographique qui aborde un périple sur les routes où les protagonistes, à travers différents moyens de locomotion, cherchent à se libérer d'un espace clos ou contraignant ou à atteindre un but salvateur. Le parcours, égrené de rencontres et aventures multiples, est aussi bien l'occasion de préciser un tableau critique de la société que le reflet de la quête d'un moi qui se cherche dans l'errance. La locomotion et la vitesse symbolisent le souffle de liberté qui anime des personnages souvent soucieux de quitter un espace urbain et aliénant, voire en cavale.

Vers l'écriture personnelle

Étudiez un *road movie* de votre choix en vous demandant si le périple permet de conquérir sa liberté (sinon, pourquoi ?) et de quelles façons.

b. Voyage et émancipation féminine

« Pendant qu'Ulysse parcourt le monde et enchaîne les exploits, Pénélope demeure immobile, élève seule Télémaque, tisse et détisse son ouvrage afin de rester fidèle à son époux. On a donc d'un côté la figure virile et aventureuse, et de l'autre, une figure sédentaire, qui trouve sa valeur dans l'attente », rappelle Lucie Azema dans *Les femmes aussi sont du voyage. L'émancipation par le départ* (2021).

Non seulement le voyage semble l'apanage des hommes, légitimes à se mouvoir librement dans un monde infini, tandis que les femmes seraient cantonnées au monde intérieur et limité du foyer, mais les tentatives de déplacement de ces dernières seraient même très décriées. La féministe américaine Gloria Steinem souligne que l'appellation « aventurière » comporte les stigmates de cette différenciation misogyne : « Le dictionnaire lui-même nous apprend qu'un aventurier est quelqu'un qui *"aime et recherche l'aventure"*, alors qu'une aventurière est une *"femme qui a des aventures galantes souvent scandaleuses".* »

Le voyage devient dès lors un outil d'émancipation et d'affirmation féminine. À travers l'histoire, les femmes ont pu revendiquer et réaliser leur liberté en s'appropriant les prérogatives masculines associées au voyage.

> « Le lien entre voyage et engagement féministe n'est pas automatique. Certaines femmes ont utilisé l'aventure comme un levier d'émancipation, mais sans forcément l'identifier ainsi – sans prendre conscience de la domination patriarcale qu'elles subissaient dans leur vie sédentaire. […] Elles ont su trouver la force de repousser les contours étroits du monde qui leur était imposé, et cela constituait déjà une prouesse en soi. […]
> Mais nombreuses sont celles qui ont lié leur engagement féministe au voyage. […] Quelques-unes ont directement voulu contester les règlements misogynes *via* le voyage, comme Maryse Choisy, qui se fera passer pour un jeune moine afin d'entrer au mont Athos, lieu à ce jour encore interdit aux femmes. Le voyage a aussi permis à certaines de réaliser une performance, comme Mary French Sheldon, qui part pour le Kilimandjaro en 1891 afin de "prouver qu'une femme peut être une aussi bonne exploratrice qu'un homme" et interdit à son mari de l'accompagner pour empêcher que sa démonstration ne perde tout son sens. Avant elle, en 1889, la journaliste et féministe Nellie Bly s'était engagée dans un tour du monde, avec pour objectif de battre le record fictif des quatre-vingts jours de Phileas Fogg. Elle y parviendra au terme d'un périple de soixante-douze jours qui sera très médiatisé à l'époque. Dans le *Philadelphia Inquirer* du 18 novembre 1889, un article de Dorothy Maddox affirme : "Depuis toujours, de nombreuses âmes méritantes sont restées au bas de l'échelle sous prétexte qu'on ne les pensait pas capables d'agir par elles-mêmes. […] Ce tour du monde célèbre le courage et l'énergie de notre sexe […]. Il est la preuve que le sexe

faible, quand il est doté d'un esprit sain et est libéré des carcans habituels, peut rivaliser avec les hommes les plus brillants." La même Nellie Bly, quelques années auparavant, était partie six mois au Mexique dans le but d'écrire des reportages, car elle ne supportait plus d'être "cantonnée aux tâches réservées aux femmes dans les rédactions".

Lucie Azema, *Les Femmes aussi sont du voyage. L'émancipation par le départ*, Flammarion, 2021.

ZOOM

La mini-série *Unorthodox* (2020)

Cette mini-série d'Anna Winger et Alexa Karolinski suit le parcours d'Esty, se sauvant à Berlin pour fuir sa communauté juive ultraorthodoxe de Brooklyn qui lui impose une condition féminine étriquée, où ses activités et sa liberté de mouvement sont soumises au mari qu'on lui destine. Rejoignant sa mère, une femme émancipée, elle trouve en Allemagne les clés de sa propre libération intérieure. Cette série est adaptée de l'autobiographie de Deborah Feldman, *Unorthodox. Comment j'ai fait scandale en rejetant mes origines hassidiques* (2012).

ZOOM

Regarder un film
***Thelma et Louise* (1991) de Ridley Scott**

Il s'agit d'un *road movie* devenu un film culte du féminisme, qui évoque la cavale de deux femmes à travers les États-Unis, se rebellant contre la violence masculine pour assumer leur liberté.

Pour en savoir plus

Un guide humoristique

Ariane Arpin-Delorme et Marie-Julie Gagnon, *Le voyage pour les filles qui ont peur de tout* (2015).

Chapitre 4
Une fuite illusoire

À l'issue de ses aventures mouvementées, lorsque le philosophe Pangloss en vante les effets, Candide clôt le conte de Voltaire sur ces mots : « Cela est bien dit, [...] mais il faut cultiver notre jardin », comme pour signifier que l'essentiel se joue en dehors du voyage, qui n'aura servi qu'à comprendre l'intérêt de savoir rester chez soi et d'entretenir ce dont on dispose. De fait, non seulement parcourir le monde peut s'avérer inutile, mais ce serait même le symptôme d'un aveuglement et d'une lâche fuite en avant.

1. Une perte de temps ?

a. Stérilité du voyage

Dans *L'Éducation sentimentale* (1869), Gustave Flaubert parodie le roman d'apprentissage en concentrant sur quelques lignes les seize années de sa vie que le héros, Frédéric Moreau, consacre à voyager :

> Il voyagea.
> Il connut la mélancolie des paquebots, les froids réveils sous la tente, l'étourdissement des paysages et des ruines, l'amertume des sympathies interrompues.
> Il revint.

Ce traitement expéditif souligne la futilité de l'expérience, qui n'est qu'une succession superficielle d'événements sans suite et sans autre intérêt que de remplir un temps inutile à raconter, à l'issue duquel le héros ne retire aucun profit particulier. Traitées sur le mode de la parenthèse, ces seize années sont perçues comme un intermède sans intérêt au sein de la véritable existence.

Ainsi, le voyage ne serait qu'une occupation stérile, voire un détour dont il conviendrait de se passer pour prendre plus sérieusement sa vie en main. C'est la thèse que défend l'écrivain Béat de Muralt dans ses *Lettres sur les Anglais et les Français et sur les voyages* (1728). « L'esprit de l'homme, dit Muralt, tout comme son corps, pourrait bien être de nature à se former et à se déployer de soi-même, à ne demander que du vrai pour se nourrir, et le commerce de quelques personnes sensées pour s'exercer. » Voyager revient donc à aller contre « le but de la nature » en empêchant l'esprit de « se livrer à ses propres forces », ce qui est son « état original ». Nous voyageons, selon lui, pour suivre une coutume, dont on a perdu de vue l'utilité mais que nous ne songeons plus à remettre en question ; nous nous inventons des raisons pour ne pas voir qu'il s'agit d'une « perte de temps ». Les voyages sont devenus un « expédient », « une chose ordinaire, une coutume, qui est ce qui dispense les hommes de trouver des raisons à ce qu'ils font et qui par là devient pour eux de toutes les raisons la plus forte ». Les voyages, selon Muralt, « loin de rendre les hommes meilleurs, les éloignent d'eux-mêmes et de leur patrie », et s'ils doivent avoir un but, il s'agit de leur propre annulation, autrement dit le mouvement doit conduire au repos. « Je pense, dit-il, que, comme on ne doit faire la guerre que pour avoir la paix, on ne doit vivre dans le monde que pour apprendre à aimer la solitude et jouir du repos sans s'en dégoûter. » Mieux encore : « Si les voyages nous doivent mener à quelque chose de considérable, et que le repos, pour être doux, doive succéder au travail, c'est à la campagne qu'ils nous doivent mener. »

b. Les sirènes de l'aventure

L'appel du lointain, la tentation du mouvement peuvent être des mirages, des leurres, qui font miroiter une vie meilleure et la possibilité d'exister à ses propres yeux dans l'accomplissement de prouesses ou d'expériences valorisantes, dont on ressortirait grandis. Mais cet attrait puissant du voyage ne serait que le reflet de son propre aveuglement, une insatisfaction chronique que rien ne saurait réellement étancher. Par ailleurs, voyager à tout prix dans l'espoir de se prouver quelque chose à soi-même, c'est aussi passer à côté de sa vraie vie, en négligeant ce qui aurait pu satisfaire ses besoins ou en oubliant les siens. Ce serait finalement s'éloigner de soi-même et se perdre en chemin.

Vers la synthèse de documents

1) Qu'est-ce qui motive l'envie de partir ?

2) En quoi l'ami qui reste se distingue-t-il du voyageur ?

3) Pourquoi le voyage apparaît-il comme illusoire ?

Texte 1

« Deux Pigeons s'aimaient d'amour tendre.
L'un d'eux s'ennuyant au logis
Fut assez fou pour entreprendre
Un voyage en lointain pays.
L'autre lui dit : Qu'allez-vous faire ?
Voulez-vous quitter votre frère ?
L'absence est le plus grand des maux :
Non pas pour vous, cruel. Au moins que les travaux,
Les dangers, les soins du voyage,
Changent un peu votre courage.

Encore si la saison s'avançait davantage !
Attendez les zéphyrs. Qui vous presse ? Un Corbeau
Tout à l'heure annonçait malheur à quelque Oiseau. [...]
Ce discours ébranla le cœur
De notre imprudent voyageur ;
Mais le désir de voir et l'humeur inquiète
L'emportèrent enfin. Il dit : Ne pleurez point :
Trois jours au plus rendront mon âme satisfaite ;
Je reviendrai dans peu conter de point en point
Mes aventures à mon frère.

[Le pigeon voyageur endure une série d'aventures malheureuses et revient au logis, à demi-mort, « maudissant sa curiosité ».]

Voilà nos gens rejoints ; et je laisse à juger
De combien de plaisirs ils payèrent leurs peines.
Amants, heureux amants, voulez-vous voyager ?
Que ce soit aux rives prochaines ;
Soyez-vous l'un à l'autre un monde toujours beau,
Toujours divers, toujours nouveau ;
Tenez-vous lieu de tout, comptez pour rien le reste. »

Jean de La Fontaine, « Les deux pigeons », *Fables*, Livre IX, 1678.

Texte 2

« Ami, vous revenez d'un de ces longs voyages [...].

Le soleil de vingt cieux a mûri votre vie.
Partout où vous mena votre inconstante envie,
Jetant et ramassant,
Pareil au laboureur qui récolte et qui sème,
Vous avez pris des lieux et laissé de vous-même
Quelque chose en passant !

Tandis que votre ami, moins heureux et moins sage,
Attendait des saisons l'uniforme passage
Dans le même horizon,
Et comme l'arbre vert qui de loin la dessine,
À sa porte effeuillant ses jours, prenait racine
Au seuil de sa maison.

Vous êtes fatigué, tant vous avez vu d'hommes !
Enfin vous revenez, las de ce que nous sommes,
Vous reposer en Dieu.
Triste, vous me contez vos courses inféondes,
Et vos pieds ont mêlé la poudre de trois mondes
Aux cendres de mon feu.

Or, maintenant, le cœur plein de choses profondes,
Des enfants dans vos mains tenant les têtes blondes,
Vous me parlez ici,
Et vous me demandez, sollicitude amère !
– Où donc ton père ? où donc ton fils ? où donc ta mère ?
– Ils voyagent aussi !

Le voyage qu'ils font n'a ni soleil ni lune ;
Nul homme n'y peut rien porter de sa fortune,
Tant le maître est jaloux !
Le voyage qu'ils font est profond et sans bornes,
On le fait à pas lents, parmi des faces mornes,
Et nous le ferons tous !

[...]
Voyageur ! voyageur ! Quelle est notre folie !
Qui sait combien de morts à chaque heure on oublie ?
Des plus chers, des plus beaux ?
Qui peut savoir combien toute douleur s'émousse,
Et combien sur la terre un jour d'herbe qui pousse
Efface de tombeaux ? »

Victor Hugo, « À un voyageur », *Les Feuilles d'automne*, 1831.

1) Ces deux poèmes mettent en exergue l'envie irrépressible de voyager qui s'empare du pigeon – « imprudent voyageur » dont « l'humeur inquiète » signifie qu'il est incapable de rester tranquille – tout comme le protagoniste hugolien animé par une « inconstante envie ».
La « curiosité », le « désir de voir » les poussent tous deux à parcourir le monde : le premier semble fuir l'ennui lénifiant du foyer et les deux comptent multiplier les expériences dont ils pourront « récolter » quelques lauriers ou souvenirs enrichissants, à brandir comme des trophées.

2) L'ami qui reste est certes présenté comme frileux, méfiant face aux « dangers », casanier, « moins heureux et moins sage » (car, cantonné au foyer, il ne bénéficie pas de l'expérience du monde), mais, en réalité, il incarne ici une sage patience et une forme de fidélité à soi-même et à l'autre, prenant « racine » comme l'arbre pour s'épanouir là où sa vie se trouve, sans s'éparpiller dans une quête frivole.
3) Dans la fable, le voyageur ne retire rien de son périple si ce n'est des ennuis et des dommages physiques et corporels. La morale nous enseigne que c'est être « fou » que de rechercher l'aventure en ne voyant pas que le bonheur réside dans la chaleur du foyer auprès des êtres chers, promesse d'autosuffisance et de satisfactions toujours renouvelées. De même, revenu « las » de ses « courses infécondes », le voyageur du poème, oublieux des autres, n'a pas su accompagner ceux que la mort a ravis durant sa trop longue absence : niant la mort même, son insouciance rime avec inconscience.

2. Une vaine fuite de soi

a. Le fardeau de soi

Dès le Ier siècle, le stoïcien Sénèque précisait l'inutilité des voyages pour qui espère vainement s'oublier sous de nouvelles contrées. Partir pour s'étourdir et chasser sa mélancolie n'est qu'une façon de se mentir à soi-même : on aura beau se mouvoir, on ne fera que déplacer la source des maux qui se trouve en soi. C'est même s'aveugler que de courir le monde pour tenter d'échapper à soi-même.

> Il n'est arrivé, penses-tu, qu'à toi seul, et tu t'en étonnes comme d'une chose étrange, qu'un voyage si long et des pays si variés n'aient pu dissiper la tristesse et l'abattement de ton esprit. C'est d'âme qu'il faut changer, non de climat. Vainement tu as franchi la vaste mer ; vainement, comme dit notre Virgile, “Terre et cités ont fui loin de tes yeux”, tes vices te suivront, n'importe où tu aborderas. À un homme qui faisait la même plainte Socrate répondit : “Pourquoi t'étonner que tes courses lointaines ne te servent de rien ? C'est toujours toi que tu promènes. Tu as en croupe l'ennemi qui t'a chassé.” Quel bien la nouveauté des sites peut-elle faire en soi, et le spectacle des villes ou des campagnes ? Tu es ballotté, hélas ! en pure perte. Tu veux savoir pourquoi rien ne te soulage dans ta triste fuite ? Tu fuis avec toi. Dépose le fardeau de ton âme : jusque-là point de lieu qui te plaise.

Sénèque, *Lettres à Lucilius*, lettre XXVIII, Hachette, 1914.

b. Fuir la conscience de son néant

Vers la synthèse de documents

1) Texte 1 : Pourquoi, selon Pascal, l'homme éprouve-t-il le besoin de s'agiter hors de chez lui ?
2) Texte 2 : En quoi le texte de Céline rejoint-il les pensées de Pascal ?

Texte 1

« *Divertissement*

Quand je m'y suis mis quelquefois, à considérer les diverses agitations des hommes et les périls et les peines où ils s'exposent, dans la cour, dans la guerre, d'où naissent tant de querelles, de passions, d'entreprises hardies et souvent mauvaises, etc., j'ai découvert que tout le malheur des hommes vient d'une seule chose, qui est de ne savoir pas demeurer en repos, dans une chambre. Un homme qui a assez de bien pour vivre, s'il savait demeurer chez soi avec plaisir, n'en sortirait pas pour aller sur la mer ou au siège d'une place. On n'achètera une charge à l'armée si cher, que parce qu'on trouverait insupportable de ne bouger de la ville [...].

Mais quand j'ai pensé de plus près, et qu'après avoir trouvé la cause de tous nos malheurs, j'ai voulu en découvrir la raison, j'ai trouvé qu'il y en a une bien effective, qui consiste dans le malheur naturel de notre condition faible et mortelle, et si misérable, que rien ne peut nous consoler, lorsque nous y pensons de près. [...]

De là vient que le jeu et la conversation des femmes, la guerre, les grands emplois sont si recherchés. Ce n'est pas qu'il y ait en effet du bonheur ni qu'on s'imagine que la vraie béatitude soit d'avoir l'argent qu'on peut gagner au jeu, ou dans le lièvre qu'on court : on n'en voudrait pas, s'il était offert. Ce n'est pas cet usage mol et paisible, et qui nous laisse penser à notre malheureuse condition, qu'on recherche, ni les dangers de la guerre, ni la peine des emplois, mais c'est le tracas qui nous détourne d'y penser et nous divertit.

De là vient que les hommes aiment tant le bruit et le remuement ; de là vient que la prison est un supplice si horrible ; de là vient que le plaisir de la solitude est une chose incompréhensible. »

Blaise Pascal, *Pensées*, 1670.

Texte 2

Après avoir connu la Grande Guerre et le colonialisme en Afrique, Bardamu découvre l'Amérique.

« En Afrique, j'avais certes connu un genre de solitude assez brutale, mais l'isolement dans cette fourmilière américaine prenait une tournure plus accablante encore.

Toujours j'avais redouté d'être à peu près vide, de n'avoir en somme aucune sérieuse raison pour exister. À présent j'étais devant les faits bien assuré de mon néant individuel. Dans ce milieu trop différent de celui où j'avais de mesquines habitudes, je m'étais à l'instant comme dissous. Je me sentais bien près de ne plus exister, tout simplement. Ainsi, je le découvrais, dès qu'on avait cessé de me parler des choses familières, plus rien ne m'empêchait de sombrer dans une sorte

d'irrésistible ennui, dans une manière de doucereuse, d'effroyable catastrophe d'âme. Une dégoûtation.
À la veille d'y laisser mon dernier dollar dans cette aventure, je m'ennuyais encore. Et cela si profondément que je me refusai même d'examiner les expédients les plus urgents. Nous sommes, par nature, si futiles, que seules les distractions peuvent nous empêcher vraiment de mourir. Je m'accrochais pour mon compte au cinéma avec une ferveur désespérée.
En sortant des ténèbres délirantes de mon hôtel je tentais encore quelques excursions parmi les hautes rues d'alentour, carnaval insipide de maisons en vertige. Ma lassitude s'aggravait devant ces étendues de façades, cette monotonie gonflée de pavés, de briques et de travées à l'infini et de commerce et de commerce encore, ce chancre du monde, éclatant en réclames prometteuses et pustulentes. »

Louis-Ferdinand Céline, ***Voyage au bout de la nuit*****, éditions Gallimard, 1932.**

1) Selon Pascal, l'homme est incapable de rester en repos dans la solitude car il serait alors confronté à sa condition vaine et mortelle. Il éprouve le besoin de courir les aventures ou distractions pour ne pas avoir à penser sa finitude et son inconsistance, qu'il tente d'occulter dans l'agitation permanente. Ce « divertissement » consiste ici, au sens étymologique, à « faire diversion » en nous détournant des vérités existentielles douloureuses.
2) Perdu au sein de la grouillante New York, Bardamu est paradoxalement ramené à sa solitude et la conscience de son « néant individuel ». Lui dont le roman retrace la pulsion du voyage comprend que l'agitation ne sert qu'à masquer un « ennui » existentiel profond, une essentielle « futil[ité] » qui nous ramène à la mort que les « distractions » sont censées « empêcher ».

Chapitre 5
À la rencontre de l'Autre

Voyager, c'est bien entendu l'occasion de découvrir l'altérité, se confronter à des êtres et des pratiques différents, qu'on le veuille ou non. Mais le rapport à l'Autre peut s'avérer très ambivalent, selon que l'on considère la différence comme une chance de se renouveler, voire de reconsidérer sa propre culture, ou que l'on s'autorise à exporter sa seule vision du monde, quitte à mépriser et dominer des peuples autochtones. Dans tous les cas, le regard et l'attitude adoptés envers ceux qui ne sont pas comme nous en disent long sur nous-mêmes.

1. S'enrichir de la culture de l'Autre

a. Le voyage permet de nous ouvrir à la différence

Voyager implique de faire preuve d'une **saine et sincère curiosité** à l'égard de toutes formes de différences. Entre l'**enthousiasme** pour la découverte de l'Autre qui préside à tout projet de voyage et l'esprit d'**ouverture** et de **tolérance** qui ne manque pas, de fait, de se développer au contact d'étrangers, nul doute que l'entreprise nous soit profitable.

– D'abord, le voyage contribue à tisser des liens forts ou inattendus entre les **compagnons de route**, qu'ils soient choisis ou non, car les conditions même du déplacement ou de l'aventure impliquent une forme d'écoute, si ce n'est d'entraide, induite par cette expérience partagée. Dans son roman *Paris-Briançon* (2022), Philippe Besson évoque les hasards heureux de rencontres rendus possibles par les trajets en commun, notamment pour Serge et Julia : « "Voyez, c'est ça que j'aime dans les trains. C'est qu'un type comme moi n'aurait jamais rencontré une femme comme vous sinon." Serge n'a pas tort : si l'on s'en tient aux probabilités, la possibilité que leurs trajectoires se croisent était à peu près nulle. Ils habitent dans des villes très éloignées, exercent des professions sans connexion entre elles, appartiennent à des générations différentes, ne partagent pas les mêmes références culturelles ». Et l'auteur d'ajouter : « cependant, les voici qui conversent et même se découvrent une connivence ». Dans *Le Merveilleux Voyage de Nils Holgersson à travers la Suède*, Selma Lagerlöf décrit l'entraide et l'amitié inattendues qui s'établissent au cours de l'aventure entre Nils et le jars de sa ferme qu'il avait l'habitude de maltraiter : tous deux se sauvent mutuellement et s'unissent face aux épreuves.

ZOOM

Regarder un film
***Green Book. Sur les routes du Sud* (2019) de Peter Farrelly**

Ce film retrace l'histoire vraie, à l'époque de la ségrégation américaine, de Tony Lip, un videur italo-américain du Bronx, engagé pour conduire et protéger le Dr Don Shirley, un pianiste noir, lors d'une tournée de concerts. Leur périple sera l'occasion pour tous les deux de dépasser leurs préjugés et d'oublier leurs différences qu'ils croyaient insurmontables.

Pour en savoir plus

Le roman *Neuf parfaits étrangers* (2018) de Liane Moriarty

Comme son titre l'indique, ce roman réunit, en Australie, neuf personnes de divers horizons dans un centre de bien-être expérimental, où d'étranges épreuves vont contribuer à les rapprocher.

– Ensuite, bien évidemment, c'est la rencontre de **ceux qui vivent dans les contrées abordées** qui va susciter notre intérêt et notre tolérance.
Déjà au XVIe siècle, Montaigne, soucieux de renverser les préjugés à l'égard des prétendus sauvages du Nouveau Monde, s'extasiait devant leurs nombreux talents :

> La plupart de leurs réponses et des négociations faites avec eux montrent que [ces hommes] ne nous étaient nullement inférieurs en clarté d'esprit naturelle et en justesse [d'esprit]. La merveilleuse magnificence des villes de Cusco et de Mexico et, parmi beaucoup d'autres choses semblables, le jardin de ce roi, où tous les arbres, les fruits et toutes les herbes, selon l'ordre et la grandeur qu'ils ont dans un jardin [normal], étaient excellemment façonnés en or, comme, dans son cabinet, tous les animaux qui naissaient dans son État et dans ses mers, et la beauté de leurs ouvrages en joaillerie, en plume, en coton, dans la peinture, montrent qu'ils ne nous étaient pas non plus inférieurs en habileté.
>
> Michel de Montaigne, *Essais*, Livre III, chapitre VI, « Des coches », 1588.

L'ethnologue Claude Lévi-Strauss s'émeut, quant à lui, de la touchante humanité des Nambikwara, peuple indien du Brésil dont il a partagé la vie quotidienne en 1938 :

> Le visiteur qui, pour la première fois, campe dans la brousse avec les Indiens, se sent pris d'angoisse et de pitié devant le spectacle de cette humanité si totalement démunie [...]. Mais cette

misère est animée de chuchotements et de rires. Les couples s'étreignent comme dans la nostalgie d'une unité perdue ; les caresses ne s'interrompent pas au passage de l'étranger. On devine chez tous une immense gentillesse, une profonde insouciance, une naïve et charmante satisfaction animale, et, rassemblant ces sentiments divers, quelque chose comme l'expression la plus émouvante et la plus véridique de la tendresse humaine. »

Claude Lévi-Strauss, *Tristes Tropiques*, éditions Plon, 1955.

ZOOM

Regarder un film
***Le Nouveau Monde* (2006) de Terrence Malick**

Ce film montre le lien extraordinaire qui unit, au XVIIe siècle, l'officier anglais John Smith et l'indienne Pocahontas qui, précisément parce qu'ils sont différents, connaissent cet appel de l'Autre qui transcende tous les clivages.

Vers l'écriture personnelle

Renseignez-vous sur les émissions télévisées *J'irai dormir chez vous et Rendez-vous en terre inconnue*, dont vous pouvez rechercher quelques extraits. Quel regard portent-elles sur les autres cultures ? Quel est le but, selon vous, de ce type d'émissions ?

b. Une invitation à reconsidérer ses valeurs

Montaigne considérait que la principale vertu des voyages consistait à « frotter et limer notre cervelle contre celle d'autrui ». En effet, aller vers l'Autre nous offre la possibilité de comparer nos pratiques et nos valeurs, de manière à éventuellement réenvisager notre culture ou du moins élargir notre façon de penser.

– Tout d'abord, **on peut apprendre beaucoup des mœurs, us et coutumes des autres cultures.**

Dans *Supplément au Voyage de Bougainville*, Diderot défend la liberté sexuelle qui caractérise les mœurs de Tahiti en montrant que cela reflète tout à la fois un refus de la propriété du corps de l'autre et un don généreux et solidaire. L'anthropologue américaine Margaret Mead, en décrivant les Arapesh de Nouvelle-Guinée, nous confronte à une société où les tempéraments sont peu différenciés selon les sexes et où la douceur et la sensibilité priment, sans être considérées comme des spécificités féminines, ce qui tendrait à démon-

trer que notre perception de la virilité, par exemple, n'est qu'une construction mentale et culturelle des plus discutables.
Pour ce qui est des pratiques dont il serait bienvenu de s'inspirer, on peut songer aux techniques agricoles artisanales de certains pays d'Afrique, comme celles que met en avant la ferme Songhaï au Bénin, qui rejette l'aide de la chimie pour augmenter la production. En outre, certaines populations vivant à l'écart de la société de consommation, comme les habitants de la péninsule de Nicoya au Costa Rica, ont une espérance de vie élevée car elles sont épargnées par la malbouffe ou la pollution…

– Par ailleurs, l'histoire est jonchée d'**exemples d'idées et de pratiques puisées dans la culture de l'Autre**. Le journal de bord du capitaine James Cook témoigne d'une véritable fascination des navigateurs anglais pour les tatouages polynésiens qu'ils découvrent et qu'ils choisissent d'imiter, tant cette pratique inhabituelle les émerveille et leur ouvre de nouvelles perspectives, lançant une longue et complexe culture du tatouage dans les pays occidentaux. On peut lire, dans ce même journal, la découverte du surf :

> « Nous y vîmes dix ou douze Indiens qui nageaient pour leur plaisir. […] Ce qui rendit ce spectacle encore plus amusant, ce fut que les nageurs saisirent l'arrière d'une vieille pirogue et le poussèrent devant eux en nageant jusqu'à une assez grande distance en mer ; alors deux ou trois de ces Indiens se mettaient dessus, et tournant le bout carré contre la vague, ils étaient chassés vers la côte avec une rapidité incroyable, et quelquefois même jusqu'à la grève. »

Pour en savoir plus

« Comment le tatouage est arrivé en Occident », France Culture, 23 mars 2021 :
liennathan.fr/937exm

– Mais la confrontation avec l'Autre est surtout **l'occasion d'une remise en question de nos propres pratiques**.
En 1632, le frère franciscain Gabriel Sagard, envoyé en mission en Nouvelle-France, auprès des Hurons, d'abord choqué par leur mode de vie libertaire, finit par se rendre à l'évidence de la supériorité de leur organisation sociale sur la France :

> « Ce qui aide encore grandement à leur santé est la concorde qu'ils ont entre eux, qu'ils n'ont point de procès, et le peu de soin qu'ils prennent pour acquérir les commodités de cette vie,

pour lesquelles nous nous tourmentons tant nous autres Chrétiens, qui sommes justement et à bon droit repris de notre trop grande cupidité et insatiabilité d'en avoir, par leur vie douce, et tranquillité de leur esprit.

Gabriel Sagard, ***Le Grand Voyage du pays des Hurons*****, 1632.**

Les Hurons se montrent eux-mêmes choqués par le peu de générosité dont font preuve les Français les uns envers les autres :

> [Les Hurons] se rendent l'hospitalité réciproque, et assistent tellement l'un l'autre, qu'ils pourvoient à la nécessité d'un chacun, sans qu'il y ait aucun pauvre mendiant parmi leurs villes et villages, et trouvent fort mauvais entendant dire qu'il y avait en France grand nombre de ces nécessiteux et mendiants, et pensaient que cela fut faute de charité qui fut en nous, et nous en blâmaient grandement.

Gabriel Sagard, ***Le Grand Voyage du pays des Hurons*****, 1632.**

Vers la synthèse de documents

Quelle leçon le « sauvage » donne-t-il aux civilisés ?

Texte 1

Jean de Léry rend compte de ses échanges avec les indiens Tupinambas du Brésil.

« Vraiment, dit alors mon vieillard (lequel comme vous jugerez n'était nullement lourdaud), à cette heure connais-je que vous autres Mairs, c'est-à-dire Français, êtes de grand fols : car vous faut-il tant travailler à passer la mer, sur laquelle [...] vous endurez tant de maux, pour amasser des richesses ou à vos enfants ou à ceux qui survivent après vous ? La terre qui les a nourris n'est-elle pas aussi suffisante pour les nourrir ? Nous avons (ajouta-t-il), des parents et des enfants, lesquels, comme tu vois, nous aimons et chérissons ; mais parce que nous nous assurons qu'après notre mort la terre qui nous a nourris les nourrira, sans nous en soucier plus avant, nous nous reposons sur cela. »

Jean de Léry, ***Histoire d'un voyage fait en la terre du Brésil*****, chapitre XIII, 1578.**

Texte 2

Le baron de Lahontan, explorant le Canada, rapporte ses échanges avec le chef wendat (huron) Kondiaronk (qu'il nomme Adario) :

« ADARIO : Vraiment tu me fais là de beaux contes quand tu parles des gentilshommes, des marchands et des prêtres ! Est-ce qu'on en verrait s'il n'y avait ni *Tien* ni *Mien* ? Vous seriez tous égaux, comme les Hurons le sont entre eux. Ce ne serait que les trente premières années après

> le bannissement de l'intérêt qu'on verrait une étrange désolation ; car ceux qui ne sont propres qu'à boire, manger, dormir et se divertir, mourraient en langueur, mais leurs descendants vivraient comme nous. Nous avons assez parlé des qualités qui doivent composer l'homme intérieurement, comme sont la sagesse, la raison, l'équité, etc., qui se trouvent chez les Hurons. Je t'ai fait voir que l'intérêt les détruit toutes, chez vous ; que cet obstacle ne permet pas à celui qui connaît cet intérêt d'être homme raisonnable. »
>
> **Baron de Lahontan,** ***Dialogues de Monsieur le baron de Lahontan et d'un Sauvage dans l'Amérique*****, 1704.**

Le prétendu « sauvage » fait ici preuve de beaucoup de bon sens et de finesse d'esprit pour soulever, à travers son étonnement affiché, les absurdités et inconséquences des pratiques européennes, qui reflètent une dépendance déraisonnable aux possessions matérielles. Aveuglés par l'intérêt et la cupidité, les Européens ne savent plus se contenter des choses simples et se rendent eux-mêmes la vie impossible, faute de suivre la voix de la sagesse et de la raison incarnée ici par les peuples dits « primitifs ».

ZOOM

Le thème de la confrontation avec l'Autre au service de la satire

Il s'agit d'un stratagème récurrent dans la littérature satirique, en vue de dénoncer les travers de nos sociétés. Elle l'exploite de deux manières :

- Le **procédé du regard étranger** permet, à travers l'étonnement et le questionnement exprimés par la voix de l'Autre, de mieux faire ressortir les aberrations que nous ne songeons plus à interroger.
Exemples : *Lettres persanes* de Montesquieu, *L'Ingénu* ou *Micromégas* de Voltaire, *Sentinelle* de Fredric Brown.
- La **création de mondes alternatifs** invite à considérer la possibilité d'autres modèles ou bien à reconnaître ou remettre en question le nôtre dans la comparaison.
Exemples : *Utopie* de Thomas More, *L'Autre monde ou les États et Empires de la Lune* de Cyrano de Bergerac, *Histoire des Sevarambes* de Denis Veiras, *Les Voyages de Gulliver* de Jonathan Swift.

2. Quand l'Autre révèle notre propre sauvagerie

a. Réflexes ethnocentriques

Aller à la rencontre de l'Autre en vue de conforter notre propre système de pensée et de le lui imposer comme le seul qui vaille, telle est l'attitude ethnocentrique (qui considère sa culture, estimée supérieure, comme modèle de référence) qui prévaut dans l'histoire internationale, depuis les Grecs qui créaient le mot « barbare » pour dénigrer ceux qui ne parlaient pas comme eux (et donc ne pouvaient être civilisés) aux tendances les plus actuelles, imbues de la prétendue supériorité des valeurs occidentales.

Vers la synthèse de documents

Comment la presse entretient-elle notre regard ethnocentrique ?

Roland Barthes dénonce la déformation de l'image de l'Autre véhiculée par la presse, à travers deux textes. Dans le premier texte, il analyse la représentation que le magazine Paris-Match *a donnée d'un jeune couple parti en Afrique avec son bébé, Bichon. Dans le second texte, il commente un article du* Figaro *relatant la croisière du* Batory *en URSS.*

Texte 1

« [...] L'astuce profonde de l'opération-Bichon, c'est de donner à voir le monde nègre par les yeux de l'enfant blanc : tout y a évidemment l'apparence d'un *guignol*. Or comme cette réduction recouvre très exactement l'image que le sens commun se fait des arts et des coutumes exotiques, voilà le lecteur de *Match* confirmé dans sa vision infantile, installé un peu plus dans cette impuissance à imaginer autrui que j'ai déjà signalée à propos des mythes petits-bourgeois. Au fond, le Nègre n'a pas de vie pleine et autonome : c'est un objet bizarre ; il est réduit à une fonction parasite, celle de distraire les hommes blancs par son baroque vaguement menaçant : l'Afrique, c'est un *guignol* un peu dangereux. »

Texte 2

« Le touriste Macaigne [signale] dans la vie immédiate quelques accidents disgracieux, propres à rappeler la vocation barbare de la Russie soviétique : les locomotives russes font entendre un long meuglement sans rapport avec le sifflet des nôtres ; le quai des gares est en bois ; les hôtels sont mal tenus ; [...] enfin, fait qui révèle une civilisation véritablement arriérée, on ne trouve pas de bistrots en Russie, rien que du jus de poire ! [...]

C'est donc une fois seulement qu'il a été illuminé par le soleil de la civilisation capitaliste, que le peuple russe peut être reconnu spontané, affable, généreux. Il n'y a plus alors que des avantages à dévoiler sa gentillesse débordante : elle signifie toujours une déficience du régime soviétique, une plénitude du bonheur occidental : la reconnaissance "indescriptible" de la jeune guide de l'Intourist pour le médecin (de Passy) qui lui offre des bas nylons, signale en fait l'arriération économique du régime communiste et la prospérité enviable de la démocratie occidentale. [...] on porte au crédit de la France entière, le "chic" inimitable de la toilette parisienne, comme si toutes les Françaises s'habillaient chez Dior ou Balanciaga ; et l'on fait voir les jeunes femmes soviétiques éperdues devant la mode française, comme s'il s'agissait d'une peuplade primitive en arrêt devant la fourchette ou le phonographe. »

La presse flatte son lecteur en le plaçant dans la position supérieure du civilisé, qui bénéficie de privilèges dont on présuppose qu'ils font rêver tout le monde. Elle véhicule surtout un certain nombre de clichés, visant aussi bien les peuples visités (ramenés de manière caricaturale à une étrangeté synonyme d'arriération) que le charme revendiqué de la culture française, associé à des toilettes de luxe ou à la figure attendrissante du bébé Bichon, qui rime avec mignon…

Vers l'écriture personnelle

« L'humanité s'installe dans la monoculture ; elle s'apprête à produire la civilisation en masse, comme la betterave. Son ordinaire ne comportera plus que ce plat. » Partagez-vous ce constat désabusé que livre Claude Lévi-Strauss dans *Tristes Tropiques* ?

b. Voyage au bout de la noirceur

L'histoire des explorations et des relations entre les peuples confirme surtout une volonté de domination et d'asservissement de l'Autre. Toutes les formes d'esclavage et de colonisation qui jalonnent notre histoire tendent à vérifier la violence inhérente à la découverte de l'Autre, que l'on peut vouloir avant tout exploiter, voire détruire.

···→ Exploitation d'un document

Question : Qui sont les véritables barbares ?

Au XVIe siècle, le prêtre missionnaire Bartolomé de las Casas défend les populations amérindiennes contre l'oppression des colons espagnols.

« De quel droit et au nom de quelle justice tenez-vous ces Indiens dans une si cruelle et si horrible servitude ? De quelle autorité avez-vous fait de si détestables guerres à des gens qui vivaient inoffensivement et pacifiquement dans leur pays, et que vous avez, par des morts et des massacres inouïs, anéantis en nombre infini ? Comment pouvez-vous les opprimer et les épuiser ainsi, sans leur donner à manger ni les soigner lorsqu'ils sont malades, à cause des travaux excessifs que vous leur imposez, et qui les font mourir, et il serait plus juste de dire que vous les tuez pour extraire et acquérir de l'or chaque jour ? Et quel souci avez-vous de les faire évangéliser, et qu'ils connaissent Dieu leur créateur, qu'ils soient baptisés, entendent la messe, et sanctifient les fêtes et les dimanches ? Ces gens ne sont-ils pas des hommes ? N'ont-ils pas une âme rationnelle ? N'êtes-vous pas obligés de les aimer comme vous-mêmes ? Ne comprenez-vous pas cela ? »

Bartolomé de las Casas, *Histoire des Indes*, 1560.

Las Casas fait ressortir l'inhumanité de ceux qui se prétendent chrétiens et les renvoient à leurs contradictions puisqu'ils bafouent leurs principes de fraternité universelle en asservissant et massacrant des peuples innocents, qu'ils ne traitent pas comme des êtres humains. La valeur sacrée de la vie est ici niée et remplacée par l'attrait de l'or et des richesses, qui justifie toutes les ignominies. On perçoit déjà ce qui sera l'enseignement de l'ethnologie du XXe siècle : le propre de la barbarie est de nier l'humanité de l'Autre.

ZOOM

La controverse de Valladolid

Il s'agit d'un débat politique et religieux qui s'est déroulé en Espagne au XVIe siècle afin de déterminer les conditions de domination des Amérindiens du Nouveau Monde. Entre réfutation de l'humanité des Indiens, en raison notamment de leurs pratiques cannibales, et réticence à les réduire en esclavage, cette dispute historique reflète les enjeux et hésitations liés au traitement de l'Autre. Certains y ont vu l'origine de la traite des Noirs africains vers l'Amérique et du commerce triangulaire.

Pour en savoir plus

Théodore de Bry, « L'arrivée de Christophe Colomb et des Espagnols à San Salvador », *Grands Voyages, America pars quarta*, 1592.

Quelle interprétation de la découverte du Nouveau Monde nous livre cette gravure (BnF) ?
liennathan.fr/v9s6z4

Vers l'écriture personnelle

Qu'étaient les « zoos humains » du Jardin d'Acclimatation ? Quel était leur but ? Que révèlent-ils de notre rapport à l'autre ?

Quels commentaires vous inspire cette image ?

Selk'nams (habitants de la Terre de Feu, île de l'extrême sud du Chili et de l'Argentine) avec Maurice Maître, 1889. Auteur anonyme, domaine public.

Synthèse

Le voyage apparaît comme indissociable d'une quête existentielle. Essentiel à la construction de soi, puisqu'il permet de s'extraire d'un cadre étriqué pour s'épanouir dans la diversité et s'exercer dans l'adversité, il constitue un rite de passage propice à la formation de la jeunesse et précieux pour se découvrir soi-même ou se sentir évoluer.

Outil de délivrance et d'émancipation, le voyage nous offre les clés d'une précieuse liberté, en nous arrachant à toutes formes d'entraves et de déterminismes, voire en nous projetant dans l'inconnu de tous les possibles, où les métamorphoses du moi ne sont plus limitées.
Mais cette fuite effrénée des attaches et contraintes n'est-elle pas le reflet d'une fuite de soi, d'une tentative désespérée de se voiler la face pour ne plus voir tout ce qui nous pèse, à commencer par nos propres faiblesses ?
La rencontre avec l'Autre suscite une même ambivalence : alors même que l'on peut apprendre et s'enrichir à son contact, voire se défaire de ses préjugés et modes de pensée limités, la confrontation à l'altérité peut engendrer une violence dominatrice, qui révèle notre propre monstruosité.

Mots et notions clés :
Altérité, aventure, épreuve, errance, formation, fuite, pèlerinage, pérégrination, périple, quête de soi, rite de passage, voyage initiatique.

Corrigé

Sujet d'écriture personnelle (chapitres 1 à 5) : *Diriez-vous que le voyage nous rend meilleurs ? Vous répondrez dans un développement argumenté.*

Dans *L'Amérique au jour le jour*, Simone de Beauvoir évoque le voyage comme « l'extraordinaire aventure de devenir moi-même une autre ». Est-ce à dire que voyager nous rend meilleurs ? Certes, le voyage nous aguerrit et nous rend plus disponibles, au point de nous enrichir au contact des autres, mais il peut aussi nous avilir.

I. Le voyage nous aide à nous (re)construire

1. Le voyage nous incite à développer nos propres ressources

Exemple : Dans *Sans famille* d'Hector Malot, le jeune Rémi apprend à faire face aux difficultés de la vie en parcourant les routes françaises et anglaises.

2. Le voyage aide à sortir de soi pour s'ouvrir au monde

Exemple : Michel Ribes, *Voyages hors de soi* : « Prendre la route pendant 12 mois, vagabonder sur 3 continents, voyager pour prendre le temps de se perdre, de s'oublier… telle était la feuille de route de ce projet : un voyage hors de soi. »

II. Nous ressortons meilleurs de la rencontre avec l'Autre

1. La rencontre de l'Autre nous aide à relativiser nos certitudes

Exemple : Dans le *Discours de la méthode*, René Descartes estime que le plus grand bienfait du voyage et de la fréquentation de l'Autre est de se défaire de l'emprise des croyances et des habitudes.

2. Nous pouvons nous enrichir de nouvelles approches

Exemple : Le « sauvage » Anacharsis se serait rendu chez les Athéniens au VIe siècle avant J.-C. pour se « policer » à leur contact (« Je n'ai pas besoin d'or, il me suffira pour être heureux d'être devenu meilleur quand je reviendrai en Scythie »).

III. Mais le voyage peut attiser nos vices

1. Le « décrochage » semble autoriser les écarts

Exemple : Dans le film *À nous les petites Anglaises !* de Michel Lang, deux lycéens français profitent de leur séjour linguistique imposé en Angleterre pour se dévergonder.

2. Le voyage est associé à l'avidité et la violence

Exemple : *Au cœur des ténèbres* de Joseph Conrad dépeint la folie furieuse qui s'empare de Kurtz, un agent colonial parti en Afrique noire au nom de la civilisation et qui se révèle être un exterminateur cédant à sa sauvagerie primitive, habité par le désir de piller et de tuer.

Si voyager contribue à nous rendre à la fois plus forts et plus souples, en nous ouvrant à la culture de l'Autre, c'est aussi la tentation de céder à ses pulsions.

Partie 3
Le voyage est-il un loisir comme un autre ?

Sujet d'écriture personnelle

Selon vous, faut-il se réjouir de la pratique généralisée du voyage ?
Vous répondrez dans un écrit organisé.

Chapitre 1
Plaisirs de « vacance »

Voyager, « prendre le large », c'est avant tout espérer une « bouffée d'oxygène » qui nous change de nos habitudes et nous revigore, nous offrant une forme de « vacance » au sens étymologique : issu du latin *vacans*, qui signifie « être vacant », « être vide », le terme « vacance » désigne donc une phase de disponibilité inédite, une trouée salutaire dans le train-train quotidien (trop) bien réglé. Le voyage répond au besoin de « faire un *break* » en opérant une « pause » appréciable, temporelle bien sûr, mais aussi professionnelle, sociale et psychologique, d'autant que la distance géographique vient matérialiser la rupture, le décrochage.

1. Voyage et « détente »

a. En quête de dépaysement

Ce que l'on recherche dans le voyage, c'est précisément le « dépaysement », l'échappée du quotidien répétitif, marqué par ses rituels et ses contraintes, où même les relations sociales, familiales, amicales, professionnelles nous enserrent dans un univers figé et codifié que l'escapade a pour but de mettre à distance.

Briser la routine, « changer d'air » pour opérer une déconnexion, tel semble être l'objectif du voyage.

Dans *Théorie du voyage* (2007), le philosophe Michel Onfray précise même que le voyage débute véritablement au moment où l'on part de chez soi : « Il existe un moment singulier, repérable, une date de naissance évidente, un geste signataire du commencement : dès le mouvement de clé dans la serrure de la porte de son domicile, quand on ferme et laisse derrière soi sa maison, son port d'attache. À cet instant précis débute le voyage proprement dit. »

Ainsi, entre le domicile et sa destination, ayant rompu les amarres du quotidien mais n'étant pas encore parvenu à destination, le voyageur connaîtrait déjà une sorte d'ivresse dans l'apesanteur d'un entre-deux qui ne lie à aucun état figé : « Flottant, vaguement relié à deux bornes, dans un état d'apesanteur spatiale et temporelle, culturelle et sociale, le voyageur pénètre dans l'entre-deux comme s'il abordait les côtes d'une île singulière. » Onfray parle d'une « logique spéciale » de cet entre-deux, qui autorise notamment un certain abandon dans les échanges avec les inconnus au cours des transports : « On peut parler, sympathiser, échanger, se raconter sa vie sans complexes, sans retenue, car l'ambiance le permet de manière étrange », « loin des raideurs sociales et des convenances policées, des règles collectives et des *habitus* sociaux ».

ZOOM

Escapade

Le mot « escapade » (issu de l'espagnol *escapada*, « échappée ») a pour particularité d'associer le fait d'échapper aux habitudes et obligations de la vie quotidienne à l'action de partir quelque part, souvent vers une destination perçue comme agréable (« faire une escapade à la campagne »...).

→ Exploitation d'un document

Question : Décrivez l'état de Gérard de Nerval lors de ses réveils en Turquie.

« Que notre vie est quelque chose d'étrange ! Chaque matin, dans ce demi-sommeil où la raison triomphe peu à peu des folles images du rêve, je sens qu'il est naturel, logique et conforme à mon origine parisienne de m'éveiller aux clartés d'un ciel gris, au bruit des roues broyant les pavés, dans quelque chambre d'un aspect triste, garnie de meubles anguleux, où l'imagination se heurte aux vitres comme un insecte emprisonné, et c'est avec un étonnement toujours vif que je me retrouve à mille lieues de ma patrie, et que j'ouvre mes sens peu à peu aux vagues impressions d'un monde qui est la parfaite antithèse du nôtre. La voix du Turc qui chante au minaret voisin, la clochette et le trot lourd du chameau qui passe, et quelquefois son hurlement bizarre, les bruissements et les sifflements indistincts qui font vivre l'air, le bois et la muraille, l'aube hâtive dessinant au plafond les mille découpures des fenêtres, une brise matinale chargée de senteurs pénétrantes, qui soulève le rideau de ma porte et me fait apercevoir au-dessus des murs de la cour les têtes flottantes des palmiers ; tout cela me surprend, me ravit... »

Gérard de Nerval, *Voyage en Orient*, 1851.

L'auteur évoque ici l'emprise de nos habitudes, le conditionnement opéré par notre cadre quotidien qui est à ce point tenace qu'il nous imprègne jusque dans nos déplacements à l'étranger : dans la phase transitoire du réveil, il a d'abord les réflexes attachés à son environnement habituel. Mais cette confusion ne fait que renforcer l'effet de surprise et de dépaysement qu'il perçoit : les contrastes entre Paris et Constantinople n'en sont que plus frappants, le lexique de l'« étonnement » marque ces décalages et tous ses sens (l'ouïe, la vue, le toucher, l'odorat) se voient mobilisés pour apprécier la radicale nouveauté de ce changement de décor.

Vers l'écriture personnelle

Évoquez un souvenir de voyage particulièrement dépaysant. Quels différents aspects vous ont permis de rompre avec votre cadre quotidien et vos habitudes ?

ZOOM

L'émission *Échappées belles*

Ce magazine de télévision met à l'honneur un endroit du monde afin d'en valoriser les spécificités et d'inspirer le goût de l'exotisme et l'envie d'ailleurs.

b. Un autre rapport au temps : disponibilités nouvelles

Le « décrochage » opéré par le voyage induit un nouveau rapport au temps et semble ouvrir des opportunités nouvelles. Souvent, en voyage, on s'autorise tout ce que ne permet pas le temps ordinaire, le rythme et le contenu des activités changent à l'occasion de ce qui apparaît comme une « parenthèse enchantée », une ouverture temporelle inédite, au sein du cours bien huilé de notre existence.

Pour Michel Onfray : « Voyager suppose donc refuser l'emploi du temps laborieux de la civilisation au profit du loisir inventif et joyeux. L'art du voyage induit une éthique ludique, une déclaration de guerre au quadrillage et au chronométrage de l'existence. »

De même, dans un de ses Carnets de notes, l'écrivain Pierre Bergounioux raconte la nécessité pour lui de quitter l'été la région parisienne pour se rendre en Corrèze et retrouver ce temps suspendu où l'humeur « enfantine pour ne pas dire infantile » reprend ses droits, comme il le confie à Christine Lecerf pour France Culture le 4 juillet 2012. Il dit y vivre « une sorte de non-saison », « un temps plus plein en Corrèze, plein de temps » car « on est un peu à l'écart du monde, en dehors des structures à la fois spatiales et temporelles où notre vie se passe ».

Jean-Didier Urbain, sociologue spécialiste du tourisme, associe précisément le phénomène des « vacances » à ce temps nouveau, ce temps dilaté ou du moins s'offrant à un remplissage inédit. S'exprimant lui aussi sur France Culture, il déclare : « À l'occasion des vacances, on dit ce qu'on aime et surtout ce qu'on fuit. C'est une évasion, on échappe à un ordre social dont on n'est pas vraiment le maître. L'invention des vacances est une invasion d'un temps autre qui vient perturber le temps social, le temps religieux, le temps du travail, le temps de la famille, le temps des transports, le temps domestique… C'est un temps à part, qui est mis à disposition. » Réactivant l'étymologie, il rappelle : « un temps vide, c'est d'abord ça les vacances, un temps que ne remplit aucune fonction, aucune utilité particulière, quoique, c'est en tout cas un temps de suspension d'une activité ».

Vers l'écriture personnelle

Écoutez la chanson « Vacances j'oublie tout » d'Élégance. D'après elle, quel est l'intérêt de partir en vacances ?

ZOOM

Les croisières

L'engouement pour les croisières peut notamment s'expliquer par la sensation de vivre une expérience hors du temps, à la fois parce qu'il s'agit symboliquement d'échapper à l'enracinement continental et de se sentir absolument « désancré », et parce qu'au fil de l'eau, on vit une sorte de temps continu, non borné, dont le passage est devenu insensible.

c. Oubli de soi : « faire le vide »

« Je réponds ordinairement à ceux qui me demandent raison de mes voyages que je sais bien ce que je fuis, mais non pas ce que je cherche », écrit Montaigne dans ses *Essais*.

L'agrément du voyage, au fond, ne résiderait-il pas dans le fait de « lâcher prise », de s'abandonner à un laisser-aller qui nous aide à décrocher de nous-mêmes ? Se laisser porter par le voyage, sans se poser de questions, afin précisément d'être traversé par lui pour devenir soi-même entièrement disponible, telle semble être la conception défendue par l'écrivain voyageur Nicolas Bouvier :

> Un voyage se passe de motifs. Il ne tarde pas à prouver qu'il se suffit à lui-même. On croit qu'on va faire un voyage, mais bientôt c'est le voyage qui vous fait, ou vous défait.

Nicolas Bouvier, *L'Usage du monde*, Droz, 1963.

Le voyage, selon lui, opère une sorte de dépouillement, nous met à nu pour nous rendre essentiellement réceptifs :

> Le voyage fournit des occasions de s'ébrouer mais pas – comme on le croyait – la liberté. Il fait plutôt éprouver une sorte de réduction ; privé de son cadre habituel, dépouillé de ses habitudes comme d'un volumineux emballage, le voyageur se trouve ramené à de plus humbles proportions. Plus ouvert aussi à la curiosité, à l'intuition, au coup de foudre.
>
> **Nicolas Bouvier, *L'Usage du monde*, Droz, 1963.**

Se laisser absorber par l'expérience du voyage implique même un certain oubli de soi réjouissant. C'est ce que retient Leïla Slimani de son passage à Venise :

> Je marche au milieu de la foule. Je comprends qu'il me suffit d'être là, de me laisser happer par le présent. Je me sens heureuse, étonnamment sereine. Je n'existe plus au milieu de cette multitude venue du monde entier. J'ai l'impression de disparaître, de me dissoudre dans la foule et c'est une sensation délicieuse.
>
> **Leïla Slimani, *Le Parfum des fleurs la nuit*, © Éditions Stock, 2021.**

···→ Exploitation d'un document

Question : Pourquoi l'auteur ressent-il le besoin de voyager ?

Nicolas Bouvier raconte son voyage en compagnie du peintre Thierry Vernet, de Genève à la passe de Khyber (Afghanistan), de juin 1953 à décembre 1954.

« La fin du jour est silencieuse. On a parlé son saoul en déjeunant. Porté par le chant du moteur et le défilement du paysage, le flux du voyage vous traverse, et vous éclaircit la tête. Des idées qu'on hébergeait sans raison vous quittent ; d'autres au contraire s'ajustent et se font à vous comme les pierres au lit d'un torrent. Aucun besoin d'intervenir : la route travaille pour vous. On souhaiterait qu'elle s'étende ainsi, en dispensant ses bons offices, non seulement jusqu'à l'extrémité de l'Inde, mais plus loin encore, jusqu'à la mort.

À mon retour, il s'est trouvé beaucoup de gens qui n'étaient pas partis, pour me dire qu'avec un peu de fantaisie et de concentration ils voyageaient tout aussi bien sans lever le cul de leur chaise. Je les crois volontiers. Ce sont des forts. Pas moi. J'ai trop besoin de cet appoint concret qu'est le déplacement dans l'espace. Heureusement d'ailleurs que le monde s'étend pour les faibles et les supporte, et quand le monde, comme certains soirs sur la route de Macédoine, c'est la lune à main gauche, les flots argentés de la Morava à main droite, et la perspective d'aller chercher derrière l'horizon un village où vivre les trois prochaines semaines, je suis bien aise de ne pouvoir m'en passer. »

Nicolas Bouvier, *L'Usage du monde*, Droz, 1963.

Nicolas Bouvier se compte parmi les « faibles » qui ont besoin de se laisser porter par le voyage dans une sorte de bienheureux abandon, qui ne mobilise aucun effort de concentration : il est grisant de se laisser « traverser » par le voyage, qui nous déleste de pensées parasites ou superflues pour avoir l'esprit plus clair. Cet état de passivité bienfaitrice, de réceptivité maximale est une façon d'être au monde et de se sentir soutenu.

Vers l'écriture personnelle

« La vertu d'un voyage c'est de purger la vie avant de la garnir », affirme Nicolas Bouvier dans *L'Usage du monde*. Que pensez-vous de cette appréciation ?

2. Bien-être et enjeux esthétiques

a. Voyager, c'est la santé

Depuis l'Antiquité, on considère qu'il existe des lieux qui font du bien au corps : sources thermales, mer, altitude, climats particuliers sont recherchés pour leurs vertus curatives. « Changer d'air », s'offrir une « bouffée d'oxygène » dans le voyage en général, ou bien à travers des lieux de cure en particulier, aiderait à la réparation du corps et de l'âme.

Ainsi a-t-on longtemps prescrit le voyage comme une thérapeutique. Depuis le XVIIe siècle, rappelle l'historien Sylvain Venayre, le voyage est envisagé

« comme un des moyens privilégiés de lutte contre la mélancolie » et « le fait de soigner la mélancolie par le voyage [...] donne tout ce que les Anglais appellent les *splenetic travellers* (« voyageurs du spleen ») » avant que les médecins l'intègrent à leur thérapeutique, recommandant par exemple les stations des Pyrénées, qui conjuguent cures thermales, air pur et randonnées, pour guérir toutes sortes de pathologies.

Pour en savoir plus

« Le voyage est-il thérapeutique ? », podcast de France Culture diffusé le 24 août 2018 :
liennathan.fr/aub257

ZOOM

Le thermalisme

Le thermalisme suscite un engouement exceptionnel au XIXe siècle. Le développement des axes ferroviaires permet aux Parisiens et aux étrangers d'accéder aux stations isolées, si bien que la fréquentation des thermes s'envole, passant de 22 000 curistes en 1822 à 120 000 en 1855. Sous le Second Empire, les stations thermales se transforment en lieux de villégiature dotés de thermes et d'hôtels luxueux, de casinos et de théâtres, où les gens de la haute société passent la belle saison. L'empereur Napoléon III, fervent adepte du thermalisme, favorise la création de ces complexes thermaux prestigieux. Cet âge d'or atteint son apogée à la fin du siècle avec le travail de l'architecte Charles Le Cœur à Vichy, archétype de la station thermale.

ZOOM

Les bienfaits de la marche

Des *Rêveries du promeneur solitaire* (1782), l'autobiographie posthume de Jean-Jacques Rousseau célébrant les vertus de la flânerie, à la pratique popularisée de la randonnée ou de la balade en pleine nature, la marche apparaît comme un remède précieux pour régénérer le corps et l'esprit. Selon l'écrivain grand reporter Olivier Weber, la marche permet notamment d'apaiser la vitesse occidentale et de modifier par là même le rythme et la nature de nos pensées.
Marqué par de lourdes séquelles après avoir chuté d'un toit, l'écrivain Sylvain Tesson a trouvé dans la marche dans la nature la voie de la reconstruction, comme il l'explique dans l'émission *La Grande Librairie* en octobre 2016 : « J'avais la certitude que la marche allait me permettre non seulement de reconquérir les forces musculaires, ça c'est ce qu'on appelle la rééducation, mais également les forces intérieures. Je savais que je pouvais demander à la nature, à la pratique du terrain, aux nuits à la belle étoile, de me revivifier intérieurement. »

Pour en savoir plus

David Le Breton, *Marcher. Éloge des chemins et de la lenteur*, Métailié, 2012.

ZOOM

L'association « Seuil »

Cette association, fondée par Bernard Ollivier, vise à aider de jeunes délinquants par la marche pour leur permettre de se reconstruire et de se revaloriser à leurs propres yeux et aux yeux des autres. Des mineurs délinquants, pour beaucoup emprisonnés, trouvent la voie de la réhabilitation et de la régénérescence en partant pour trois mois dans un pays étranger afin de marcher sur près de 2 000 km, sans téléphone ni musique dans le but de se « désintoxiquer » de mauvaises habitudes comme la dépendance au matériel. D'après l'étude d'un cabinet indépendant, 76 % des jeunes concernés sortent de l'emprise de la délinquance et connaissent une résilience personnelle et sociale.

Vous pouvez consulter le site de l'association :
liennathan.fr/bx74k2

Exploitation d'un document

Question : Qu'est-ce qui motive Frances à se rendre à Tranquillum House ?

Frances entreprend une retraite de dix jours dans un endroit mystérieux lui promettant une transformation totale du corps et de l'esprit.

« Tranquillum House, un centre confidentiel de bien-être et de soins, lui avait été conseillé par son amie Ellen. "Tu as besoin de te retaper", avait-elle dit à Frances après leur troisième Bellini, un excellent cocktail à base de prosecco et de pêche blanche, au cours d'un déjeuner la semaine précédente. "Tu as une mine de déterrée."
Ellen avait fait une "cure" à Tranquillum House trois ans plus tôt, lorsqu'elle s'était, elle aussi, retrouvée "épuisée", "à plat", "au bout du rouleau". [...]

En rentrant chez elle, Frances avait consulté le site Internet. Elle n'avait jamais donné dans l'abnégation ni fait de régime, rarement dit non quand elle avait envie de dire oui et inversement. D'après sa mère, son premier mot de gourmande, c'était "encore". Elle en voulait toujours plus.
Pourtant, les photos de Tranquillum House l'avaient emplie d'un désir impérieux aussi étrange qu'inattendu. Prises à l'aube ou au crépuscule, ou bien rehaussées par un filtre "coucher du soleil", elles illuminaient leur sujet de teintes dorées. Des gens qui portaient la cinquantaine comme un gant faisaient la posture du guerrier dans un jardin planté de rosiers blancs près d'une magnifique maison de campagne. Un couple se relaxait dans une des sources d'eau chaude naturelles qui se trouvaient alentour. Les yeux fermés, la tête en arrière, ils arboraient un sourire béat dans l'eau bouillonnante. Une femme profitait d'un massage aux pierres chaudes sur une chaise longue au bord d'un bassin bleu-vert. Frances s'y voyait déjà, les pierres délicieusement disposées symétriquement le long de sa colonne vertébrale, leur chaleur magique dissipant ses douleurs. [...]
Apparemment, en à peine dix jours, la "métamorphose" serait "inimaginable". Au programme : jeûne, méditation, yoga, exercices créatifs de lâcher-prise émotionnel. Exit l'alcool, le sucre, la caféine, le gluten et les produits laitiers. Mais comme elle s'était récemment offert le menu dégustation du Four Seasons, son organisme était repu de toutes ces substances. L'idée de s'en passer ne lui semblait d'ailleurs pas un drame. Les repas seraient "personnalisés" pour répondre à ses "propres besoins". »

Liane Moriarty, *Neuf parfaits étrangers*, **Albin Michel, 2020.**

Sur les recommandations de son amie Ellen, Frances, manifestement éreintée, éprouve le « besoin de [s]e retaper », de se refaire une santé dans un endroit coupé de tout, dont la publicité est alléchante : loin du lieu de souffrance et de privation redouté, tout y respire le bien-être, la sérénité et la plénitude. Frances voit déjà ses douleurs muées en volupté. Par ailleurs, l'harmonie promise entre le corps et l'esprit, annoncée comme une « métamorphose [...] inimaginable » prend des airs de réconciliation avec soi-même qui lui permettraient de mieux vivre son surpoids. Elle se sent dès lors prête à supporter certains sacrifices contre la garantie d'une vie plus saine et équilibrée.

b. Plaisirs des sens

Le voyage, en particulier lorsqu'il revient à s'extirper d'un environnement urbain ou d'un cadre trop familier, vise à expérimenter une plus grande amplitude sensorielle. Qu'il s'agisse de bénéficier d'un ciel plus clair et d'une température plus douce, d'exercer son palais à des goûts et mets inconnus, de céder à l'envie de se prélasser soutenue par la plupart des agences de voyages vantant des cadres idylliques, ou même de connaître des aventures amoureuses sans lendemain, voyager rime avec sensualité.

Vers l'écriture personnelle

Recherchez différentes publicités d'agences de voyages et montrez comment elles mettent en avant le ravissement des sens (à travers texte et images).

Vers la synthèse de documents

Montrez que le voyage est indissociable d'une forme de plénitude sensorielle chez Baudelaire.

Texte 1 : L'invitation au voyage

« Des meubles luisants,
Polis par les ans,
Décoreraient notre chambre ;
Les plus rares fleurs
Mêlant leurs odeurs
Aux vagues senteurs de l'ambre,
Les riches plafonds,
Les miroirs profonds,
La splendeur orientale,
Tout y parlerait
À l'âme en secret
Sa douce langue natale.

Là, tout n'est qu'ordre et beauté,
Luxe, calme et volupté.

Vois sur ces canaux
Dormir ces vaisseaux
Dont l'humeur est vagabonde ;
C'est pour assouvir
Ton moindre désir
Qu'ils viennent du bout du monde.
– Les soleils couchants
Revêtent les champs,
Les canaux, la ville entière,
D'hyacinthe et d'or ;
Le monde s'endort
Dans une chaude lumière.

Là, tout n'est qu'ordre et beauté,
Luxe, calme et volupté. »

Charles Baudelaire, « L'invitation au voyage » (extrait), *Les Fleurs du mal*, 1857.

Texte 2 : Parfum exotique

« Quand, les deux yeux fermés, en un soir chaud d'automne,
Je respire l'odeur de ton sein chaleureux,
Je vois se dérouler des rivages heureux
Qu'éblouissent les feux d'un soleil monotone ;

Une île paresseuse où la nature donne
Des arbres singuliers et des fruits savoureux ;
Des hommes dont le corps est mince et vigoureux,
Et des femmes dont l'œil par sa franchise étonne.

Guidé par ton odeur vers de charmants climats,
Je vois un port rempli de voiles et de mâts
Encor tout fatigués par la vague marine,

Pendant que le parfum des verts tamariniers,
Qui circule dans l'air et m'enfle la narine,
Se mêle dans mon âme au chant des mariniers. »

Charles Baudelaire, « Parfum exotique », *Les Fleurs du mal*, 1857.

Pour Baudelaire, le voyage est inséparable d'une intensité sensorielle. Outre que la sensualité amoureuse soit métaphoriquement associée au désir de voyage, il est en effet notable que les cinq sens soient fortement mobilisés et s'entremêlent de façon harmonieuse dans les paysages espérés. La vue est bien évidemment très sollicitée à travers l'évocation d'une rare lumière (« luisants », « splendeur », « or », « lumière », « soleils couchants », les « feux » du « soleil »), mais l'odorat (« fleurs », « odeurs », « senteurs », « odeur », « parfum », « m'enfle la narine »), le toucher (« polis », « chaude », « chaud », « feux »), l'ouïe (« chant », « tout y parlerait », « langue »), le goût (« fruits savoureux ») s'accordent dans une vaste harmonie sensorielle qui transporte l'âme dans une indicible « volupté ».

Vers l'écriture personnelle

Écoutez la chanson de François Deguelt « Le Ciel, Le Soleil et la Mer ». Comment se traduit ici l'état de béatitude ?

c. Une invitation à la contemplation

Le voyage entretient notre capacité d'émerveillement et nous invite à contempler la beauté du monde. Il nous apporte des satisfactions d'ordre esthétique qui sont le propre de l'humain. La signalétique routière nous oriente désormais vers des panoramas d'exception, la photographie des paysages du monde est un marché florissant et beaucoup sont prêts à parcourir des kilomètres pour admirer une vue spectaculaire. Qu'elle se prête à la méditation ou qu'elle suscite simplement l'admiration, la contemplation de paysages exceptionnels nous transporte.

ZOOM

Les romantiques et le paysage

Le mouvement culturel du romantisme (qui s'étend en Europe de la fin du XVIIIe siècle à la première moitié du XIXe) conçoit l'observation du paysage comme l'expérience du sublime, d'une beauté qui nous transcende. Reflet d'une puissance chaotique (le volcan, la cataracte, l'orage ou la tempête) ou représentation de l'infini (Dieu, la mer, la montagne), la nature nous offre le tableau spectaculaire de forces qui nous dépassent et suscite une rêverie extatique inspirant le sens du grandiose, qui excède les limites de la raison.

Caspar David Friedrich, *Voyageur contemplant une mer de nuages*, 1817-1818.

Vers la synthèse de documents

Comment Flaubert rend-il compte de la beauté sublime des Pyrénées ?

Texte 1

« Le temps était pur, et les masses grises des montagnes du Marboré, bordées de neige, se détachaient dans le bleu du ciel et au-dessus d'elles roulaient quelques petits nuages blancs dont le soleil illuminait les contours. On reste ravi, et l'esprit flotte dans l'air, monte le long des rochers, s'en allant vers le ciel avec la vapeur des cascades. [...]
On s'avance sous une longue voûte qui suit le cours du gave, dont les parois de neige durcie sont en pointe de diamants. On dirait de l'albâtre oriental humide de rosée ; l'eau découle du plafond sur nos habits ; le gave roule des pierres, et au milieu des ténèbres la blancheur des murs de neige nous éclaire, et l'on marche courbé, se traînant sur les pierres de marbre dans cette demeure des fées. Quand vous revenez au jour, vous revoyez le cirque, ses roches, ses petits sapins et dans le bas son herbe roussie du soleil. »

Texte 2

« Hier, par exemple, en allant au lac d'Oo, quand mes compagnons maugréaient contre le mauvais temps, je me recréais de la pluie qui tombait dans les sapins et du brouillard qui faisait comme une mer de blancheur sur la cime des montagnes. Nous marchions dedans comme dans une onde vaporeuse, les pierres roulaient sous les pieds de nos chevaux, et bientôt le lac nous est apparu calme et azuré comme une portion du ciel ; la cascade s'y mirait au fond, les nuages qui s'élevaient du lac, chassés par le vent, nous laissaient voir de temps en temps les sommets d'où elle tombe. »

Texte 3

« À voir tous les pics hérissés qui s'abaissent et montent inégalement, les uns apparaissant derrière les autres, tous se pressant, serrés et portés au ciel dans des efforts immenses, on dirait les vagues colossales d'un océan de neige qui se serait immobilisé tout à coup.
En longeant la montagne le sentier se rétrécit, et les schistes calcaires sur lesquels on marche ressemblent à des lames de couteaux qui vous offriraient leur tranchant.
Quand on est arrivé à la hauteur de la Pigue, on est retourné vers la France que l'on aperçoit dans les nuages, et dont les plaines se dressent au loin comme des immenses tableaux suspendus, vous offrant des massifs d'arbres, des vallées qui ondulent, des plaines qui s'étendent à l'infini [...].
Dans les gorges des montagnes placées sous nous, des nuages blancs se formaient et montaient dans le ciel ; le vent de la terre les faisait monter vers nous, et quand ils nous ont entourés, le soleil qui les traversait comme à travers un tamis blanc fit à chacun de nous une auréole qui couronnait notre ombre et marchait à nos côtés. »

Gustave Flaubert, *Par les champs et par les grèves*, **1885.**

Ces paysages des Pyrénées inspirent à Flaubert des images poétiques qui en font une vision presque irréelle : les « diamants » ou les « lames de couteaux », l'« albâtre oriental », « une mer de blancheur sur la cime des montagnes » tout comme « les vagues colossales d'un océan de neige » rendent compte d'un univers merveilleux, qui semble la « demeure des fées » dont la magie « auréole » Flaubert et Maxime Du Camp, son compagnon de voyage. Tous deux sont habités par le sentiment de l'infini, voient le ciel, la terre et les éléments se confondre dans une sorte d'extase mystique où l'esprit s'envole.

ZOOM

Yann Arthus-Bertrand

Consultez le site de Yann Arthus-Bertrand proposant ses photos de *La Terre vue du ciel* :
liennathan.fr/rj979u

Comment le photographe rend-il compte de la beauté du monde ?

Chapitre 2
Tourisme et consommation

Convoité, comparé, raconté, le voyage, banalisé à travers le tourisme de masse, fait désormais partie des activités courantes, socialement valorisées et valorisantes, que tout un chacun se doit de pratiquer dans une société de consommation du loisir où l'enjeu économique est de taille. Mais l'attrait même du voyage tout comme les zones visitées pâtissent de la déferlante touristique qui finit par altérer aussi bien les sites que l'intérêt et l'authenticité de l'expérience.

1. Le voyage devenu objet de consommation

a. Démocratisation du voyage

Au XIXe siècle, les touristes européens, britanniques en tête, font partie de la haute société : 80 % d'entre eux sont des rentiers, 15 % des aristocrates et 5 % seulement des banquiers ou des négociants. Avec la révolution industrielle et l'apparition du capitalisme, le rentier déboussolé et l'aristocrate déchu voient dans le tourisme un moyen d'évacuer leur vague à l'âme. Ces voyageurs aisés y trouvent des prestations valorisantes : les palaces apparaissent, paquebots et trains (comme l'Orient-Express) sont luxueusement décorés. De riches Américains, quant à eux, viennent constituer sur la Côte d'Azur une société de privilégiés.

C'est en 1936, avec les congés payés inscrits dans la loi française, que le tourisme se généralise. Les ouvriers partent sur les plages, les associations de tourisme social organisent des vacances à prix réduit, notamment pour les jeunes. Il faudra surtout attendre les années 1950 pour que se déploie le tourisme de masse avec la démocratisation de l'automobile. Le développement de l'hôtellerie et de l'aérien va accélérer la mutation du secteur et favoriser la création d'entreprises spécialisées dans l'assemblage de voyages et sa commercialisation.

Le tourisme s'est aujourd'hui démocratisé, avec la création de compagnies d'aviation *low cost*, l'amélioration des niveaux de vie et la révolution numérique (qui facilite l'accès aux informations), mais il reste l'apanage des pays les plus développés : comme le souligne l'historien Marc Boyer, les trois quarts des pays du monde ignorent encore le départ en vacances et les taux de départ en Europe s'échelonnent encore entre 30 et 60 %.

ZOOM

La Grande-Motte

Pour retenir en France les touristes qui préfèrent l'Espagne, Charles de Gaulle lance un vaste programme de développement du tourisme de masse sur le littoral du Languedoc-Roussillon, débouchant, à la fin des années 1960, sur la création de plusieurs stations balnéaires, comme la plus célèbre, La Grande-Motte. L'architecte Jean Balladur, chargé d'y inventer une ville, imagine de nouvelles habitations futuristes, inspirées des pyramides mayas. Il décide surtout d'orienter ces bâtiments perpendiculairement au rivage, pour offrir au plus grand nombre une vue sur la mer.

Pour en savoir plus

Podcast de France Culture : « L'invention des vacances ou le vertige de soi » : liennathan.fr/m47y5q

b. L'économie touristique

Le tourisme représentait en 2019 près de 11 % du PIB mondial et occupait directement 10 % de la population active mondiale (du cadre supérieur au travailleur précaire et saisonnier du secteur). L'intérêt économique est tel que près d'une cinquantaine de pays en développement fondent leur croissance de manière quasi exclusive sur le tourisme, comme l'île Maurice, le Kenya ou encore l'Égypte.

Le tourisme donne aussi naissance à de grands groupes internationaux, tels Accor ou TUI. Le secteur est très concentré : sept firmes regroupent près de la moitié du parc hôtelier mondial. Ces groupes internationaux sont majoritairement américains (Marriott, Hilton, Wyndham, Choice Hotels) ou chinois (Jin Jiang, Huazhu).

Les principaux foyers émetteurs de touristes sont les continents nord-américain et européen ainsi que l'Asie-Pacifique. Les trois principales régions d'accueil de touristes, les bassins touristiques, sont l'Amérique du Nord, l'Europe et l'Asie de l'Est. Les grandes villes, les littoraux et les montagnes sont les espaces touristiques les plus recherchés.

Les flux touristiques s'orientent majoritairement du nord vers le sud, depuis des zones tempérées vers des zones tropicales (de l'Europe vers la Méditerranée, de l'Amérique du Nord vers les Caraïbes, de l'Asie vers les îles du Pacifique). Mais de nouveaux flux sont en essor : entre pays émergents du Sud ou du sud vers le nord (par exemple, des pays du golfe Persique vers l'Europe).

c. Promesse d'une vie plus intense et valorisation sociale

Dans une interview accordée à *Libération*, le philosophe et sociologue Gilles Lipovetsky intègre la pratique du voyage à la dernière phase de la société de consommation, qui serait celle de l'« hyperconsommation », qui se déplacerait des produits vers les services, en particulier les loisirs, une consommation fondée sur l'expérience sensuelle et sensorielle.

> Il y a désormais une légitimation sociale du plaisir qui amène les individus à vouloir ce qu'il y a de mieux et de plus beau pour eux. Hier, il fallait consommer nécessaire. Aujourd'hui, nous sommes dans une société qui vante les bienfaits de l'épanouissement personnel. Alors pourquoi ne pas se payer un restaurant trois étoiles, s'offrir de temps en temps un voyage à l'autre bout du monde ?

Voyager s'apparente à une activité valorisante, un loisir à consommer avec d'autant moins de modération qu'il suggère que nous menons une vie riche et intense, à nos propres yeux, tout comme il reste un outil d'ostentation et de différenciation sociale, vis-à-vis des autres.

Baroudeurs ou plaisanciers, adeptes de sports extrêmes ou jet-setteurs, amateurs de camping ou de palaces, les voyageurs s'inscrivent, consciemment ou non, dans des catégories, que ce soit par le style de vacances recherché, qui définit une personnalité, un type de vie, ou par le statut social induit. Dès lors, la destination et le mode de loisir tendent à colorer notre existence en lui donnant une détermination (« Dis-moi où tu pars en vacances et je te dirai qui tu es »).

Une **forte pression sociale** pèse en tout cas sur l'exploitation qui est faite des vacances et des voyages, devenus un impératif discriminant. « Où es-tu parti en vacances ? », « Comment se sont passées tes vacances ? »… On note comme une injonction sociale à partir et à réussir ses vacances, dont il est bienvenu de rendre compte. Le voyage est devenu une norme.

L'écrivaine Béatrix Beck, intervenant dans l'émission « Enquête sur les vacances » diffusée à la télévision belge le 23 juillet 1956, énonce avec humour cet impératif social et l'investissement démesuré qu'il suppose, pour partir coûte que coûte, et ne pas rater ses vacances.

> Les vacances sont tellement généralisées que ne pas partir est considéré comme une faute contre l'honneur. Vos amis, si vous en avez, ce qui est en réalité assez rare, il faut l'avouer, vos supérieurs, beaucoup plus faciles à se créer que des amis, vos condisciples, si vous êtes étudiants, ou vos complices, si vous êtes coupables, vous demandent d'un ton inquisitorial : "Où allez-vous cette année ?" Répondez, pour voir, "Je passe mes vacances à Paris-sur-Seine" : on échangera derrière votre dos des

regards inquiets, on songera à vous conseiller plutôt Charenton, villégiature idéale pour un vrai dépaysement. Pendant l'année, vous vous êtes au besoin privés du pain quotidien, non tant pour aller en vacances que pour y être allés. Hors du commun point de salut. Pendant des veillées laborieuses, vous avez établi un itinéraire, usant vos pauvres yeux sur des cartes d'état-major. Au bureau, simulant une grande activité professionnelle, hypocritement abrités par quelque registre, d'une encre déjà bouillonnante comme l'océan auquel vous aspiriez, vous avez écrit à des palaces, des hôtels borgnes, des pensions religieuses, des meublés louches. Vous avez adhéré à des clans, des groupes, des groupements, des organismes, des organisations. Vous avez retenu votre place dans des cars, des cargos, des caravanes, des caravansérails. Vous avez sollicité les conseils des consulats et prospecté les prospectus. Tout est prêt. On s'est taillé une tente dans les rideaux du living-room, on a transformé le tapis en sac de couchage et vendu le service à poisson pour acheter une canne à pêche. On part, on s'envole, on s'embarque, on appuie sur l'accélérateur, on se dissout dans la nature. Il y a des villes de toile, des villes d'eau, des villes d'art. Le rideau de fer se laisse facilement traverser. On peut aussi aller dans sa belle-famille à Chalon-sur-Saône.

d. Un parcours balisé : les incontournables du voyage

« Les 100 lieux qu'il faut voir », « les incontournables », « les destinations à visiter une fois dans sa vie », « les indispensables », « les endroits à ne pas manquer »... L'industrie et la promotion du tourisme mondialisé ont su développer des parcours obligés, des voyages formatés ou des destinations ciblées qu'il « faut » visiter, sous peine de passer pour un ignorant ou un raté. Les guides, émissions, sites et réseaux sociaux se chargent de conseiller les destinations à la mode et les « bons plans », au point même que le marché des visites insolites et des lieux atypiques moins fréquentés devient paradoxalement très en vogue et fortement sollicité. Dans tous les cas, le marché du voyage opère un conditionnement qui nous incite à suivre « le goût des autres ».
Par ailleurs, on se met à « collectionner » les voyages et visites comme on accumulerait des trophées, chacun pouvant se vanter d'avoir un grand nombre de destinations prisées ou originales à son actif. En 2007, la *New 7 Wonders Foundation* a organisé un vote pour désigner les « Sept Nouvelles Merveilles du monde », incitant les voyageurs à se fixer comme but, si ce n'est défi, de les cumuler.

ZOOM

Regarder un film
***Lost in Thailand*, de Zheng Xu**

Signe des temps, le film *Lost in Thailand*, de Zheng Xu, grand succès du box-office chinois de 2012, tourne en dérision le personnage du touriste moyen, à travers un Pékinois candide qui exaspère son compagnon de voyage involontaire en Thaïlande, avec sa liste de sites à visiter qu'il coche un à un.

2. Voyage dénaturé ?

a. Une impossible authenticité ?

– Le tourisme semble inévitablement **altérer les rapports** avec les populations locales.
Les différences culturelles et surtout le rapport à l'argent lié à la volonté de « consommer du voyage » tendent en effet à pervertir ou du moins dénaturer les échanges. Soit parce qu'il est avant tout perçu comme une manne financière par les autochtones, soit parce qu'il adopte l'attitude condescendante du conquérant, le touriste peine à réellement établir des échanges authentiques avec l'habitant.
L'industrie du tourisme, qui aurait tendance à transformer les cultures locales en folklore et à instrumentaliser les habitants pour se conformer aux attentes (pratiques et fantasmées) des touristes, contribue à corroder l'authenticité des terres visitées.

ZOOM

The White Lotus

La série *The White Lotus* (2021), créée par Mike White, donne à voir des Américains blasés et égocentrés s'offrant un séjour idyllique dans un hôtel de luxe de Hawaï. Cette satire féroce du « privilège blanc » illustre les caprices détestables de clients nombrilistes, qui peuvent se montrer condescendants à l'égard des employés hawaïens, voire leur font miroiter compréhension et entraide pour mieux les instrumentaliser et aggraver leur sort. Ainsi, la riche et désœuvrée Tanya s'entiche de Belinda, la masseuse de l'hôtel, lui soufflant des projets d'autonomie qu'elle promet de financer, pour finalement passer à un autre caprice ; tandis que la jeune Paola, fière d'incarner la culture *woke* et soucieuse d'apaiser sa propre honte d'une vie facile, s'amourache de Kai, membre du personnel, et le pousse à commettre un vol pour venger son peuple, pour ensuite le renier et se réfugier dans le confort, lorsque lui doit en subir les terribles conséquences.

Vers l'écriture personnelle

Regardez la bande-annonce de la série *The White Lotus* :
liennathan.fr/5j6vd9

Quel portrait des clients de l'hôtel ressort de cette bande-annonce ?

– Le paradoxe de l'**aventure sous contrôle** : quelle que soit sa nature, le voyage s'anticipe, se prépare, se programme et, à l'heure de l'information généralisée et de l'hyperconnexion, plus rien ne semble réellement laissé au hasard. Le sociologue Jean-Didier Urbain, spécialiste du tourisme, explique que nous sommes motivés à la fois par un désir d'aventure et un désir contradictoire de tout prévoir, de tout anticiper : aujourd'hui, avec des cyber-touristes dotés d'une électronique embarquée très performante, avec un GPS qui permet de ne pas se tromper, de ne pas se perdre, avec des moyens de connexion qui font que nous ne sommes jamais réellement en rupture avec le monde que nous avons quitté, l'univers du voyage se trouve totalement modifié. « On rêve d'aventure et en même temps on reste dans la sécurité. On vit de moins en moins le voyage sur le mode de la rupture, mais sur le mode du transfert dans un autre monde, à partir duquel on continue à communiquer », précise-t-il sur France Culture.
Dans son ouvrage *Le voyage était presque parfait. Essai sur les voyages ratés* (2008), il montre comment l'imaginaire des voyageurs se voit régulièrement contrarié par la confrontation avec la réalité qui s'avère incompatible avec le rêve : plus le dispositif de préparation et d'engagement dans le voyage est poussé et plus il est prédisposé à la déception et au ratage.

> Ce voyageur hypermoderne, qui va ainsi *se prédisposer à l'échec* au nom de la prédiction, de l'optimisation et de la correction de trajectoire, rejette toute approximation. Il est en quête d'itinéraires idéaux. N'a que faire des chemins douteux, même presque parfaits, comme des détours imprévus. Le seul chemin qui vaille est prévu et tenu. […] Cette passion du détour, si elle est caractéristique de l'aventure, lui est désormais étrangère, quoi qu'il dise. Il ne détruira donc pas les ponts derrière lui en ses voyages, car il veut être certain de toujours pouvoir revenir et de se conserver de la sorte, intacte, la possibilité de recommencer. C'est pourquoi, afin de s'émanciper des tourments du doute et de l'inattendu, il s'attachera aussi à dissiper préventivement tous les brouillards où rôdent les spectres de l'échec […]

Bref, ce voyageur néo-moderne, qui préfère la bonne prévision à la bonne surprise, peut vivre et circuler dans un univers sensé : un monde de certitude, qui doit avoir un sens clair, précis, annoncé, par principe assuré ! C'est un mythe, bien sûr, mais il a le vent en poupe, la puissance de la norme, la banalité de l'habitude, la prégnance de l'évidence. Il est si rassurant, si raisonnable, qu'il a infiltré nos usages les plus quotidiens, et cela si bien qu'il taraude désormais tous les voyageurs, les plus humbles comme les plus ambitieux et les plus téméraires comme les plus circonspects…

Jean-Didier Urbain, *Le voyage était presque parfait. Essai sur les voyages ratés*, Payot, 2008.

Vers l'écriture personnelle

Pensez-vous, avec Jean-Didier Urbain, qu'aujourd'hui, « on vit de moins en moins le voyage sur le mode de la rupture » ?

– L'essor des **clubs de vacances** où, même à l'étranger, les vacanciers choisissent de rester « parqués » dans un cadre artificiel pour profiter de formules « *all inclusive* » pose question : si le sentiment d'être pris en charge et de profiter de structures et animations variées dans un environnement agréable a de quoi séduire, l'intérêt pour les particularités locales et la richesse du voyage proprement dit se voient considérablement réduits pour ne pas dire niés. Des films populaires s'amusent de cette conception assez étriquée du voyage, comme *Les Bronzés* de Patrice Leconte, sorti en 1978.

b. Une curiosité autocentrée : le voyage pour se raconter

Au fond, voyager servirait avant tout de faire-valoir. Dans son déroulement comme dans le récit glorieux que l'on espère en retirer au retour, le voyage entretient un contentement de soi, une satisfaction essentiellement narcissique. Notre erreur consiste à « voyager dans l'opinion que les voyages, par eux-mêmes, servent à nous donner du mérite », affirmait déjà en 1728 Béat de Muralt dans ses *Lettres sur les Anglais et les Français et sur les voyages*.

⋯→ Exploitation d'un document

Question : Qu'est-ce qui limite l'intérêt du voyage, selon Rousseau ?

« Il faut savoir voyager. Pour observer il faut avoir des yeux, et les tourner vers l'objet qu'on veut connaître. Il y a beaucoup de gens que les voyages instruisent encore moins que les livres, parce qu'ils ignorent l'art de penser, que, dans la lecture, leur esprit est au moins guidé par l'auteur, et que, dans leurs voyages, ils ne savent rien voir d'eux-mêmes. D'autres ne s'instruisent point, parce qu'ils ne veulent pas s'instruire. Leur objet est si différent que celui-là ne les frappe guère ; c'est grand hasard si l'on voit exactement ce que l'on ne se soucie point de regarder. De tous les peuples du monde, le Français est celui qui voyage le plus ; mais, plein de ses usages, il confond tout ce qui n'y ressemble pas. Il y a des Français dans tous les coins du monde. Il n'y a point de pays où l'on trouve plus de gens qui aient voyagé qu'on n'en trouve en France. Avec cela pourtant, de tous les peuples de l'Europe, celui qui en voit le plus les connaît le moins. »

Jean-Jacques Rousseau, *Émile ou De l'éducation*, 1762.

Pour Rousseau, le voyage ne présente aucun intérêt pour qui ne sait pas regarder, sortir de soi pour réellement s'imprégner de ce que l'on ne connaît pas, qu'il faut savoir interroger. Trop imbu de soi-même et de ses habitudes, le voyageur trop incurieux de l'autre, et le Français en particulier, reste aveugle à la nouveauté et ne cherche qu'à asseoir ses propres opinions en voyage, voire imposer sa manière d'être et de penser.

Le récit de voyage qui en découle sera dès lors un récit de soi narcissique destiné à l'autoglorification auprès des absents. « On peut rater ses vacances, pas ses photos » : ce slogan publicitaire pour les appareils photographiques de la marque Kodak montre bien que, quelle que soit la réalité des vacances, ce qui compte, c'est la fabrique du récit qu'on en fera. Des fameuses « soirées diapos », dont se moquent les Frères Brothers dans leur chanson du même titre, aux incontournables selfies et posts d'images sur les réseaux, le voyage est avant tout prétexte à la célébration de soi.

Exploitation d'un document

Question : Comment le voyage est-il ici démystifié ?

« Chiant qui, comme Ulysse, a fait un beau voyage. Car, pour quelques bouches d'or aux récits merveilleux, combien de fâcheux et d'importuns. Combien de Carthaginois mythomanes brodant sur leur virée à dos d'éléphant. Combien de Vikings ressassant leurs viols sous les étoiles en trinquant avec des cornes éclaboussantes d'hydromel. Combien de chevaliers gâchant de somptueux banquets en étalant leurs croisades et leur façon très personnelle d'embrocher les Sarrasins. Combien de pèlerins de Saint-Jacques-de-Compostelle exhibant fièrement leurs pieds endoloris. Imagine-t-on le calvaire des compagnons de cellule de Marco Polo soumis des jours durant au feu de ses tribulations sur la route de la soie ? On ne soupçonne pas non plus le cauchemar vécu par les épouses des marins engagés aux côtés de Christophe Colomb. Une vie entière à supporter les mêmes fables. »

Matthias Debureaux, ***De l'art d'ennuyer en racontant ses voyages,*** **éd. Allary, 2005.**

Le journaliste Matthias Debureaux reprend ici les voyages légendaires de l'histoire de l'humanité en les vidant de leur dimension héroïque, pour montrer que tout périple est prétexte à une mystification de soi : en insistant sur l'incommensurable ennui suscité par le récit de ces aventures inévitablement recomposées à l'avantage de leur protagoniste, il dénonce la vanité de tout voyage destiné à être narré, condamné de fait à n'être qu'un « mythe », au sens étymologique de « mensonge ». Il cible tout aussi bien le voyageur contemporain, dont il dira qu'il se dépeint en « faux explorateur » afin de « s'inventer un brillant alibi pour ne plus faire figure de touriste ».

ZOOM

Chronique radio

Écoutez la chronique d'Aurélien Bellanger sur France Culture, « Pourquoi ressent-on le besoin de voyager ? », où il défend l'idée que l'on voyage pour avoir quelque chose à dire :
liennathan.fr/59iz5r

c. Quand le voyage n'inspire plus…

Lorsqu'il n'est plus vu qu'à travers ses désagréments ou déconvenues inévitables, ou parce qu'il est redouté et n'inspire plus que la crainte, le voyage finit par décourager des récalcitrants qui préfèrent s'épargner des déplacements incongrus et inutiles.

Dans *Le Voyage du canapé-lit* (2019), l'écrivain Pierre Jourde s'amuse de toutes ces réticences. Il évoque notamment les vives inquiétudes que ses pérégrinations avec son frère ne manquaient pas de susciter chez leur mère :

> « Mais la plus lourde anxiété venait sans doute de notre goût pour les contrées exotiques et les voyages aventureux. Dans son entourage de vieilles gens qui savaient à peine ce que le mot “vacances” signifiait, personne n'était jamais sorti de France, peu avaient vu la mer. Les voyages étaient réputés dangereux, inutiles et coûteux, et on se demandait bien ce qu'on pouvait aller chercher au Népal, au Pérou ou dans d'autres régions plus ou moins sauvages et mal localisées, où ils ne connaissaient même pas la blanquette de veau. On me donnait régulièrement en exemple tel ancien camarade d'école qui, lui, était un garçon raisonnable, dont les parents pouvaient être fiers. Il passait ses vacances à Arcachon, lui, tandis que je m'obstinais, pour des raisons indéchiffrables, à traîner en Inde ou à traverser à pied l'Himalaya.
>
> J'imaginais les angoisses qui devaient travailler ma mère, quand elle demeurait sans nouvelles de moi pendant plusieurs semaines, ne sachant même pas précisément où je me trouvais, et ne pouvait que tenter de se représenter des lieux dont elle ignorait tout. »

Pierre Jourde, quant à lui, n'a pas été épargné par le fléau qui guette la plupart des voyageurs, la tourista, contractée en Inde :

> « Le pilonnage intensif commença dans mes entrailles mal défendues et mal alimentées. Au bout d'une heure à peine, je gisais, durement touché, au fond du car, tandis que les colonnes ennemies progressaient dans les boyaux dévastés […]. Les heures passaient qui chacune représentaient un cran dans l'agonie. J'avais l'impression de devoir retenir tout l'intérieur de mon être qui ne demandait qu'à m'abandonner, je me tortillais comme un damné, me serrais et me durcissais, allais chercher des muscles encore inconnus pour les contracter. Thierry se partageait entre la douce rigolade et

> une compassion à moitié feinte. Quant à s'arrêter, pas question. Je craignais encore plus le ridicule que la souffrance.

Ridicule que connaît encore l'auteur jusque dans l'expérience désastreuse du bivouac :

> Une fois les canots arrimés à la rive, il faut d'abord dévisser les containers, en extraire les provisions et les sacs à dos, poser ceux-ci dans l'herbe détrempée qui tourne vite au marécage boueux. Pendant qu'on s'évertue à extraire des sacs la tente, qui se débat énergiquement, on la comprend, des vêtements en profitent pour se glisser dehors et s'étaler dans la fange. Du coup, on ne sait plus où les mettre. On déplie ensuite la base de la tente dans la gadoue. Les piétinements engluent les chaussures et le pantalon jusqu'aux genoux. On n'y voit plus grand-chose, la nuit commence à tomber, on trébuche sur les tendeurs qu'on vient d'installer pour assujettir la tente, les sardines qui tiennent mal dans la terre gonflée d'eau s'arrachent, il faut les réenfoncer. Après quoi on marche par inadvertance sur le sac qui contient le pain. Comme on s'agite beaucoup, qu'on s'énerve un peu, sous la toile imperméable des cirés et des K-way, l'humidité tiède de la transpiration répond à l'humidité glacée du dehors. L'intimité n'est plus un refuge. L'intimité est une forme de l'humidité.

3. Les ravages du tourisme de masse

a. Le tourisme nuit aux sites

Au XIXe siècle, déjà, Chateaubriand se plaignait des « Cookers », ces groupes de voyageurs britanniques amenés par Thomas Cook, qui abandonnaient derrière eux les restes de leur pique-nique au Parthénon ; Flaubert, de son côté, s'insurgeait contre les graffitis laissés sur les pyramides égyptiennes…

Face au tourisme de masse, de plus en plus de sites ont recours à des mesures de contrôle de leur flux de visiteurs : Santorin, le massif du Mont-Blanc, Venise, l'Île de Pâques… Les grandes destinations touristiques se « barricadent » contre l'invasion des touristes et les préjudices qu'ils leur font subir (dégradations, déchets, pillages…). En 2019, le ministère de la Culture péruvien doit durcir encore les règles d'accès au Machu Picchu, le célèbre site inca, en limitant l'accès des touristes aux temples du Soleil et du Condor, ainsi qu'à la pyramide d'Intiwatana : « Ces mesures répondent à la nécessité de conserver le Machu Picchu, car on constate une usure de la surface en pierre à cause du passage des visiteurs vers les trois secteurs mentionnés », a justifié le ministère.

Vers la synthèse de documents

Quels sont les inconvénients du tourisme pour les lieux visités ?

Texte 1

« Je repense à un voyage à Kyoto, il y a quelques années. Dans le quartier de Gion, les touristes harcelaient les geishas qu'ils poursuivaient pour les prendre en photo. Depuis, je crois que les autorités de la ville ont interdit les photographies dans ce périmètre. À Barcelone, des milices antitouristes ont mené des actions violentes il y a quelques jours. Dans tous les hauts lieux du tourisme mondial, des comités d'habitants s'insurgent contre la marchandisation de leur cadre de vie, contre le sacrifice de leur tranquillité aux intérêts financiers. À Venise, plus que n'importe où ailleurs, on est frappé par ce que Patrick Deville appelle « la déréalisation du monde, le refus de l'histoire et de la géographie ». Le touriste n'est plus qu'un consommateur parmi d'autres qui veut « faire » Venise et ramener de son voyage des autoportraits pris avec une perche où la ville n'est qu'un décor d'arrière-plan. Nous sommes condamnés à vivre dans l'empire du même, à manger dans des restaurants identiques, à arpenter les mêmes boutiques sur tous les continents. En trente ans, la population de Venise a été réduite de moitié. Les appartements, ici, sont mis en location pour les voyageurs de passage. Ils sont vingt-huit millions chaque année. Les Vénitiens, eux, sont comme des Indiens dans une réserve, derniers témoins d'un monde en train de mourir sous leurs yeux. »

Leïla Slimani, *Le Parfum des fleurs la nuit*, Stock, 2021.

Texte 2

« Aussi préservée qu'elle puisse paraître, la plage a bien été aménagée à des fins touristiques, en respectant des codes esthétiques occidentaux. Mui Ne (Vietnam) a su en effet créer un cadre qui ménage les repères des touristes occidentaux tout en les faisant vivre quelques jours dans un paysage vécu comme dépaysant. Si l'exotisme est bien là, avec le sable blanc, les cocotiers, l'architecture restituant une ambiance considérée comme asiatique (bois sombre et toits de palme…), les aménagements ont été considérables pour rendre Mui Ne accueillant aux yeux des touristes occidentaux. L'électricité, l'eau courante, des sanitaires à l'occidentale et Internet ont été installés. La nature a été apprivoisée : des cocotiers ont été abattus et les cocoteraies productives ont cédé la place à des cocotiers ne faisant plus office que de décor sur la plage ; les liserons de sable ont été arrachés pour éloigner les puces de mer ; le sable a été égalisé et la piste est devenue une route goudronnée équipée de feux tricolores. »

Emmanuelle Peyvel, « Mui Ne (Vietnam) : deux approches différenciées de la plage par les touristes occidentaux et domestiques », *Géographie et cultures*, 2008.

Les touristes portent atteinte à l'intégrité des sites et à la tranquillité des habitants, les deux étant réduits à des objets de curiosité à consommer. Les habitants se voient incommodés, voire harcelés, par les visiteurs, et la configuration de leur ville, assujettie aux aménagements et logiques commerciales liées au tourisme, se voit désagrégée au point que la vie locale s'en trouve altérée. Les sites se vident paradoxalement de leur substance historique et humaine, et perdent de leur réalité, pour ne devenir que de simples décors artificiels, des musées à ciel ouvert qui perdent leur âme en même temps que leurs habitants, à l'instar de Venise. L'essor du tourisme international tend même à uniformiser la planète. Paradoxalement, dans le cas de Mui Ne, les vastes travaux d'« embellissement » engagés consistent à créer un exotisme de pacotille qui se plie aux exigences des Occidentaux et revient à défigurer l'espace naturel.

Pour en savoir plus

« Venise se révolte face au tourisme de masse » :
liennathan.fr/f48h6c

Vers l'écriture personnelle

Cherchez de fausses cartes postales imaginées par Monk HF. D'après vous, quels différents aspects du tourisme de masse l'artiste souhaite-t-il dénoncer ?

b. Un désastre écologique

Le site Vie-publique.fr fait le point sur les « conséquences néfastes pour l'environnement » du « surtourisme » :

> **Surconsommation des ressources naturelles**
> L'activité touristique augmente les besoins en énergie, en nourriture et en eau (par exemple pour le remplissage des piscines dans les hôtels, dans des pays où la ressource est déjà limitée comme en Afrique ou en Inde).
>
> **Création toujours plus importante de déchets qui polluent la nature**
> En mer Méditerranée, 52 % des détritus seraient liés au tourisme balnéaire selon un rapport de l'association WWF.
>
> **Pollution de l'eau et des sols qui nuit à la biodiversité** (substances chimiques comme celles contenues dans les crèmes solaires, rejet des eaux usées).

En 2018, les Philippines ont fermé six mois l'île de Boracay aux touristes, car celle-ci était polluée par les hôtels qui déversaient leurs eaux usées directement dans la mer. Le gouvernement a dû améliorer ses équipements d'assainissement qui n'étaient pas adaptés au nombre de touristes.

Destruction des écosystèmes (bétonisation des côtes, déforestation).
En Thaïlande, la plus célèbre plage du pays, Maya Bay, a été fermée par les autorités thaïlandaises jusqu'en 2021 pour permettre aux récifs coralliens de se reformer et ainsi empêcher l'érosion de la baie. L'écosystème fragile des lieux a été endommagé pendant des années par les bateaux à moteur qui stationnaient dans la baie pour faire visiter la plage aux touristes.

Disparition de la biodiversité (trafic d'animaux pour fabriquer des souvenirs, perturbation des espèces, destruction de la végétation).
Des lieux préservés, encore inconnus il y a quelques années, ont été popularisés par Internet et les réseaux sociaux. C'est le cas de l'Islande qui est passée de 500 000 touristes en 2010 à plus de 2 millions en 2017. Des sites comme la vallée de Reykjadalur ont dû être fermés temporairement au public en 2019, car la végétation avait souffert du passage continu de visiteurs.

Pollution de l'air qui contribue au réchauffement climatique.
Le tourisme est à l'origine de 5 % des émissions mondiales de gaz à effet de serre (GES), d'après le ministère de la Transition écologique. La croissance du tourisme d'ici à 2050 aura pour effet d'accroître la consommation d'énergie de 154 % et les émissions de GES de 131 %. L'empreinte carbone du tourisme est générée par tout ce qui est acheté par les touristes sur leur lieu de vacances (nourriture, hébergement, shopping), et surtout par les transports. Plus de la moitié des 1,4 milliard de touristes qui ont traversé les frontières dans le monde en 2018 ont été transportés par avion, rapporte l'Organisation de l'aviation civile internationale (OACI).

https://www.vie-publique.fr/eclairage/24088-le-surtourisme-quel-impact-sur-les-villes-et-sur-lenvironnement

Pour en savoir plus

Regarder une émission :
Envoyé spécial, « Thaïlande : la plage interdite », 20 juin 2019.
liennathan.fr/q93u5u

ZOOM

***Flygskam*, la « honte de prendre l'avion »**

Apparu en 2018 en Suède, le mouvement *flygskam* (« honte de prendre l'avion ») vise à considérer que la multiplication des voyages conduit à la destruction de la planète, dont chacun doit désormais se soucier. « Les centaines de millions de touristes qui partent chaque année à des milliers de kilomètres de chez eux afin de jouir du spectacle de la nature sont accusés de détruire, par ce seul geste, le monde qu'ils prétendent chérir », précise l'historien Sylvain Venayre. Nous sommes tous invités à recourir à des moyens moins destructifs (véhicules décarbonés, circuits courts, tourisme de proximité...).

Vers l'écriture personnelle

Recherchez ce que sont les vols sans destination proposés en Asie et en Australie. Cette initiative vous paraît-elle défendable ou reste-t-elle une aberration écologique ?

c. L'essor du tourisme durable

Selon l'Organisation mondiale du tourisme (OMT), le tourisme durable est « un tourisme qui tient pleinement compte de ses impacts économiques, sociaux et environnementaux actuels et futurs, en répondant aux besoins des visiteurs, des professionnels, de l'environnement et des communautés d'accueil ».

Le tourisme durable englobe de nombreuses formes de tourismes dits « responsables », qui suivent trois principes fondamentaux :

– L'**aspect social** : valoriser la diversité culturelle et respecter le mode de vie des populations locales ;

– L'**aspect économique** : garantir un partage équitable des retombées économiques issues du tourisme et des conditions d'emploi humaines et viables ;

– L'**aspect environnemental** : préserver l'environnement et la biodiversité, sauvegarder les ressources naturelles.

Le site doublesens.fr rappelle qu'il existe différentes formes de tourisme responsable, comme l'« écotourisme » ou le « tourisme solidaire ».

> Prenons l'exemple de l'écotourisme et du tourisme solidaire. D'une part, l'écotourisme va favoriser l'environnement, la découverte et la sensibilisation des voyageurs à la protection des ressources naturelles. Les hébergements choisis sont au maximum éco-responsables, et les excursions pourront être réalisées autour d'activités au plus proche de la nature : découverte de parcs naturels et leur biodiversité.
>
> D'autre part, le tourisme solidaire va, quant à lui, placer un peu plus l'humain au cœur de ses préoccupations. Il va permettre la valorisation des populations locales et le respect de leurs modes de vie. Par extension, le tourisme solidaire va également encourager une plus juste répartition des retombées économiques pour les prestataires locaux.
>
> Ces vacances durables allient donc visites, excursions et activités ludiques à des pratiques éco-responsables qui permettent de réduire l'impact des voyageurs sur les destinations touristiques qu'ils découvrent. Cela permet également de respecter les modes de vie traditionnels, de voyager local et d'encourager un partenariat sain sur du long terme.

https://www.doublesens.fr/blog/post/28-mag-inspirations-qu-est-ce-que-le-tourisme-durable

Pour en savoir plus

- « Pour un tourisme responsable », France Inter, 30/01/2020 : https://www.franceinter.fr/emissions/la-terre-au-carre/la-terre-au-carre-30-janvier-2020
- « Quel tourisme alternatif est en train de s'inventer ? », France Culture, 14/12/2021 : https://www.radiofrance.fr/franceculture/podcasts/de-cause-a-effets-le-magazine-de-l-environnement/quel-tourisme-alternatif-est-en-train-de-s-inventer-8427920
- « L'essor du tourisme durable ou l'appel de la forêt », Agence régionale du tourisme Grand Est : https://www.art-grandest.fr/les-actualites/l-essor-du-tourisme-durable-ou-l-appel-de-la-foret

d. Vers le tourisme spatial ?

Pour en savoir plus

Regarder un reportage :
« Tourisme spatial : bonne ou mauvaise idée ? », Florence Porcel.
liennathan.fr/rg7r88

SYNTHÈSE

Le voyage d'agrément, si recherché pour ses bienfaits divers, trouve dans l'exotisme et le dépaysement un autre espace-temps, une parenthèse inédite, riche d'opportunités nouvelles et propice au bien-être et à un épanouissement intense. Ce temps libéré que l'on s'autorise pour prendre soin de soi et se forger de beaux souvenirs dans un cadre exaltant selon ses goûts fait du voyage un loisir à part, une expérience privilégiée, longtemps réservée à une élite et désormais prisée par tous.

Mais le revers de cette démocratisation du voyage-loisir revient à instrumentaliser le voyage, à en faire un objet de consommation, que l'essor du tourisme tend à dénaturer. Consommer du voyage devient un réflexe artificiel très répandu, entre obligation sociale et exploitation narcissique. Et le tourisme de masse implique des conséquences désastreuses pour les lieux visités comme pour l'environnement. Un tourisme raisonné est-il encore possible ?

MOTS ET NOTIONS CLÉS :
Circuit, cure, dépaysement, escapade, évasion, exotisme, loisir, tourisme, vacances, voyage d'agrément.

Corrigé

Sujet d'écriture personnelle (chapitres 1 et 2) : *Selon vous, faut-il se réjouir de la pratique généralisée du voyage ? Vous répondrez dans un écrit organisé.*

La pratique du voyage est aujourd'hui très répandue. Faut-il pour autant s'en réjouir ? Certes, il y a lieu de se féliciter que le plus grand nombre puisse bénéficier de cette expérience profitable, mais le tourisme de masse n'en demeure pas moins un fléau.

I. Il est réjouissant de voir se généraliser le voyage

1. L'accès plus égalitaire à la culture par le voyage est une avancée sociale

Exemple : Le Secours populaire œuvre pour faciliter l'accès aux vacances pour les personnes en situation difficile, preuve que le voyage, plus qu'un loisir, est un atout culturel et social auquel chacun doit avoir droit.

2. C'est une opportunité reconnue pour chacun de prendre soin de soi

Exemple : Le philosophe Josef Schovanec vante les bienfaits thérapeutiques du voyage pour tous, « face aux petites et grandes névroses de la modernité, beaucoup plus efficace que les bla-bla de divan ».

3. C'est un progrès vers un monde « sans frontières »

Exemple : La mobilité liée à la mondialisation et aux progrès des transports aide à considérer le monde comme un vaste village.

II. Mais le tourisme de masse peut devenir un fléau

1. Le tourisme de masse contribue à uniformiser la pratique du voyage

Exemple : Les tour-opérateurs réduisent les voyages à des formules identiques et des destinations « obligées ».

2. Le voyage, devenu banalisé et artificiel, perd de son intérêt

Exemple : Dans *L'Impossible voyage* (1997), Marc Augé montre que l'authenticité de la découverte n'est plus possible.

3. Une nuisance pour la planète

Exemple : Un paquebot de croisière, quand il fait escale dans le port d'un lieu touristique, pollue autant qu'un million de voitures.

Si la généralisation du voyage est le signe d'un progrès réjouissant, on ne peut nier les ravages du tourisme de masse.

Paris, ville capitale ?

Ce que dit le programme

» Problématique

Avec plus de 2 millions d'habitants et 10 millions de visiteurs chaque année, Paris compte parmi les villes les plus attractives et les plus fascinantes au monde. Cette capitale est le siège de tous les pouvoirs, qu'ils soient politiques, économiques, juridiques et médiatiques, mais aussi des grandes institutions. Elle réunit un patrimoine historique et religieux extraordinaire, d'innombrables lieux dédiés aux arts, des parcs et des jardins qui nuancent la densité urbaine. Que l'on habite Paris, la province ou encore les outre-mer, que l'on connaisse bien la ville ou que l'on n'y soit jamais venu, chacun de nous a un lien singulier avec la capitale de la France.

Dans notre imaginaire, Paris est la ville de tous les possibles, de la liberté, de l'émancipation et de l'ascension sociale. « Monter à la capitale » a longtemps été la clé pour conquérir le monde. Paris offre ainsi aux jeunes ambitieux des romans du XIXe siècle la possibilité d'accéder à différents milieux et au pouvoir. « Paris est un véritable océan », nous dit le narrateur du *Père Goriot*. Mais ces récits ont-ils encore leur pertinence aujourd'hui ? Quelle est la place et le rôle d'une capitale dans un espace mondial connecté et accessible, au moins virtuellement, à tous ?

Comme toutes les grandes villes contemporaines, Paris propose un mode de vie marqué par la modernité, le pouvoir, la vitesse et la solitude, dans une vision du monde binaire qui réserverait à la province la nature, l'authenticité, la lenteur, une certaine beauté et une meilleure qualité de vie. Cette promesse a conduit de nombreux Parisiens à imaginer une vie différente, loin de la métropole, notamment depuis le début de la crise sanitaire de 2019. À l'heure du télétravail, cet exode interroge la centralisation dans la capitale du pouvoir politique et de l'activité économique. La vraie vie, l'authenticité sont-elles réellement hors de Paris, forcément ailleurs ?

Paris a traditionnellement l'image d'une ville qui fait la part belle à la fête et à la liberté. La vie parisienne est aussi une vie nocturne, faite d'excès, avec ses codes particuliers et ses univers interdits. La ville prend alors un tour inquiétant, avec ses espaces interlopes, ses rues malfamées, ses personnages infréquentables. Cette vision festive et marginale de la capitale nous fait-elle encore rêver ? Quel rôle jouent les artistes dans l'imaginaire que convoie la ville ? Au fil du temps, Paris ne serait-elle pas devenue une imagerie, un décor de cinéma ?

Derrière l'image convenue de la « Ville Lumière », la capitale est aussi le reflet des fractures et des inégalités sociales. Il est de plus en plus difficile de se loger et de vivre dans une cité en pleine gentrification qui exclut les plus pauvres, mais aussi les classes moyennes. Dans ces conditions, peut-on encore y faire société ?
Paris joue un rôle majeur dans notre pays et notre imaginaire. Chacun connaît son pouvoir poétique et romanesque. Mais, qu'est-ce que le récit de Paris dit de l'état de notre société, du rapport des individus au monde, à l'espace et au pouvoir ?

» Mots clés

- Ville, capitale, cité, arrondissements, quartiers, immeubles, halles, Paris haussmannien, Grands Boulevards, boulevards des Maréchaux, fortifications, portes, Grand Paris, périphérique, métro, parcs, jardins et squares, voies sur berges, ponts, canaux, carrières, catacombes, passages, bateaux-mouches, gares, places, cimetières.
- Bastille, Belleville, Bercy, la Butte-aux-Cailles, les Buttes-Chaumont, le Champ-de-Mars, les Champs-Élysées, la Défense, la Goutte d'or, les Halles, l'Île Saint-Louis, les Invalides, le Marais, Montmartre, Montparnasse, Notre-Dame, Pigalle, le Quartier latin, Saint-Germain-des-Prés, le Sentier, la Tour Eiffel, les Tuileries, etc.
- Hôtel de Matignon, Hôtel de Ville, Palais Bourbon, Palais de l'Élysée, Palais de l'Institut de France, Palais du Luxembourg, Palais-Royal, Panthéon, Sorbonne, ministères, ambassades.
- Révolution française, Révolution de 1830, Révolution de 1848, Commune de Paris, libération de Paris, mai 1968, manifestations, barricades, etc.
- Brasseries, cafés, cabarets, théâtres, salles de concerts, salles de spectacles, opéras, cinémas, Cinémathèque, bibliothèques, bouquinistes, musées.
- 14 juillet, Fête de la musique, Gay Pride, Jeux olympiques, Marathon de Paris, Nuit blanche, Parc des Princes, Paris-Plage, Techno Parade, Salon de l'Agriculture, etc.

» Expressions

Ville Lumière, *Fluctuat nec mergitur*, Paname, métro-boulot-dodo, avec des « si », on mettrait Paris en bouteille, monter à Paris, Paris vaut bien une messe, Paris ne s'est pas fait en un jour, la Parisienne, la lorette, le titi parisien, le poulbot, Gavroche, les zazous, les embarras de Paris, Rive droite, Rive gauche, la plus belle avenue du monde, la bohème, Paris 2024, etc.

» Indications bibliographiques

Littérature

Guillaume Apollinaire, *Le Flâneur des deux rives*, « Le pont Mirabeau », « Zone », etc.

Louis Aragon, *Le Paysan de Paris*, *Aurélien*

Marcel Aymé, *Le Vin de Paris*

Honoré de Balzac, *Le Père Goriot*, *Illusions perdues*, etc.

Charles Baudelaire, *Le Spleen de Paris*

Aurélien Bellanger, *Le Grand Paris*, *L'Aménagement du territoire*

Walter Benjamin, *Paris capitale du XIXe siècle*

Pierre Bordage, *Métro Paris 2033*

André Breton, *Nadja*

Henri Calet, *Le Tout sur le tout*, *Les Grandes Largeurs*

Céline, *Mort à crédit*

Colette, *Claudine à Paris*

Laurence Cossé, *La Grande Arche*

Eugène Dabit, *Faubourgs de Paris*

Virginie Despentes, *Vernon Subutex*

Léon-Paul Fargue, *Le Piéton de Paris*

Gustave Flaubert, *L'Éducation sentimentale*

Romain Gary (Émile Ajar), *La Vie devant soi*

Laurent Gaudé, *Paris, mille vies*

Patrick Grainville, *Les Anges et les Faucons*

Julien Green, *Paris*

Éric Hazan, *L'Invention de Paris*

Ernest Hemingway, *Paris est une fête*

Victor Hugo, *Notre-Dame de Paris*, *Les Misérables*, *L'Année terrible*, etc.

Philippe Le Guillou, *Paris intérieur*, *Petit cadastre parisien*, *Les Années insulaires*, etc.

Guy de Maupassant, *Bel-Ami*

Patrick Modiano, *La Place de l'étoile*, *Rue des boutiques obscures*, *Dans le café de la jeunesse perdue*, etc.

Georges Perec, *Tentative d'épuisement d'un lieu parisien*

Jacques Prévert, « Chanson de la Seine »

Marcel Proust, *Du côté de chez Swann*, *La Prisonnière*, etc.

Raymond Queneau, *Zazie dans le métro*

Jacques Réda, *Les Ruines de Paris*

Maël Renouard, *Éloge de Paris*

Rétif de la Bretonne, *Les nuits de Paris*

Jules Romains, *Puissances de Paris*

Jean-Jacques Rousseau, *Les Confessions*, livre IV, la description de Paris

Sempé, *Un peu de Paris et d'ailleurs*

Madame de Sévigné, *Correspondance*

Joy Sorman, *Paris Gare du Nord*

Philippe Soupault, *Les Dernières Nuits de Paris*

Eugène Sue, *Les Mystères de Paris*

Michel Tournier, *La Goutte d'or*

Paul Verlaine, « Paris »

Jules Verne, *Paris au XXe siècle*

Éric Vuillard, *14 juillet*

Émile Zola, *La Curée*, *Le Ventre de Paris*, *Au bonheur des dames*, *L'Œuvre*, etc.

Bande-dessinée

Philippe Dupuy et Charles Berberian, ***Monsieur Jean***

Kerascoët, ***Miss pas touche***

Benoît Peeters et François Schuiten, ***Revoir Paris***

Jîro Taniguchi, ***Les Gardiens du Louvre***

Jacques Tardi, ***Les Aventures extraordinaires d'Adèle Blanc-Sec***

Jacques Tardi, Emmanuel Moynot, Nicolas Barral, ***Nestor Burma***, d'après Léo Malet

Arts plastiques

Peinture

Les tableaux de Jean Béraud, Gustave Caillebotte, Sonia Delaunay, Claude Monet, Auguste Renoir, Henri de Toulouse-Lautrec, Vincent Van Gogh, etc.

Photographie

Les photographies de Paul Almasy, Eugène Atget, Jane Evelyn Atwood, Brassaï, Robert Doisneau, Gustave Le Gray, René-Jacques, Willy Ronis, Jacques Rouchon, Émile Savitry, Sabine Weiss, etc.

Films

Woody Allen, ***Tout le monde dit I love you***, ***Minuit à Paris***

Claude Autant-Lara, ***La Traversée de Paris***

Léos Carax, ***Les Amants du Pont-Neuf***

Marcel Carné, ***Hôtel du Nord***

René Clair, ***Paris qui dort***

Jean-Luc Godard, ***À bout de souffle***

Christophe Honoré, ***Dans Paris***

John Huston, ***Moulin Rouge***

Jean-Pierre Jeunet, ***Le Fabuleux Destin d'Amélie Poulain***

Mathieu Kassovitz, ***La Haine***

Cédric Klapisch, ***Paris***, ***Chacun cherche son chat***

Baz Luhrmann, ***Moulin Rouge***

Christopher McQuarrie, ***Mission impossible : Fallout***

Louis Malle, ***Zazie dans le métro***

Vincente Minnelli, ***Un Américain à Paris***

Michel Mitrani, ***Les Guichets du Louvre***

Jean Renoir, ***French cancan***

Martin Scorsese, ***Hugo Cabret***

François Truffaut, ***Les quatre cents coups***, ***Le Dernier Métro***

Agnès Varda, ***Cléo de 5 à 7***

Musique

Charles Aznavour, « **Paris au mois d'août** », « **La bohème** »

Joséphine Baker, « **J'ai deux amours** »

Bénabar, « **Paris by night** »

Maurice Chevalier, « **Paris sera toujours Paris** », « **Viens poupoule** »

Camille, « **Paris** »

Étienne Daho, « **Les bords de Seine** »

Julien Doré, « **Soirées parisiennes** »

Jacques Dutronc, « **Il est cinq heures, Paris s'éveille** »

Thomas Dutronc, « **J'aime plus Paris** »

Gaël Faye, « **Paris métèque** »

Serge Gainsbourg, « **Le Poinçonneur des lilas** »

Les garçons bouchers, « **Pigalle** », « **Province-Paris** »

Serge Lama, « **Les p'tites femmes de Pigalle** »

Marc Lavoine, « **Paris** »

Louane et Ibrahim Maalouf, « **Un automne à Paris** »

Louise Attaque, « **Les nuits parisiennes** »

Mickey 3D, « **Paris t'es belle** »

Mireille Mathieu, « **Paris est en colère** »

Mistinguett, « **Ça c'est Paris** »

Yves Montand, « **À Paris** », « **Les grands boulevards** »

Les Négresses vertes, « **Enfer et paradis** »

Claude Nourago, « **Paris Mai** »

Jacques Offenbach, « **La vie parisienne** »

Vanessa Paradis, « **La Seine** »

Pigalle, « **Dans la salle du bar tabac de la rue des Martyrs** »

Charles Trenet, « **Ménilmontant** »

Ce que dit le dictionnaire

La définition du nom « capitale » tirée du CNRTL (Centre national de ressources textuelles et lexicales), vous aidera à mieux cerner le thème de BTS.

CAPITALE : A.– Ville principale d'un État, d'une province ou d'une étendue de pays qui est le siège du gouvernement et/ou de l'administration centrale. ... *l'ennemi s'est emparé de la Capitale, c'est-à-dire du cerveau même de la nation,* ... (Durkheim, *De la Division du travail soc.*,1893, p. 319).

 Emploi subst. apposé :

1. Quand on arrive le soir dans quelque *ville*-**capitale** un de ces *centres* qui ont l'air d'aspirer le pays autour d'eux, Paris surtout, attrait du monde, ... Pesquidoux, *Le Livre de raison,*1928, p. 259.

– *P. méton.* ;

2. On tient d'ailleurs à faire ressortir que ce second avertissement d'un homme d'État britannique à l'adresse des hommes de Pékin ne signifie à aucun degré que les **capitales** *occidentales* envisagent aujourd'hui plus qu'hier de mener contre la Chine « une guerre indésirable... » *Le Figaro,*19-20 janv. 1952, p. 3, col. 3.

SYNT. *La capitale d'un pays, d'un empire, d'un royaume ; une grande, une immense, une ancienne capitale ; les capitales du monde, les capitales étrangères* ou *européennes.*

– *Spéc.* [En parlant de Paris] *La Capitale* :

3. La cruauté semble chaque jour prendre en France de nouvelles forces, il n'est point de villes qui n'ait l'abominable ambition d'imiter les fureurs de la **capitale**. Je tremble pour ma grand'mère qui est demeurée à Paris ; ... Sénac de Meilhan, *L'Émigré,*1797, p. 1851.

B.– *P. ext.* Ville principale d'un État en tant que remarquable en tous points ; ville qui prime les autres dans un certain domaine, qui est le principal centre d'une activité. *Un air, un aspect de capitale. Cet air de grandeur, cet aspect de capitale qui frappent le nouveau venu dans Avignon* (Toulet, *Notes sur l'art,* 1920, p. 100) ; *Paris, capitale des arts, foyer de la civilisation, centre des belles manières et de l'urbanité* (Flaubert, *Correspondance,*1871, p. 223) :

4. La ville du monde où les bruits prennent le plus d'ampleur ce n'est pas Syracuse, [...], ce n'est même pas Rome, **capitale** européenne *du potin* ; la *cité mondiale* du ragot, c'est Pékin. Morand, *Rococo,*1933, p. 144.

– *Spéc.* [Avec un augmentatif] *(C'est) la capitale du monde.* C'est la ville la plus remarquable de toutes :

5. Chaque jour cette **capitale** *du monde* devient plus digne d'une dénomination qui lui fut donnée par le grand Frédéric. Jouy, *L'Hermite de la Chaussée d'Antin,*t. 1, 1811, p. 102.

Prononc. et Orth. : [kapital]. Ds *Ac.* 1694-1932. Homon. *capital.*

Étymol. et Hist. 1416 adj. *capital ville* (Nicolas de Baye, *Journal,* éd. A. Tuetey, Paris, 1888, vol. II, p. 261); 1509 subst. (*Nouv. coutumier gén.,* éd. A. Bourdot de Richebourg, Paris, 1724, t. 1, p. 277 : Arras, chef et **capitale** du pays et comté d'Artois). Substantivation de l'adj. fém. *capitale (capital*[1]**)* apr. ell. de *ville* ou *cité.* **Bbg.** Brühl (C. R.). Rem. sur les not. de *capitale* et de *résidence* pendant le Haut Moy. Âge. *J. des savants.* 1967, pp. 193-215. – Spitzer (L.). Sprachwissenschaft. *Z. rom. Philol.* 1937, t. 57, p. 576.

Partie 1
Paris, une capitale attractive ?

Sujet d'écriture personnelle

Paris est-elle toujours une ville attractive ? Vous répondrez dans un écrit organisé.

Chapitre 1
Paris, lieu de tous les pouvoirs

« Habiter Paris est un désir universel » c'est ainsi que Balzac évoque dans *Le Cousin Pons* (1847) l'attirance de la société du XIXe siècle vers la capitale, lieu de concentration de tous les pouvoirs.

1. Paris, capitale de la France

Depuis le Moyen Âge, les rois, empereurs et chefs d'État ont fait de Paris la capitale de la France.

Les rois, empereurs et présidents ont joué un rôle clef dans la construction de Paris au fil des siècles. Bon nombre de ces souverains et chefs d'État ont eu la volonté de marquer Paris de leur empreinte. La croissance démographique continue ainsi que les déplacements de l'aristocratie soucieuse de rester proche du pouvoir et de vivre dans un environnement plus aéré que le centre-ville, ont repoussé la population hors des enceintes de la ville et créé de nouveaux quartiers. C'est **Philippe Auguste** (1180-1223) qui, au début du XIIe siècle, installe Paris et l'entoure d'une première enceinte destinée à protéger la cité et à en marquer les limites. Successivement détruites puis reconstruites dans un rayon plus large, quatre autres enceintes seront élevées, la dernière étant édifiée au XIXe siècle, entre 1841 et 1844.

Au Moyen Âge, les rois de France, résidant au Palais de la Cité, contribuent au rayonnement de la ville en finançant la construction d'églises et de cathédrales comme l'église St-Germain-des-Près au VIe siècle, fondée par le fils de Clovis ou la cathédrale Notre-Dame-de Paris dont la construction s'étale sur presque deux siècles.

Au XVIe siècle, François Ier agrandit la ville. Il fait construire des palais inspirés par l'esthétique italienne et agrémente la ville de parcs et de jardins.
Après les guerres de religion, **Henri IV** fait de Paris sa capitale. Pour devenir Roi de France, il a dû se convertir au catholicisme et on lui prête l'expression « Paris vaut bien une messe ». Au cours de son règne, le monarque entreprend des travaux majeurs, contribuant à la modernisation de la capitale.
Dans *L'Invention de Paris* (2002), Éric Hazan rapporte que :

> Par la voix du prévôt des marchands, il (Henri IV) fait annoncer que « son intention est de passer les années en cette ville, et y demeurer comme vrai patriote, rendre cette ville belle, placide et pleine de toutes les commodités et ornements qu'il sera pos-

sible, voulant le parachèvement du Pont-Neuf et le rétablissement des fontaines… (désirant même) faire un monde entier de cette ville et un miracle du monde »

Cité in J.-P. Babelon, *Henri IV urbaniste de Paris*, in Festival du Marais, 1966.

Trouvant que Paris manque d'une grande place, le roi fait construire la Place Royale, l'actuelle Place des Vosges, dans le quartier du Marais, construit à la Renaissance.

Au XVIIe siècle, les hôtels particuliers de l'aristocratie se construisent dans le quartier du Marais. **Louis XIV** agrandit le Palais du Louvre, entreprend d'importantes rénovations de la ville, y compris la construction de la Place Vendôme et l'extension du Louvre. Il supervise également la construction de la place des Victoires, du pont Royal et de l'église Saint-Sulpice.

Napoléon Ier voulait faire de Paris la nouvelle Rome. Il fait édifier des monuments à sa gloire qui font de nos jours partie intégrante de la beauté de Paris. Ainsi, suite à la bataille d'Austerlitz, l'Empereur fait construire la **colonne Vendôme**. Elle est constituée de tambours de pierre recouverts par une fresque en bronze représentant des scènes de batailles. À son sommet se trouve une statue de Napoléon en Empereur romain. L'Empereur reprend une tradition de l'Empire romain en construisant l'arc de triomphe du Carrousel et celui de l'Étoile, tous deux à la gloire de la Grande Armée. Souhaitant regrouper toutes les activités boursières dans un même lieu, il demande à l'architecte Brongniart la construction d'un magnifique édifice pour héberger la Bourse de Paris. Ce bâtiment est devenu un musée privé.
Il fait également bâtir un temple à la gloire des armées françaises sur l'emplacement de la Madeleine actuelle. Napoléon Ier est également connu pour avoir fait construire des ponts, comme le pont de Iéna.

Au XIXe siècle, **Napoléon III** se devait après son élection de transformer Paris qui connaissait une croissance trop rapide. Pour moderniser la ville, l'empereur choisit le **baron Haussmann** qui sut s'entourer de remarquables collaborateurs. Haussmann redéfinit l'urbanisme de la ville en créant de grands axes bordés de majestueux immeubles pour la bourgeoisie aisée. Il construit également de fastueux édifices comme un nouvel opéra où se retrouve le « Tout Paris ». Il s'attache aussi à la construction d'équipements publics tels que des aqueducs pour approvisionner la ville en eau et des égouts pour les eaux usées. Ce projet, en s'attaquant aux rues étroites et tortueuses qui dataient du Moyen Âge, permettait également de contrer d'éventuelles émeutes du peuple parisien.

La période révolutionnaire laissa également sa marque en détruisant par exemple la prison de la Bastille dont il ne reste aujourd'hui qu'une grande place emblématique de Paris ou en transformant l'église Sainte-Geneviève en Panthéon, temple des grands hommes de la Nation.

Les **présidents de République** voulurent eux aussi laisser leur marque dans le rayonnement de la capitale, notamment en créant de nouveaux lieux culturels et en améliorant de la mobilité.

ZOOM

Les travaux des présidents de la Ve République

Au cours de la Ve République (depuis 1958), les présidents français ont entrepris des travaux, laissant ainsi une trace dans le paysage urbain parisien et renforçant le rayonnement de la ville. Ces travaux avaient une ambition culturelle forte et représentaient souvent des enjeux d'aménagements urbains. **Georges Pompidou** a été le premier président à réaliser un grand projet : le **Centre Pompidou** est construit en 1977. **Valéry Giscard d'Estaing** a été à l'initiative de la création du **musée d'Orsay** et de l'**Institut du Monde arabe** mais ces deux musées ont été achevés sous **François Mitterrand**. Ce dernier est le président qui réalise le plus d'ouvrages. Au cours de ses deux mandats (1981-1995), le président Mitterrand investit dans l'architecture pour promouvoir la ville de Paris et la souveraineté artistique et culturelle de la France. Dans les années 1980, le **Grand Louvre** et sa pyramide de verre, l'**Opéra Bastille**, l'**arche de la Défense** et la **Bibliothèque nationale de France** verront le jour. Puis, **Jacques Chirac**, président de 1995 à 2007, décidera de la création du **musée du Quai Branly** qui porte son nom.

2. Une concentration des pouvoirs

Les pouvoirs politique et économique se concentrent à Paris. À cette centralisation des pouvoirs répond une concentration des élites intellectuelles et des médias.

a. Le pouvoir politique

La centralisation du pouvoir politique à Paris est le corollaire du développement de la ville et même si, du XVIIe siècle à la Révolution, la Cour est transportée à Versailles, Paris demeure la capitale et continue à se développer. L'effet est encore renforcé quand, en 1635, sous l'impulsion de Richelieu, l'Académie française entreprend la rédaction d'un *Dictionnaire* qui doit imposer la même langue dans tout le pays, la langue d'oïl, parlée surtout à Paris.
La **Révolution**, à ses origines, se veut décentralisatrice, mais la centralisation jacobine autour de la capitale s'impose dans la France nouvelle, officiellement proclamée « une et indivisible ». Le **Consulat** et l'**Empire**, avec Napoléon Ier, parachèvent la centralisation qui n'est pas remise en cause au XIXe siècle. La prééminence de Paris restera forte jusqu'en 1982, date à laquelle sera votée la

loi sur la décentralisation des pouvoirs qui accorde aux collectivités locales – communes, départements, régions – un pouvoir politique important et des budgets.
Malgré ces efforts de décentralisation, le pouvoir politique reste encore concentré à Paris.

ZOOM

La concentration du pouvoir politique à Paris

C'est à Paris que se trouvent les grandes institutions de la République : présidence (palais de l'Élysée), gouvernement (le Premier ministre est à Matignon) et Parlement (Assemblée nationale et Sénat). On y trouve aussi le ministère de l'Économie, des Finances et de l'Industrie, centre de l'économie française, longtemps installé au Louvre, et qui depuis 1989 se trouve à Bercy. Le ministère de l'Équipement et des Transports est le seul ministère à avoir quitté Paris pour La Défense mais les bureaux du ministre et son cabinet restent boulevard Saint-Germain, à proximité de Matignon.

b. Le pouvoir économique

« Paris est né de la Seine » (Favier, Paris, *Deux mille ans d'histoire*). Au XIIe siècle, l'île de la Cité accueille le siège des pouvoirs et en amont de la Cité, la rive droite offre une plage, nommée « la Grève », qui peut accueillir les marchandises. Ces bords de Seine sont donc occupés par les principaux marchands. Aujourd'hui, bien que les transports terrestres soient devenus plus importants, la Seine reste un vecteur important pour le transport de marchandises en amont et en aval de Paris. Le port de Paris est situé le long de la Seine, et il est utilisé pour le **transport de marchandises** telles que des céréales, des produits pétroliers, des matériaux de construction, des déchets et des produits chimiques.
En outre, la Seine joue également un **rôle touristique** important pour Paris et les promenades en bateau sont une attraction touristique majeure.
Depuis le Moyen Âge, de **nombreux métiers** ont été pratiqués le long des **rives de la Seine** grâce à la proximité de l'eau et à la facilité de transport des marchandises par bateau. Les artisans en bord de Seine incluaient alors des menuisiers, des charpentiers, des maçons, des tisserands, des teinturiers et des orfèvres. Ils ont contribué à la richesse de la ville en produisant des biens pour les habitants de Paris et pour le commerce. Aujourd'hui ne restent que les **bouquinistes** concentrés dans les quartiers touristiques.

Aujourd'hui, l'économie à Paris est essentiellement caractérisée par des activités tertiaires : banques, assurances, sièges des plus grandes entreprises… Bon nombre de ces dernières se trouvent dans le quartier de la Défense. Les relations entre dirigeants de l'économie et de l'administration sont facilitées par le fait qu'ils sont souvent issus des mêmes grandes écoles, toutes situées en région parisienne. L'École nationale d'administration (ENA) aujourd'hui remplacée par l'École d'administration publique (EAP) a été transféré, en 2005, à Strasbourg.

c. L'économie du luxe

Paris est connue mondialement pour être la **capitale de la mode et du luxe**. Son économie est alimentée par une offre variée qui attire une clientèle internationale et fortunée : les grandes marques de la haute couture mais aussi les parfums, la maroquinerie, la bijouterie, la gastronomie, la culture et le marché de l'art.
La mode s'est développée dès le XVIIe siècle, à la Cour de Versailles. Les commandes de la Cour et de la noblesse sont assurées par des ateliers parisiens où travaillent ouvrières et artisans. Au XVIIIe siècle, l'aristocratie française se préoccupe beaucoup des apparences et le vêtement marque socialement l'appartenance à un groupe. Les modes à la française font autorité et le bon goût veut que l'on s'habille « comme à Paris ». La mode fait du luxe un commerce très lucratif et s'exporte dans toutes les cours européennes. Marie-Antoinette, épouse du roi Louis XVI, devient, au moment où elle monte sur le trône en 1774, l'ambassadrice des nouvelles modes. Pour Louis XVI, il est important politiquement que la reine créé la mode du jour et l'incarne.
D'ailleurs, Montesquieu tourne en dérision dans ses *Lettres persanes* (1721), l'obsession des Parisiens pour la mode.

Les *Lettres persanes* est un roman épistolaire de **Montesquieu** rassemblant la correspondance fictive entre deux voyageurs persans, Usbek et Rica, et leurs amis restés en Perse.

> LETTRE XCIC
> RICA À RHÉDI
> À Venise.
>
> Une femme qui quitte Paris pour aller passer six mois à la campagne en revient aussi antique que si elle s'y était oubliée trente ans. Le fils méconnaît le portrait de sa mère, tant l'habit avec lequel elle est peinte lui paraît étranger ; il s'imagine que c'est quelque Américaine qui y est représentée, ou que le peintre a voulu exprimer quelqu'une de ses fantaisies.
> Quelquefois les coiffures montent insensiblement ; et une révolution les fait descendre tout à coup. Il a été un temps que leur hauteur immense mettait le visage d'une femme au milieu d'elle-même : dans un autre, c'était les pieds qui occupaient cette place ; les talons faisaient un piédestal, qui les tenait en l'air. Qui pourrait le croire ? Les architectes ont été souvent obligés de hausser, de baisser et d'élargir leurs portes, selon que les parures

des femmes exigeaient d'eux ce changement ; et les règles de leur art ont été asservies à ces fantaisies. On voit quelquefois sur un visage une quantité prodigieuse de mouches, et elles disparaissent toutes le lendemain. Autrefois les femmes avaient de la taille, et des dents ; aujourd'hui il n'en est pas question. Dans cette changeante nation, quoi qu'en dise le critique, les filles se trouvent autrement faites que leurs mères.

Cette lettre permet à Rica de montrer toutes les conséquences des extravagances de la mode à Paris. La satire et son efficacité reposent sur l'exagération des phénomènes de mode en matière de coiffure notamment : « leur hauteur immense mettait le visage d'une femme au milieu d'elle-même ». Avec le personnage de Rica, Montesquieu critique la versatilité et la superficialité de la mode à Paris.

Les maisons de haute couture (Lanvin, Chanel, Dior…) s'installent à Paris dans les beaux quartiers. Le prestige de la ville attire les créateurs et les acheteurs et, malgré la concurrence avec d'autres villes comme New-York, Londres ou Milan, Paris reste la capitale mondiale du luxe. Les boutiques de luxe se trouvent dans des rues connues du monde entier, comme la rue du Faubourg Saint-Honoré ou l'avenue Montaigne.

→ Exploitation d'un document

Question : Après avoir lu le texte, expliquez la première phrase.

Dans le texte suivant, extrait de son roman Le Grand Paris *(2017), Aurélien Bellanger décrit l'environnement du palais de l'Élysée au XXI*e *siècle.*

Aucun autre palais présidentiel au monde, pour la plupart confinés dans les quartiers sécurisés des ambassades, ne possédait un environnement si étrange, si charmant et si anachronique. Des boutiques vendaient encore tout autour, et presque exclusivement, des produits de luxe, qu'on avait longtemps appelés, comme si c'était là les émanations naturelles de la ville, des *articles de Paris :* sacs, foulards, bijoux, chaussures, chapeaux et éventails, tous les produits de cette industrie archaïque de la peau, de la soie, de l'or et des plumes, univers qui appartenait autant au monde préindustriel de Balzac et de Baudelaire qu'à la préhistoire de la mondialisation, quand celle-ci était encore cantonnée aux matières précieuses et aux produits exotiques – un univers d'un raffinement presque entièrement perdu, mais préservé ici, dans ces boutiques minuscules qui faisaient de Paris la capitale mondiale du luxe et l'entresol du monde moderne.

Pistes de réponse

Le texte souligne la proximité entre le palais de l'Élysée et les boutiques de luxe. Pour le narrateur, cet univers est « si étrange, si charmant et si anachronique » car les produits vendus dans ces boutiques ne se vendent plus ailleurs depuis le XIXe siècle.

ZOOM

Les Halles de Paris

Les premières halles datent du XIIe siècle. Il s'agissait d'un **marché de plein air**, appelé « **carreau des Halles** ». On y vendait du poisson, du blé, des légumes et des fruits. Les Halles connaissent des transformations successives. En 1852, sous le Second Empire, l'architecte Victor Baltard construit dix pavillons en métal et en verre, chacun ayant une spécialité (légumes, viande…). Les Halles sont décrites dans le roman de Zola, *Le Ventre de Paris*. L'écrivain y décrit un lieu grouillant et vivant où s'activent vendeurs et grossistes et où la nourriture est omniprésente. Pour des raisons sanitaires, les Halles sont démolies dans les années 1965-1970, et le marché de gros est transféré à Rungis. Seul un édifice échappe à la destruction et fut remonté à Nogent-sur-Marne où il est encore visible aujourd'hui. La place laissée vide par les halles est occupée par un vaste centre commercial et culturel, l'actuel « **Forum des Halles** », inauguré par le maire de Paris Jacques Chirac en septembre 1979. Rénové, le nouveau Forum, structure de verre et d'acier de quatorze mètres de hauteur, a été inauguré en 2016.

Pour approfondir vos connaissances sur les Halles, recopiez le lien ou flashez le QR Code.
liennathan.fr/z84hy7

Paris est une des villes les plus chères du monde. En 2021, *The Economist* rapporte qu'elle est la seconde ville la plus chère au monde avec Singapour.

d. Les médias

Le terme « médias » désigne tout moyen de distribution, de diffusion ou de communication d'œuvres, de documents ou de messages écrits, visuels, sonores ou audiovisuels. Les principaux médias sont donc la radio, la télévision, le cinéma, Internet, la presse et les télécommunications.
Les pouvoirs politique et économique étant concentrés à Paris, les sièges des médias audiovisuels, de la presse écrite nationale ainsi que de l'édition se sont concentrés à Paris (58% des journalistes habitent en Île-de-France). On reproche d'ailleurs aux médias d'être souvent « parisiano-centrés » (ainsi toute la France a ainsi entendu parler du *Vélib'*, lancé en 2007 par Bertrand Delanoë, alors que c'est dans la ville de La Rochelle, dès 1976, que ce système de vélo en libre service avait été imaginé et mis en place).

Les journaux

Le **premier journal d'informations parisien** est *Le Mercure françois* qui sort une fois par an, à partir de 1611 et revient, sur 1000 pages, sur tous les événements nationaux et internationaux de l'année écoulée. En 1631, à Paris, Renaudot crée *La Gazette*, hebdomadaire national, qui sera publié sans interruption pendant près de 300 ans.
Au XVIIe siècle, d'autres journaux apparaissent à Paris et notamment *Le Mercure galant* (ancêtre de la presse « people ») qui, avec ces 350 pages, traite de l'actualité mondaine. En 1777, est édité *Le Journal de Paris*. On y trouve l'agenda des spectacles, des informations littéraires et quelques faits divers parisiens. Le succès du *Journal de Paris* est rapide et durable.
Au XVIIIe siècle, les journaux, organes de presse des gouvernants, ne prennent pas le risque de critiquer le pouvoir et ce n'est qu'au XIXe siècle que se développe une presse d'opinion ouverte à la caricature.

Vers l'écriture personnelle

En quoi le *Journal de Paris* est-il spécifiquement parisien ?

Rendez-vous sur le site de la BNF-Gallica et feuilletez un exemplaire du journal pour répondre à la question.

Accédez au site.
liennathan.fr/z47b2t

⇢ Exploitation d'un document

Question : Après avoir lu le document, dites pour quelles raisons les sièges des journaux se sont installés rive droite, à Paris.

Jusqu'au début du XIXe siècle, l'imprimerie parisienne se trouve majoritairement rive gauche, dans les Ve et VIe arrondissements demeurés les quartiers privilégiés des éditeurs. À partir des années 1830, les journaux s'installent rive droite, au carrefour des IIe, IXe et Xe arrondissements. Le site L'Histoire (https://www.lhistoire.fr) en donne les raisons.

« Rue Jean-Jacques-Rousseau se trouvait la Poste centrale, d'où arrivaient les journaux étrangers, les correspondances et, à partir des années 1840, les dépêches télégraphiques. Par ailleurs le palais Brongniart, inauguré en 1826, devenait le centre d'une activité boursière croissante et demandeuse d'informations. En 1832 Charles Louis Havas installait logiquement son agence d'information rue Jean-Jacques-Rousseau (elle passera rue Notre-Dame-des-Victoires en 1875 puis place de la Bourse en 1896, où demeure aujourd'hui l'Agence France-Presse). En 1836 Émile de Girardin fixait les locaux de La Presse, titre emblématique de la nouvelle presse, pleine d'annonces et de romans-feuilletons, rue Saint-Georges. Vers 1880 ce serait au tour des « centraux » téléphoniques de s'installer avenue de l'Opéra, cependant qu'on reconstruisait les grands bâtiments de la Poste centrale (inaugurée en 1888).

Pour la même raison, le quartier permettait de diffuser aisément les exemplaires. De la Poste centrale partaient les abonnements en direction de la province. Les grands dépôts des messageries Hachette s'installèrent rue Paul-Long et rue d'Hauteville, entre Le Petit Parisien et Le Petit Journal, avant d'être rassemblés dans un vaste ensemble rue Réaumur (où les *Nouvelles Messageries* de la presse parisienne demeurèrent ensuite, de 1947 à 1996).

Le quartier se présentait donc comme le centre de traitement d'informations dont on voulait croire qu'elles provenaient du monde entier. Prétention bizarre, cela dit : longtemps, les journaux donnèrent le sentiment de ne parler que de Paris. La première page alternait des éditoriaux que l'on appelait alors des « Premiers-Paris » et des chroniques nommées « Courrier de Paris » – pour ne rien dire des romans-feuilletons, dont le plus fameux, dû à Eugène Sue et publié dans « Le Journal des débats », s'intitulait « Les Mystères de Paris ». Il était presque normal que les quotidiens les plus vendus en province s'appellent Le Petit Parisien et Paris-Soir.

« Presse : Paris, centre français du monde », *lhistoire.fr*, 30 septembre 2021

Pistes de réponse

Les sièges des journaux ont déménagé sur la rive droite de la ville car c'est là que se trouvait la Poste centrale où arrivaient les dépêches télégraphiques permettant aux journalistes d'avoir accès aux informations. Par ailleurs, c'est de la Poste que partent les abonnements aux journaux. Enfin, c'est sur la rive droite que se trouve la Bourse, le Palais Brongniart, « centre d'une activité boursière croissante et demandeuse d'informations ».

Au début du XXe siècle, la presse se regroupe dans le quartier des Grands Boulevards à proximité des **théâtres**, des **cafés**, des **restaurants** et des « **maisons closes** ». Cet emplacement permet à la presse d'être lue dans des lieux très variés. Ainsi *L'Illustration* se trouve rue Saint-Georges, *Le Figaro* et *Le Gaulois*, rue Drouot, *L'Aurore*, rue Montmartre. Les grands quotidiens régionaux ont, eux aussi, leurs bureaux de représentation dans ce quartier. Les sièges de ces titres se trouvent dans des immeubles somptueux manifestant ainsi leur puissance. À la veille de la Première Guerre mondiale, 9 millions d'exemplaires quotidiens sont imprimés. Des hommes-sandwich et des véhicules parcourent les rues pour faire connaître les titres des journaux. Une centaine d'imprimeries sont également présentes dans le quartier.
Mais dans les années 1930-1940, la presse quitte ce quartier de la rive droite et les imprimeries se déplacent en banlieue.

La radio et la télévision

Les sièges des radios françaises sont répartis dans différents endroits en France mais restent concentrés à Paris ou en région parisienne. Voici quelques exemples :

- Radio France (France Inter, France Info, France Culture, France Musique, FIP, Mouv') a son siège social dans le XVIe arrondissement ;
- Europe 1 a son siège social dans le XVe arrondissement ;
- Radio Nova a son siège social dans le XIe arrondissement ;
- RMC a son siège social dans le VIIIe arrondissement.

Les sièges des chaînes de télévision françaises sont également situés principalement à Paris et dans sa région :

- France 2 et France 3 ont leur siège au 7, Esplanade Henri de France dans le XVe arrondissement ;
- Canal+, M6, Arte se trouvent tous les trois dans les Hauts-de-Seine.

La proximité des mondes politique et médiatique (proximité géographique, sociale, parfois familiale et affective) a des conséquences notables sur la façon dont la capitale peut être perçue. En effet, les médias participent activement à la production de nombreux discours sur Paris capitale. La ville est alors non seulement le lieu de l'économie médiatique, mais elle devient aussi son objet : les journaux publient en effet des textes concernant la ville et ses habitants, s'attachant à produire des représentations et des imaginaires parisiens.

Cette proximité est encore renforcée depuis les années 2015 lorsque des **incubateurs de start-ups** se fixent à Paris. Ainsi, *Le Cargo*, créé en 2016 est-il consacré aux contenus numériques et aux industries créatives ; *Station F.* est créée en 2017 à l'initiative de Xavier Niel comme « un programme d'accueil des jeunes désirant devenir entrepreneurs, pour les former gratuitement pendant un an ». Se croisent dans ces lieux des entrepreneurs, des chercheurs, des artistes, des acteurs sociaux et tous ceux qui participent aux contenus numériques culturels parisiens et internationaux.

Comme le remarque Sophie Corbillé dans *Paris, capitale médiatique* (2022) :

> Depuis la fin du XXe siècle, le capitalisme médiatique connaît de profondes mutations, et c'est tout un nouveau mouvement de concentration qui se met en place, dans lequel les acteurs du journalisme retrouvent une place, mais bien plus marginale. [...] il suffit de parcourir certaines rues parisiennes pour se rendre compte que la présence des entreprises médiatiques continue à définir l'ambiance des quartiers de la capitale, notamment aux heures du déjeuner et le soir après la journée de travail, à travers des manières spécifiques de se rencontrer et de travailler, mais aussi des façons particulières de (se) parler ou

de s'habiller. Station F propose même des espaces de sociabilité qui ambitionnent de se hisser parmi les hauts-lieux parisiens, faisant rayonner la renommée du lieu au- delà des frontières du « campus de start-up18 » : un « huge food market » – le plus grand « food hall » de France apprend-on –, au nom prometteur de « Felicita » (l'initiale F est inévitable), a en effet ouvert dans l'ancienne Halle Freyssinet.

Sophie Corbillé, Emmanuelle Fantin et Adeline Wrona, *Paris, capitale médiatique - Ville et Presse au XIXe siècle*, 2022, Presses Universitaires de Vincennes.

THÈME 2

La concentration des médias à Paris et leur proximité avec le pouvoir politique choquait déjà l'écrivaine George Sand qui s'inquiètait, dans les années 1840, de l'expression démocratique. Elle a d'ailleurs créé à La Châtre (dans l'Indre) un journal hebdomadaire, *L'Éclaireur de l'Indre*, quelques années avant la révolution de 1848. Elle entendait « relever l'esprit public de province, et le mettre sur un pied, non de rivalité, mais d'égalité de celui de la métropole », ce qui était un « besoin vivement senti par tous les véritables amis de la France ». Car « Paris ne joue plus », selon elle, « le rôle efficace par lequel la capitale devait féconder la civilisation, en organisant et en dirigeant le mouvement des provinces ». « Au lieu de faire refluer sans cesse la vie du centre aux extrémités, cette vaste et terrible capitale est devenue un gouffre où le sang se fige, où la richesse s'engloutit, où la vie se perd. » (Sophie Corbillé dans *Paris, capitale médiatique*, 2022)

···➝ Exploitation d'un document

Question : En quoi l'extrait suivant est-il une satire du journalisme au XIXe siècle ?

Walter, qui l'(Boisregard) appréciait cependant, avait souvent désiré un autre homme pour lui confier les Échos, qui sont, disait-il, la mœlle du journal. C'est par eux qu'on lance les nouvelles, qu'on fait courir les bruits, qu'on agit sur le public et sur la rente. Entre deux soirées mondaines, il faut savoir glisser, sans avoir l'air de rien, la chose importante, plutôt insinuée que dite. Il faut, par des sous-entendus, laisser deviner ce qu'on veut, démentir de telle sorte que la rumeur s'affirme, ou affirmer de telle manière que personne ne croie au fait annoncé. Il faut que, dans les échos, chacun trouve, chaque jour, une ligne au moins qui l'intéresse, afin que tout le monde les lise. [...] L'homme qui les dirige et qui commande au bataillon des reporters doit être toujours en éveil, et toujours en garde, méfiant, prévoyant, rusé, alerte et souple, armé de toutes les astuces et doué d'un flair infaillible pour découvrir la nouvelle fausse du premier coup d'œil, pour juger ce qui est bon à dire et bon à celer, pour deviner ce qui portera sur le public ; et il doit savoir le présenter de telle façon que l'effet en soit multiplié. [...].

Les inspirateurs et véritables rédacteurs de *La Vie française* étaient une demi-douzaine de députés intéressés dans toutes les spéculations que lançait ou que soutenait le directeur. On les nommait à la Chambre « la bande à Walter » et on les enviait parce qu'ils devaient gagner de l'argent avec lui et par lui. [...]. Forestier, rédacteur politique, n'était que l'homme de paille de ces hommes d'affaires ; l'exécuteur des intentions suggérées par eux. Ils lui soufflaient ses articles de fond qu'il allait toujours écrire chez lui « pour être tranquille », disait-il. Et *La Vie française* « naviguait sur les fonds et bas-fonds », manœuvrée par toutes ces mains différentes.

Guy de Maupassant, *Bel Ami*, 1885.

Pistes de réponse

Les « Echos » du journal sont présentés comme la rubrique essentielle du journal (« la moelle du journal »). Mais le narrateur souligne dès la ligne 3 qu'il s'agit de manipuler l'opinion : « on fait courir les bruits », « il faut laisser deviner ce qu'on veut ». Par ailleurs, le texte montre également la collusion entre les journalistes et les députés, « la bande à Walter », qui dictent à Forestier les articles importants, tirant ainsi des avantages.

Vers l'écriture personnelle

1. Cherchez les définitions du mot « province ». Dans quel sens le terme est-il employé dans l'article de *L'Express* ?

2. Dans la dernière phrase du texte suivant, à quelles « représentations mentales » le journaliste fait-il référence ? Partagez-vous son point de vue ?

Comme souvent, le vocabulaire utilisé est révélateur, ainsi que le note encore Claude Sicre, selon lequel le mot « province » est typiquement français. « Ni Naples, ni Trieste, ni Venise ne sont des villes provinciales en italien, ni Séville en espagnol (et Barcelone ?), ni San Francisco aux USA, ni Saint-Pétersbourg en Russie, ni ni ni ni. » Il en va tout autrement chez nous, où l'on a créé un fourre-tout indistinct. « En français, des gens aussi différents que les bergers basques, les industriels lyonnais, les infirmières vendéennes, les marins bretons, les avocates picardes et les peintres sétois peuvent être classés ensemble comme des «provinciaux» », ajoute Claude Sicre, qui s'en offusque : « Formidable pensée, qui réduit la pluralité à l'un. » Oh, bien sûr, depuis quelque temps, « province » a cédé la place à « régions » puis à « territoires ». Mais cela n'aura aucun effet tant que les représentations mentales n'auront pas changé.

Michel Feltin-Palas, « Reportages, vision de la "province"… Quand les médias versent dans le parisianisme », ***L'Express*****, 19 août 2021.**

Chapitre 2
Pourquoi on « monte à Paris » ? Pour y faire quoi ?

L'expression « Monter à Paris » est liée à l'histoire de la société française. En effet, depuis le Moyen Âge, Paris a été considérée comme le centre de tous les pouvoirs. Se rendre à Paris a donc souvent été associé à la recherche d'une réussite sociale et d'une vie plus intense, plus riche.

1. La Sorbonne lieu mythique

Au XIIe siècle, les premières écoles sont créées sur l'île de la Cité, sous le contrôle de l'évêque. Mais l'augmentation du nombre d'étudiants et la volonté d'échapper au contrôle de l'Église poussent les clercs et les étudiants, dès le milieu du XIIe siècle, vers la rive gauche, du côté de la Montagne-Sainte-Geneviève alors peu peuplée. Au début, l'enseignement se fait en plein air ou dans des maisons particulières autour de la place Maubert, rue Galande. À cette époque, l'université confirme son autonomie et, en 1253, **Robert de Sorbon** fonde un collège qui deviendra, en 1257, la Sorbonne. Durant le Moyen Âge, l'université de Paris devient le plus grand centre culturel et scientifique européen, attirant 20 000 étudiants.

La Sorbonne connaît des transformations et parfois des errements critiqués, notamment par Rabelais :

> « François Rabelais, comme l'ensemble des humanistes du début du siècle est très hostile à la Sorbonne qui concrétise tous les errements du passé en ce qui concerne la rigidité de pensée et une méthode d'enseignement qu'il juge obsolète. Il qualifie les vénérables docteurs en théologie de « sorbonicoles » et leurs coutumes pédagogiques de « sorbonagres » ; plus tard dans les éditions de *Gargantua* et de *Pantagruel* parues en 1542, il remplace ces adjectifs virulents par le terme générique de *sophistes* ou *sophisme*. Car Rabelais, comme Montaigne à la génération suivante, s'élève contre une éducation qui ne laisse aucune place à la liberté de pensée, qui fait de l'élève ou de l'étudiant un être soumis à l'autorité, peu apte à réfléchir par lui-même. Le vice majeur de ce système ancien réside dans le « par cœur » ; en effet, les maîtres anciens et pas seulement ceux de la Sorbonne font apprendre un fatras indigeste que l'on doit pouvoir réci-

ter aussi bien à l'endroit qu'à l'envers ; les deux écrivains se rejoignent sur ce point ; savoir par cœur n'est pas savoir, affirme Montaigne, c'est tenir ce qu'on donne en garde à sa mémoire.

Janine Garrisson, « À la Sorbonne, l'imagination n'a plus le pouvoir», *Historia* n°681, septembre 2003.

THÈME 2

Par la suite, la Sorbonne s'émancipe progressivement des pouvoirs religieux et politique.

Le saviez-vous ?

Au XVIIe siècle, des auteurs appellent l'université le « pays latin », en raison de l'usage intensif du latin dans l'enseignement de l'époque. Le **Quartier latin** désigne alors le quartier où se trouve la Sorbonne, dans le Ve arrondissement de Paris.

La croissance économique reprend après la Seconde Guerre mondiale et le nombre d'étudiants atteint 61 400 en 1965 (il y en a 55 000 aujourd'hui). La démocratisation de l'enseignement supérieur rend alors obsolètes des structures d'enseignement et d'accueil qu'il faut désormais adapter aux exigences de la massification.

En **mai 1968**, la contestation éclate au Quartier latin. Les barricades et les slogans comme « Il est interdit d'interdire », « Sous les pavés la plage » ou « Soyez réaliste, demandez l'impossible » deviennent le symbole international de la contestation étudiante en France. La Sorbonne est occupée, et draine un public très divers attiré par ce forum ouvert aux débats enflammés. Elle est évacuée de façon définitive le 16 juin.

Dans les années 70, le rayonnement intellectuel de Paris s'impose les **universités de Nanterre et de Vincennes**, grâce à de grands noms de la philosophie et des sciences sociales ou par le Collège de France, que par La Sorbonne.

Par ailleurs, Paris a longtemps été le **lieu d'implantation exclusif des grandes écoles d'enseignement supérieur et de recherche** (Science Po, Centrale, l'ENS ou l'INALCO) pour rapprocher les futurs dirigeants des tenants du pouvoir. Mais il n'est pas nécessaire d'être à Paris pour faire des études supérieures reconnues. En effet, des écoles prestigieuses se trouvent ailleurs en France : l'École nationale de la magistrature (ENM) à Bordeaux, l'École supérieure de journalisme (ESJ) et Centrale à Lille, à Lyon et à Nantes ou encore l'université de technologie de Compiègne. Il existe également des formations universitaires de renom dans les universités Paul Sabatier à Toulouse, à Aix-Marseille ou à Bordeaux…

Mais le pouvoir d'attraction de Paris pour les jeunes adultes ne repose pas uniquement sur son université et ses grandes écoles. La ville offre par sa concentration de richesses et d'influences, par les rencontres que l'on peut y faire, de nombreuses opportunités à saisir pour tous ceux qui veulent réussir.

2. Haussmann et la transformation de Paris

La transformation de Paris avec les travaux du baron Haussmann au XIXe siècle, inspire les écrivains : la ville de Paris est centrale dans les romans de Balzac, Maupassant et Zola. Dans le roman réaliste et naturaliste, **le personnage de l'ambitieux est devenu un personnage-type incarnant le désir d'ascension sociale** d'une jeunesse qui vient souvent de province et aspire au pouvoir, à la richesse et surtout à la reconnaissance.

Vers la synthèse de documents

1. Lisez les trois textes suivants.

2. Expliquez, en vous appuyant sur les textes, quel regard chacun des trois personnages porte sur Paris et les Parisiens ?

Texte 1

Deux mois avant la mort d'Angèle, il l'avait menée, un dimanche, aux buttes Montmartre. La pauvre femme adorait manger au restaurant ; elle était heureuse, lorsque, après une longue promenade, il l'attablait dans quelque cabaret de la banlieue. Ce jour-là, ils dînèrent au sommet des buttes, dans un restaurant dont les fenêtres s'ouvraient sur Paris, sur cet océan de maisons aux toits bleuâtres, pareils à des flots pressés emplissant l'immense horizon. Leur table était placée devant une des fenêtres. Ce spectacle des toits de Paris égaya Saccard. Au dessert, il fit apporter une bouteille de bourgogne.

Il souriait à l'espace, il était d'une galanterie inusitée. Et ses regards, amoureusement, redescendaient toujours sur cette mer vivante et pullulante, d'où sortait la voix profonde des foules. On était à l'automne ; la ville, sous le grand ciel pâle, s'alanguissait, d'un gris doux et tendre, piqué çà et là de verdures sombres, qui ressemblaient à de larges feuilles de nénuphars nageant sur un lac ; le soleil se couchait dans un nuage rouge, et, tandis que les fonds s'emplissaient d'une brume légère, une poussière d'or, une rosée d'or tombait sur la rive droite de la ville, du côté de la Madeleine et des Tuileries. C'était comme le coin enchanté d'une cité des Mille et une Nuits, aux arbres d'émeraude, aux toits de saphir, aux girouettes de rubis. Il vint un moment où le rayon qui glissait entre deux nuages fut si resplendissant, que les maisons semblèrent flamber et se fondre comme un lingot d'or dans un creuset.

Émile Zola, *La Curée*, 1871.

Pistes de réponse

Le mot « spectacle » et le fait que Saccard « souriait » « amoureusement » et s'« égaya » soulignent que le personnage jouit d'être « au sommet des buttes, dans un restaurant dont les fenêtres s'ouvraient sur Paris ». Il domine Paris et ses habitants « cette mer vivante et pullulante, d'où sortait la voix profonde des foules ». La description de la ville, à travers le regard du personnage, repose sur des métaphores qui évoquent des métaux précieux. Zola associe les deux champs lexicaux : « arbres »/« émeraude » ; « toits »/« saphirs » ; « girouettes »/« rubis ». Enfin le rayon de soleil « si resplendissant, que les maisons semblèrent flamber et se fondre comme un lingot d'or » accentue de nouveau cette présence de la richesse et de l'argent. Toutes ces références montrent que pour Saccard, Paris est une source de richesses inépuisables.

Texte 2

Ce texte se situe à la fin du roman Bel Ami, *quand Georges Duroy, surnommé Bel-Ami, épouse Suzanne Walter, fille de l'homme le plus riche de Paris, à l'église de la Madeleine. Personnage ambitieux, sans fortune au début du roman, il va, par ses conquêtes féminines et sa conduite sans scrupule, se hisser dans la société bourgeoise parisienne.*

Bel-Ami, à genoux à côté de Suzanne, avait baissé le front. Il se sentait en ce moment presque croyant, presque religieux, plein de reconnaissance pour la divinité qui l'avait ainsi favorisé, qui le traitait avec ces égards. Et sans savoir au juste à qui il s'adressait, il la remerciait de son succès.

Lorsque l'office fut terminé, il se redressa, et donnant le bras à sa femme, il passa dans la sacristie. Alors commença l'interminable défilé des assistants. Georges, affolé de joie, se croyait un roi qu'un peuple venait acclamer. Il serrait des mains, balbutiait des mots qui ne signifiaient rien, saluait, répondait aux compliments : « Vous êtes bien aimable. »

[...]

La foule coulait devant lui comme un fleuve. Enfin elle s'éclaircit. Les derniers assistants partirent.

Georges reprit le bras de Suzanne pour retraverser l'église.

Elle était pleine de monde, car chacun avait regagné sa place, afin de les voir passer ensemble. Il allait lentement, d'un pas calme, la tête haute, les yeux fixés sur la grande baie ensoleillée de la porte. Il sentait sur sa peau courir de longs frissons, ces frissons froids que donnent les immenses bonheurs. Il ne voyait personne. Il ne pensait qu'à lui.

Lorsqu'il parvint sur le seuil, il aperçut la foule amassée, une foule noire, bruissante, venue là pour lui, pour lui Georges Du Roy. Le peuple de Paris le contemplait et l'enviait. Puis, relevant les yeux, il découvrit là-bas, derrière la place de la Concorde, la Chambre des députés. Et il lui sembla qu'il allait faire un bond du portique de la Madeleine au portique du Palais-Bourbon.

Guy de Maupassant, *Bel-Ami*, 1885.

Pistes de réponse

Bel-Ami est décrit comme « un roi » et « la foule », en nombre puisqu'elle « coulait devant lui comme un fleuve », vient pour l'acclamer. Quand il traverse l'église avec celle qui est devenue sa femme, « il allait lentement, d'un pas calme, la tête haute », comme pour prendre le temps de savourer cette victoire, son appartenance maintenant à cette société bourgeoise que le peuple « envie ». Et c'est la Chambre des députés, de l'autre côté de la Seine, qui l'attend à la sortie de la Madeleine. L'ambition politique est donc ce qui porte Bel-Ami et Paris lui donnera cette satisfaction.

Texte 3

Balzac dans La Comédie humaine, *et plus particulièrement dans la partie Tableaux parisiens, brosse un tableau de la société française et plus particulièrement de la haute société.*
Dans Illusions perdues, *Lucien quitte la ville d'Angoulême en compagnie de sa protectrice, Madame de Bargeton, pour aller chercher à Paris la gloire littéraire. Il y perdra vite ses illusions, comme ici, lors de sa première sortie au théâtre.*

Le plaisir qu'éprouvait Lucien, en voyant pour la première fois le spectacle à Paris, compensa le déplaisir que lui causaient ses confusions. Cette soirée fut remarquable par la répudiation secrète d'une grande quantité de ses idées sur la vie de province. Le cercle s'élargissait, la société prenait d'autres proportions. Le voisinage de plusieurs jolies Parisiennes si élégamment, si fraîchement mises, lui fit remarquer la vieillerie de la toilette de madame de Bargeton, quoiqu'elle fût passablement ambitieuse : ni les étoffes, ni les façons, ni les couleurs n'étaient de mode. La coiffure qui le séduisait tant à Angoulême lui parut d'un goût affreux comparée aux délicates inventions par lesquelles se recommandait chaque femme. — Va-t-elle rester comme ça ? se dit-il, sans savoir que la journée avait été employée à préparer une transformation. En province il n'y a ni choix ni comparaison à faire : l'habitude de voir les physionomies leur donne une beauté conventionnelle. Transportée à Paris, une femme qui passe pour jolie en province, n'obtient pas la moindre attention, car elle n'est belle que par l'application du proverbe : *Dans le royaume des aveugles, les borgnes sont rois.* Les yeux de Lucien faisaient la comparaison que madame de Bargeton avait faite la veille entre lui et Châtelet. De son côté, madame de Bargeton se permettait d'étranges réflexions sur son amant. Malgré son étrange beauté, le pauvre poète n'avait point de tournure. Sa redingote dont les manches étaient trop courtes, ses méchants gants de province, son gilet étriqué, le rendaient prodigieusement ridicule auprès des jeunes gens du balcon : madame de Bargeton lui trouvait un air piteux.

Honoré de Balzac, *Illusions perdues*, deuxième partie, 1836-1843.

Pistes de réponse

Le jugement de Lucien et de madame de Bargeton change en arrivant à Paris. Lucien, s'il est heureux d'être à Paris, prend conscience de la beauté et de l'élégance des Parisiennes auprès desquelles Mme de Bargeton semble démodée (« la vieillerie de la toilette »). De même, Mme de Bargeton pense que Lucien, ce « pauvre » poète, n'avait point de « tournure » comparé aux jeunes du balcon. Elle le trouve ridicule, mal habillé ce que soulignent les adjectifs dévalorisants dans la description de ses habits : ses « manches trop courtes », il porte « ses méchants gants de province » et un « gilet étriqué ».

3. Et aujourd'hui, pourquoi va-t-on à Paris ? Y reste-t-on ?

Comme on l'a vu la centralisation des pouvoirs à Paris a entraîné une concentration des universités dans la capitale. Ainsi, dans le journal en ligne *Slate*, le sociologue Benoît Coquard affirme que « Paris, capitale d'un État centralisé, concentre les établissements d'enseignement supérieur. Il y a de fait une interdépendance entre villes et campagnes, ce qui fait que les campagnes se vident en raison de la polarisation des activités dans les grandes villes ».

Aujourd'hui encore les jeunes bacheliers qui vivent à la campagne, vont faire des études dans les grandes villes et c'est Paris qui, par la grande diversité des cursus proposés, attire le plus d'étudiants. Par ailleurs, la ville abrite des bibliothèques gratuites, des centres de recherche, des musées, permettant aux étudiants d'accéder facilement à des ressources. Enfin, Paris est un centre économique qui offre des possibilités pour trouver des stages, un emploi à temps partiel ou un « job ».

Étudier à Paris, c'est également participer à une vie dynamique, côtoyer des milieux très variés et adopter un mode de vie plus libre, à la fois ancré dans certains quartiers de la ville et proche des standards internationaux des grandes capitales.

Il est toujours vrai que Paris, concentration d'élitisme, d'influences et de pouvoirs, peut paraître par le brassage des milieux, le meilleur endroit pour se constituer un capital relationnel et des réseaux pour réussir dans les domaines des media, du divertissement, de la culture, du commerce ou de la finance par exemple ou servir de point de départ prestigieux pour une carrière internationale.

Mais, comme le dit l'écrivain Nicolas Mathieu, cette attractivité repose également sur des représentations, « des mythologies », et la réalité peut être brutale :

« Dans l'idée du départ, se jouent tout de même des mythologies très fortes. Aller à la ville, monter à Paris, trouver l'Eldorado. L'herbe est toujours plus verte ailleurs. Qu'on soit diplômé ou pas, avec une bonne réputation ou des casseroles qu'on souhaite oublier, cette tentation existe. Seulement, partir c'est presque toujours découvrir qu'on s'est fait des idées sur sa destination. Alors il se peut qu'on revienne, la queue entre les jambes ou en enfant prodige, ça dépend. C'est un peu ce qui m'est arrivé, à titre personnel. J'ai passé 15 ans à Paris, puis un enfant, une séparation, la vie est devenue très compliquée, très inconfortable. Le retour a été pour moi une manière de faire fructifier facilement en province des capitaux que j'avais acquis à Paris. Et la vie était infiniment plus facile à Nancy qu'à Paris. Moins coûteuse, moins stressante, moins chronophage. Mais je ne suis pas rentré à la campagne, où je n'ai d'ailleurs jamais vécu. Mon exemple ne recoupe donc pas forcément la situation des jeunes dont nous parlons. »

Benoît Coquard et Nicolas Mathieu, Entretien « Il n'y a pas un ensemble cohérent qui pourrait s'appeler France périphérique et les jeunes ruraux ne constituent pas un groupe homogène », cdn Réseau Canopé.

Si une partie de la jeunesse française qui vit en région, vient à Paris pour y faire des études ou trouver un premier emploi, nombreux repartent dans d'autres métropoles françaises dès que possible. « Paris est le moteur des mouvements migratoires interrégionaux » (*Le 1*, Entretien avec Philippe Estèbe, géographe, 8/1/2020).

Vers l'écriture personnelle

Pourquoi emploie-t-on l'expression « Monter à Paris » ? Vous répondrez à cette question après avoir visionné le film de *Karambolage* sur Arte (2'17")

Regardez e film.
liennathan.fr/xc538p

Chapitre 3
Tous les habitants de Paris sont-ils égaux ?

Paris a toujours abrité une population diversifiée. D'abord composée de personnes de différents milieux socio-économiques, elle a accueilli depuis le XXe siècle, des populations d'origine culturelle et ethnique variées. Mais les Parisiens n'ont pas tous le même mode de vie ni les mêmes avantages en terme de logement, d'accès à l'éducation, à la culture… Par ailleurs, alors que les actifs à Paris étaient en majorité des employés et des ouvriers jusqu'en 1975, en 1999 ces deux catégories socio-professionnelles sont devenues minoritaires au profit des classes moyennes et supérieures.
Quelles sont les causes de ce déséquilibre et de ces inégalités ?

1. La transformation des quartiers

a. La pauvreté à Paris sous l'Ancien Régime

Sous l'Ancien Régime, Paris compte entre 500 000 et 600 000 habitants. La ville est le centre des pouvoirs économique, juridique et religieux (depuis 1682, le pouvoir politique est à Versailles) et un grand nombre d'aristocrates et de hauts dignitaires de l'Église y vivent dans le luxe. Mais on trouve également à Paris des femmes et des hommes exerçant des métiers très mal rémunérés et vivant modestement, voire dans la misère. Au XVIIIe siècle, les inégalités s'accroissent, les pauvres et les mendiants sont de plus en plus nombreux, et leur présence est mal tolérée par les plus riches.

Dans *Tableau de Paris*, tome III (1781), Louis-Sébastien Mercier décrit l'état de misère dans lequel vivent les Parisiens les plus pauvres.

> « L'oppression des riches va toujours en écrasant la partie la plus malheureuse. On a traité les pauvres avec une atrocité, une barbarie, qui seront une tâche ineffaçable à un siècle qu'on appelle humain et éclairé. On eût dit qu'on voulait détruire la race entière, tant on mit en oubli les préceptes de charité. Ils moururent presque tous dans les dépôts, espèce de prisons où l'indigence est punie comme le crime. […] Ceux qui travaillent de leurs bras ne sont pas assez payés, vu la difficulté de vivre dans la capitale : ce qui précipite la honteuse mendicité des hommes las de tourmenter leur existence presque infructueusement. […] Le Parisien pauvre, courbé sous le poids éternel des fatigues et des travaux, élevant, bâtissant, forgeant, plongé dans les carrières, perché sur les toits, voiturant des fardeaux énormes, abandonné

à la merci de tous les hommes puissants, et écrasé comme un insecte dès qu'il veut élever la voix, ne gagne avec peine et à la sueur de son front une chétive subsistance.

b. Paris s'est structurée par une opposition entre l'Ouest riche et l'Est pauvre.

Au cours de la première moitié du XIXe siècle, la ségrégation entre les Parisiens fortunés qui vivent à l'Ouest de la ville et ceux qui vivent à l'Est s'accentue. L'**Est** de Paris et le centre historique sont abandonnés aux pauvres et aux ouvriers ; les habitants du Quartier latin, quant à eux, vivent dans la plus grande misère. À l'**Ouest**, habitent les Parisiens les plus riches et s'installent les commerces les plus rentables. Cette opposition entre classes aisées et classes populaires s'accentue avec l'industrialisation de la ville.
À la fin du XIXe siècle, **le luxe s'étale davantage dans les quartiers de l'Ouest** moins denses et dotés de parcs urbains. Le parc Monceau, le bois de Boulogne ou encore les Champs-Élysées sont alors fréquentés par les aristocrates et les grands bourgeois qui vivent dans des hôtels particuliers spacieux agrémentés de parcs ou de jardins. Les bourgeois aisés, les commerçants du luxe ou les professions libérales (médecins, notaires, avocats...) occupent des appartements confortables dans les immeubles haussmanniens des grandes avenues. **Les classes populaires**, quant à elles, habitent dans des **conditions très précaires, voire misérables, dans les zones dégradées du centre médiéval** aux ruelles sombres et sales ou dans les faubourgs périphériques. La spéculation immobilière (comme Zola le montre dans son roman *La Curée)* s'accompagne de la multiplication des logements insalubres.

Au XIXe siècle, les écrivains décrivent cette réalité sociale. Ainsi Zola dans *L'Assommoir* (1877) raconte-t-il la grandeur puis la déchéance de Gervaise Macquart, blanchisseuse dans le quartier de la Goutte-d'Or à Paris.

Gervaise et son mari, Coupeau , habitent désormais sous les toits, le « coin des pouilleux », lieu de relégation sociale.

Le premier hiver, ils firent encore du feu quelquefois, se pelotonnant autour du poêle, aimant mieux avoir chaud que de manger ; le second hiver, le poêle ne se dérouilla seulement pas, il glaçait la pièce de sa mine lugubre de borne de fonte. Et ce qui leur cassait les jambes, ce qui les exterminait, c'était par-dessus tout de payer leur terme. Oh ! le terme de janvier, quand il n'y avait pas un radis à la maison et que le père Boche présentait la quittance ! Ça soufflait davantage de froid, une tempête du Nord. M. Marescot arrivait, le samedi suivant, couvert d'un bon paletot, ses grandes pattes fourrées dans des gants de laine ; et il avait toujours le mot d'expulsion à la bouche, pendant que la neige tombait dehors, comme si elle leur préparait un lit sur le trottoir, avec des draps blancs. Pour payer le terme, ils auraient vendu de leur chair. C'était le terme qui vidait le buffet et le poêle. Dans la maison entière, d'ailleurs, une lamentation montait. On pleurait à tous les étages, une musique de malheur ronflant le long de l'escalier et des corridors. Si chacun avait eu un mort chez lui, ça n'aurait pas produit un air d'orgues aussi abominable. Un vrai jour du jugement dernier, la fin des fins, la vie impossible, l'écrasement du pauvre monde.

Émile Zola, *L'Assommoir*, **1876.**

On peut comparer cet extrait de *L'Assommoir* avec un autre passage d'un roman de Zola, *La Curée* qui décrit, à l'inverse, un hôtel particulier. Cette maison luxueuse est le signe d'une très grande richesse.

Renée, revenant d'une promenade au Bois de Boulogne en calèche, rentre dans son hôtel particulier.

Un perron royal conduisait à une étroite terrasse qui régnait tout le long du rez-de-chaussée ; la rampe de cette terrasse, dans le style des grilles du parc Monceau, était encore plus chargée d'or que la marquise et les lanternes de la cour. Puis l'hôtel se dressait, ayant aux angles deux pavillons, deux sortes de tours engagées à demi dans le corps du bâtiment, et qui ménageaient à l'intérieur des pièces rondes. Au milieu, une autre tourelle, plus enfoncée, se renflait légèrement. Les fenêtres, hautes et minces pour les pavillons, espacées davantage et presque carrées sur les parties plates de la façade, avaient, au rez-de-chaussée, des balustrades de pierre, et des rampes de fer forgé et doré aux étages supérieurs. C'était un étalage, une profusion, un écrasement de richesses. L'hôtel disparaissait sous les sculptures. Autour des fenêtres, le long des corniches, couraient des enroulements de rameaux et de fleurs ; il y avait des balcons pareils à des corbeilles de verdure, que soutenaient de grandes femmes nues, les hanches tordues, les pointes des seins en avant ; puis, çà et là, étaient collés des écussons de fantaisie, des grappes, des roses, toutes les efflorescences possibles de la pierre et du marbre. À mesure que l'œil montait, l'hôtel fleurissait davantage.

Émile Zola, *La Curée*, **1871.**

2. Le phénomène de « gentrification »

La géographe Anne Clerval définit la **gentrification** comme « un embourgeoisement spécifique des quartiers populaires ».
D'après la géographe, le phénomène de « gentrification » a commencé avec les travaux d'Haussmann qui ont permis une valorisation du centre-ville, entraînant alors l'essor des logements bourgeois ainsi que l'émergence de la spéculation immobilière. Par ailleurs, la **désindustrialisation** de Paris, dès la fin du XIXe siècle, a provoqué le départ progressif des ouvriers amenant les classes moyennes à occuper les centres villes.
Certains quartiers populaires ont toutefois échappé à la rénovation haussmannienne et ont conservé leur physionomie urbaine, leurs habitats et leur population. Le « titi parisien » de Belleville, de Pigalle ou de Ménilmontant a fait partie de l'âme et de la poésie de Paris jusque dans les années 50.
La « gentrification » s'opère lorsque des personnes appartenant à des catégories intellectuellement favorisées, attirées à la fois par des prix de l'immobilier abordables mais également par le désir de cohabiter avec les habitants des quartiers populaires s'y installent. Cette tendance, qui s'est accentuée au cours de ces trente dernières années, concerne essentiellement des jeunes qui gagnent relativement bien leur vie. Ces personnes sont généralement marquées à gauche, et sont le plus souvent des intellectuels ou des artistes.
Dans les quartiers du faubourg Saint-Antoine, à Belleville ou à Ménilmontant, les anciens ateliers d'artisans ou d'artistes ont été transformés en lofts, comme cela a été le cas dans les grandes capitales comme New York ou Londres.
Ce phénomène a entraîné une spéculation immobilière qui, de fait, a chassé les populations les plus pauvres.
Sylvie Tissot, sociologue, constate le 12 décembre 2022 que le terme « gentrification » :

> « est devenu un terme négatif, un terme repoussoir. Après, certaines municipalités ou certains pouvoirs publics encouragent la gentrification tout en se défendant de le faire. Parce que c'est des politiques aussi qui vont consister à requalifier, à rénover des quartiers populaires, voire à attirer d'autres populations. Les populations dites créatives. N'en reste pas moins que cela renforce des inégalités, ne serait-ce que dans l'accès au logement, tout bonnement. »

Propos extraits de l'émission « Grand bien sous fasse »,
***France Inter*, 12 décembre 2022.**

3. Richesse et pauvreté à Paris aujourd'hui

a. Une pauvreté accrue

À Paris, richesse et pauvreté se côtoient. Depuis cinquante ans, on note un embourgeoisement de la ville, et 71% de la population est représentée par des professions intermédiaires et supérieures. Le pourcentage d'employés et d'ouvriers a chuté depuis les années 50 en raison de la désindustrialisation de Paris et de la spéculation immobilière qui a chassé les personnes les plus modestes vers la périphérie.

Aujourd'hui 207 000 personnes vivent avec moins de 940 euros par mois, dans l'une des villes les plus chères de France. Selon le dernier rapport sur la pauvreté publié mardi 6 décembre 2022, près de 10 % de la population à Paris vit sous le seuil de pauvreté. C'est l'un des départements français où le nombre de personnes pauvres est le plus élevé.

Toutefois, des écarts importants sont enregistrés d'un arrondissement à un autre. En effet, les arrondissements du nord-est concentrent un grand nombre de personnes pauvres. Là encore, la misère est concentrée : plus de 100 000 personnes vivent dans des quartiers où le taux de pauvreté dépasse les 30 %, selon les données 2019 de l'Insee.

Le XIXe est l'arrondissement le plus touché : près d'un quart de sa population (22 %), soit 39 000 personnes, est en situation de pauvreté avec moins de 1 100 euros par mois pour une personne seule. Il est suivi par le XVIIIe arrondissement qui affiche un taux de pauvreté de 21 %, avec 37 000 personnes vivant sous le seuil de pauvreté. Le XXe arrondissement (20 %) enregistre 38 000 personnes en difficulté.

···→ Exploitation d'un document

Questions : Lisez le texte et répondez aux questions.

1. D'après les deux sociologues, pourquoi le phénomène de la pauvreté est-il différent des autres capitales occidentales, à Paris ?

2. Comment s'organise la cohabitation entre riches et pauvres à Paris ?

Les sociologues Monique Pinçon-Charlot et Michel Pinçon dénoncent l'embourgeoisement et l'impact d'Airbnb ou Uber.

Concrètement qu'est-ce que cela change pour Paris ?

Les inégalités entre les plus riches et le reste de la population s'aggravent de manière abyssale. Le pouvoir d'achat des acteurs de la finance est devenu considérable et leur permet d'acheter les

THÈME 2

biens dès qu'ils sont mis en vente. Le phénomène est mondialisé à Paris, qui bénéficie d'un capital symbolique incroyable : tous les multimilliardaires de la planète veulent y avoir un pied-à-terre. Comme c'est une capitale très petite en superficie, il y a une spéculation immobilière énorme, qui majore le coût de l'immobilier. Les logements y sont devenus inaccessibles.

On constate le même phénomène dans d'autres métropoles occidentales. Qu'est-ce qui caractérise la capitale française ?

La singularité parisienne tient à ses poches de très grande pauvreté. Les espaces collectifs que sont la rue, le métro chauffé, les passages ou les centres d'hébergement abritent beaucoup de pauvres à Paris. Il y a plus de 10 000 personnes sans domicile. Un ménage sur vingt touche le RSA [revenu de solidarité active]. En 2015, le taux de pauvreté y était de 16,1 %.

Comment cette cohabitation entre très riches et très pauvres s'organise-t-elle ?

Il y a, à Paris, un phénomène spectaculaire qui s'apparente à une objectivation spatiale de la lutte des classes. On a, d'un côté, les beaux quartiers à l'ouest et, de l'autre, les quartiers les plus populaires à l'est et au nord. Cohabitent au sein même d'une surface très réduite les richesses les plus insondables et les pauvretés les plus atroces. Mais elles ne se mélangent pas. Une des conditions indispensables à la reproduction des inégalités, c'est que les riches vivent entre eux, dans un entre-soi qui doit être très pur. C'est le cas dans plusieurs arrondissements parisiens, comme le 7e, le 8e, une partie du 17e sud, le 16e, surtout au nord, où l'on voit une concentration de richesse. Qui se prolonge dans les villes limitrophes, comme Neuilly-sur-Seine, Meudon (Hauts-de-Seine) ou Saint-Germain-en-Laye (Yvelines).

Monique pinçon-Charlot et Michel Pinçon, « À Paris, les inégalités s'aggravent de manière abyssale », ***Le Monde*****, 29 janvier 2019.**

On l'a vu, aux XXe et XXIe siècles, les populations les plus pauvres et les émigrés ont souvent été repoussés vers la périphérie de Paris. Quand ils sont restés à Paris, ils ont été assignés à certains quartiers, souvent considérés comme peu attractifs car surpeuplés, bruyants et dangereux. C'est d'ailleurs dans ces quartiers que l'on a installé les salles de consommation de drogue qui visent à protéger l'espace public et à instaurer des consultations sanitaires.

b. Une mixité sociale

Pourtant, Paris reste **une ville assez mixte** et la gentrification participe de cette mixité sociale. En effet, une étude d'urbanisme de l'Insee Île-de-France et de l'Atelier parisien (Apur), citée par Eve Szeftel le 16 février 2023 dans *Libération*, remet en cause certaines représentations concernant la ou le manque de) mixité sociale à Paris. Le rapport « Mixité sociale et ségrégation dans la métropole du Grand Paris : état des lieux et tendances sur quinze ans » de 2004 à 2019 montre que, parmi les 131 communes de la Métropole du Grand Paris, « c'est à Paris que la part des habitants vivant dans les quartiers les plus mixtes est la plus importante en comparaison des onze établissements publics territoriaux (EPT). En effet, près de la moitié des Parisiens (48 %) résident dans un quartier considéré comme mixte. Ce sont dans les arrondissements de l'Est parisien (les Xe, XIe, XIIe, XIIIe, XVIIIe, XIXe et XXe arrondissements) que cette mixité est la plus forte. L'étude conforte la division territoriale au niveau du Grand Paris : les quartiers les plus pauvres se trouvent à l'est, les plus riches à l'ouest.

THÈME 2

SYNTHÈSE

Paris, comme de nombreuses capitales, est une ville attractive. En effet, elle est le siège des pouvoirs politique et économique ainsi que de nombreuses organisations internationales comme l'UNESCO et l'OCDE. En outre, la diversité des formations universitaires proposées attire des étudiants français mais également étrangers. Mais si la capitale continue d'attirer, les conditions de vie peuvent y être difficiles, en raison, notamment, du coût de la vie.

MOTS ET NOTIONS CLÉS :

Ville, capitale, Paris haussmanien, fortifications, Champs-Élysées, hôtel Matignon, palais Bourbon, palais de l'Élysée, Palais Royal.

Corrigé

Sujet d'écriture personnelle : Paris est-elle toujours une ville attractive ?

Paris a été une ville influente en Europe et dans le monde. Elle a longtemps attiré des personnes en quête de réussite, comme le montrent certains personnages des romans de Balzac. Paris est-elle toujours aussi attractive ? Pour répondre à cette question, nous verrons que, si la capitale française a conservé un pouvoir d'attraction indéniable, elle a perdu toutefois une partie de son influence.

I. Paris exerce un pouvoir d'attraction indéniable
1. Paris est un centre économique et technologique important en Europe.
Elle offre des opportunités d'emploi et de développement professionnel pour les travailleurs qualifiés.
Exemples : Paris est un centre d'innovation technologique (start-ups et entreprises technologiques) ; banques.
2. Paris propose des formations supérieures de qualité
Universités, grandes écoles et centres de recherche attirent les étudiants et les chercheurs, contribuant au dynamisme économique de la ville.
Exemples : École normale supérieure, École des chartes, École Boulle…

II. Mais Paris, malgré ses atouts, a perdu en influence
1. Des conditions de vie difficiles
Le coût élevé de la vie dans la capitale peut dissuader de s'y installer.
Exemples : ce coût rend difficile l'accès aux logements et à certains services. Les populations les plus modestes ont dû quitter la ville.
2. Paris est en perte de vitesse par rapport à d'autres capitales européennes
D'autres capitales ont émergé avec une économie dynamique et une attractivité très forte.
Exemples :
- alors que longtemps Paris a accueilli les artistes, les prix prohibitifs ont poussé ces deniers à s'installer dans d'autres cilles comme Berlin.
- Londres est souvent considérée comme la capitale économique de l'Europe en raison de sa place centrale dans les domaines de la finance, de l'assurance, de la technologie et du commerce international. Elle abrite de nombreuses entreprises multinationales et des institutions financières importantes.

Parce qu'elle est un centre économique, financier et de recherche important, Paris est restée une ville très attractive. Cependant, d'autres villes européennes comme Madrid, Munich, Dublin prennent de l'importance et attirent étudiant, entreprises et investisseurs.

Partie 2
Paris, une ville où il fait bon vivre ?

Sujet d'écriture personnelle

Peut-on s'épanouir dans une ville comme Paris ? Vous répondrez à cette question dans un écrit organisé.

Chapitre 1
Paris est une fête

Depuis le Moyen Âge se partagent à Paris des moments festifs ancrés dans des traditions populaires comme les **carnavals** (Carnaval de Paris ou Carnaval du bœuf gras, Carnaval des blanchisseuses), les **processions** et les **fêtes communautaires** (fête de Ganesh ou fête du nouvel an chinois avec son dragon et ses pétards destinés à faire fuir les mauvais esprits).

···→ Exploitation d'un document

Question : Pouvez-vous réécrire ce texte en français contemporain ? Quel est l'incident décrit ici ?

Carnaval de Paris sous Louis XVI : extraits du journal du libraire parisien Siméon-Prosper Hardy (1729-1806), dans lequel il relate ce qu'il voit durant le Carnaval de Paris. Son manuscrit s'intitule Mes Loisirs, ou Journal d'événemens tels qu'ils parviennent à ma connoissance.

[...] On ne laisse pas de voir au faux bourg Saint Antoine presque autant de Personnages déguisés que les années précédentes, ce qui Se répète tout comme à l'ordinaire les deux Jours Suivans. Un Particulier en sortant de diner d'une Maison de la rue Saint Antoine avec un ami et Son Epouse, S'etant trouvé tout à Coup comme investi par un Peloton de ces Extravagans qu'on nomme vulgairement Chianlis ; on lui Escamotte fort adroitement une Superbe Montre Enrichie de Diamans dont il avoit fait l'Emplette depuis peu de Jours moiennant Prix et Somme de douze Cent Livres.

Le **calendrier de la vie parisienne** est scandé tout au long de l'année par des événements festifs, ouverts à tous les publics comme les foires, les expositions des grands musées, les divertissements ou encore les événements culturels. La « rentrée » parisienne, avec l'annonce des programmes des théâtres et des musées pour l'année, se fait à l'automne, Paris s'étant vidé en été d'une par-

tie de ses habitants pour laisser place aux touristes. La crise sanitaire, les exigences écologiques et les aléas économiques ont pourtant fait varier cette constante de l'exode estival et les Parisiens occupent parcs, piscines, lieux éphémères ou recoins de la ville qui échappent au tourisme de masse.
Que l'on découvre la capitale ou que l'on y vive, Paris est une ville, où on aime se promener, flâner, regarder et être vu.

1. Le Palais Royal, un territoire des plaisirs

Construit par Richelieu en 1629, le **Palais Royal** abrite des jardins et un théâtre qui deviendra *La Comédie française*. Au XVIIIe siècle, les galeries, qui entourent le jardin, accueillent des cafés, des restaurants, des salles de jeu ainsi que cent quatre-vingts boutiques… Le Palais Royal devient un lieu à la mode, centre des plaisirs de la capitale, et ce jusque dans les années 1830.
Vers la fin du règne de Louis XVI, **les clubs**, foyers intellectuels et politiques de la Révolution, se multiplient dans les cafés et les restaurants du Palais Royal.
Les galeries de bois forment une sorte de hangar que Balzac décrit comme « un hangar impudique … plein de gazouillements et d'une gaité folle ». Sous les arcades, ce sont des maisons de jeu, avec, autour des tripots, des prêteurs sur gages. Les allées du jardin et les galeries ont été un véritable forum dont le prestige s'étendait à toute l'Europe.

Dans le roman de Balzac, *Illusion perdues*, le jeune Lucien de Rubempré, fraichement débarqué d'Angoulême, décide de se rendre au Palais Royal pour dîner :

> Il entra chez Véry, commanda pour s'initier aux plaisirs de Paris, un dîner qui le consolât de son désespoir […] Il savoura cette petite débauche en pensant à faire preuve d'esprit ce soir auprès de la marquise d'Espard […]. Il fut tiré de sa rêverie par le total de la carte qui lui enleva les cinquante francs avec lesquels il croyait aller fort loin dans Paris. Ce dîner coûtait un mois de son existence d'Angoulême.

L'interdiction des jeux en 1836 entraina le déclin de ce lieu à la mode.

> Les dandys, les badauds, les viveurs et les filles émigrèrent à quelques centaines de mètres de là, vers la nouvelle promenade enchantée, vers les Boulevards.
>
> **Émile Hazan**, *L'Invention de Paris*, 2002.

Les jardins du Palais Royal ont été réaménagés et les arcades ne sont plus guère fréquentées que par les touristes. Toutefois l'image de Paris reste associée aux plaisirs que sont les théâtres, les restaurants, les cafés et les jardins, lieux privilégiés pour les rencontres et la vie intellectuelle, artistique.

2. Les guinguettes et les cafés

a. Les guinguettes et les cafés-concerts sont, jusqu'à la Seconde Guerre mondiale, les lieux du divertissement par excellence. La guinguette la plus célèbre est celle du Moulin de la Galette qui fut représentée par Auguste Renoir. On vient y danser le dimanche, on y mange des galettes et le lieu attire la bohème ainsi que des bourgeois.
Cette guinguette se trouvait sur la butte Montmartre. Elle doit son nom à un moulin qui se trouve juste à côté. Ces guinguettes se développent avec l'essor des spectacles.

Pour enrichir l'écriture personnelle

Découvrez le tableau de Renoir
liennathan.fr/475uyb

b. Les cafés sont devenus partie intégrante de la culture et du mode de vie parisien et les premières « terrasses de café » voient le jour dans les jardins du Palais Royal, dès le XVIIIe siècle. Elles continuent de se développer avec l'apparition des trottoirs sur les boulevards.
Au XVIIe siècle, les rencontres entre intellectuels se faisaient dans les **salons littéraires** et avaient pour but de diffuser les idées nouvelles. Au XVIIIe siècle, les philosophes, s'ils continuent à fréquenter les salons, se retrouvent dans des **cafés littéraires** ouverts au public. On y parle politique, science, arts du spectacle, musique et philosophie. Ainsi Diderot et Buffon se retrouvent-ils au **café Procope**, sur la rive gauche.
Le café est un lieu de sociabilité où l'on parle librement. C'est ce que décrit Louis-Sébastien Mercier dans *Tableau de Paris* (1781).

> « On compte six à sept cents cafés ; c'est le refuge ordinaire des oisifs, et l'asyle des indigens. Ils s'y chauffent l'hiver pour épargner le bois chez eux. Dans quelques-uns de ces cafés, on tient bureau académique ; on y juge les auteurs, les pièces de théatre ; on y assigne leur rang et leur valeur ; et les poëtes qui vont débuter, y font ordinairement plus de bruit, ainsi que ceux qui, chassés de la carrière par les sifflets, deviennent ordinairement satiriques ; car le plus impitoyable des critiques est toujours un auteur méprisé.
> Les cabales pour ou contre les ouvrages s'y forment, et il y a des chefs de parti, qui ne laissent pas que de se rendre redoutables ; car ils vous déchirent un écrivain qu'ils n'aiment pas, du matin

au soir : souvent ils ne l'ont pas compris, mais ils déclament toujours ; et il faut que la réputation littéraire essuie paisiblement toutes ces bourrasques.

Dans le plus grand nombre des cafés, le bavardage est encore plus ennuyeux : il roule incessamment sur la gazette. La crédulité parisienne n'a point de bornes en ce genre ; elle gobe tout ce qu'on lui présente ; et mille fois abusée, elle retourne au pamphlet ministériel.

Ne pourrait-on dire que rien n'a changé aujourd'hui ?

Ce café, le plus ancien de Paris, est devenu aujourd'hui un restaurant plein « de cachet et d'histoire » où l'on se rend surtout pour son décor.

Au XXe siècle, le café de quartier ou le **bistrot** du coin, avec ses habitués et ses rituels, était un lieu populaire, fréquenté par un public où se mêlaient ouvriers, employés et étudiants. De nos jours, le nombre de cafés a diminué. On comptait en effet presque 2 000 cafés à Paris en 2000, contre 1 400 aujourd'hui. Cette diminution s'explique par l'ouverture de lieux de restauration rapide, par l'implantation de certaines chaînes aux normes internationales mais également par un changement de clientèle dû au départ des classes modestes et moyennes pour qui la vie est devenue trop chère dans la capitale. On peut cependant encore sentir les atmosphères différentes des cafés parisiens selon leur quartier. Mais aujourd'hui, il s'agit souvent de lieux branchés qui, restaurés en reprenant la décoration des cafés anciens, pratiquent des prix élevés. Malgré cela les terrasses de cafés sont toujours très fréquentées et demeurent des lieux très vivants de la vie urbaine, notamment dans certains quartiers du centre, avec une clientèle différente selon les heures de la journée.

3. L'art de la table

La gastronomie fait partie intégrante de l'identité de Paris comme le montre l'exposition : « Paris se met à table à la Conciergerie ».

« De banquets royaux en déjeuners de chefs d'État, de bouillons en brasseries, une exposition retrace huit siècles d'art culinaire à la française, du Moyen Âge à nos jours. Et souligne la place particulière de la capitale sur la scène mondiale [...]

Dans les esprits, la Conciergerie de Paris reste la dernière demeure de Marie-Antoinette avant la guillotine. Cette ancienne prison, qui a beaucoup souffert du déficit de visiteurs étrangers pendant la pandémie en 2020 et 2021, tente de faire évoluer son image en organisant des expositions capables de susciter l'intérêt des touristes de passage, mais aussi des spectateurs réguliers, donc plutôt parisiens. Comme en témoigne la nouvelle exposition qui vient d'ouvrir ses portes : « Paris, capitale de la gastronomie, du Moyen Âge à nos jours ». Derrière le titre fanfaron, il s'agit de **montrer le rôle pluriel de Paris, à la fois comme un creuset où la gastronomie s'est structurée et développée, mais aussi comme un lieu de pouvoir où la cuisine revêt des enjeux qui dépassent largement ceux du plaisir de la bonne chère.**

Elvire von Bardeleben, « Exposition : Paris se met à table à la Conciergerie », *Le Monde*, 13 avril 2023.

Si effectivement la gastronomie est une arme diplomatique, un art et un commerce entre tradition et renouvellement, et que s'invente à Paris la notion de « restaurant » tel qu'il existe, la réputation culinaire de la capitale trouve sa source dans les origines diversifiées de ses habitants. Avec la révolution industrielle et le développement du chemin de fer, des habitants de toutes les régions de France arrivent dans la capitale avec leurs spécialités culinaires. S'ouvrent alors de nombreux restaurants de spécialités régionales à côté des grands restaurants créés par des grands cuisiniers ou des aristocrates déchus. L'immigration en provenance d'Asie, d'Italie ou du Maghreb, et les effets de mode pour la « cuisine fusion » ont enrichi cette vaste proposition culinaire et gustative dont les Français en général sont très friands.

4. Paris et le spectacle vivant

Théâtre, opéra, comédie musicale, danse, toutes les formes de spectacles vivants rassemblent, au même moment et dans le même lieu, des artistes et un public. Paris a une longue tradition de spectacles populaires ou savants, et bénéficie d'un très grand nombre de salles privées ou subventionnées.

a. Le théâtre

Avec près de trois cents spectacles par semaine, cent trente salles et un choix de pièces très large, Paris est **une des capitales européennes du théâtre**. La **Comédie-Française** est le seul théâtre national en France disposant d'une troupe permanente de comédiens, la Troupe des Comédiens-Français. Molière est considéré comme le « patron » de l'institution, surnommée la « Maison de Molière ». Le fauteuil, dans lequel il entre en agonie lors d'une représentation du *Malade imaginaire*, est toujours exposé au fond de la galerie des bustes. Dès la seconde moitié du XVIIIe siècle, les théâtres du boulevard du Temple, la Gaieté, le Cirque olympique ou encore l'Ambigu comique attirent les foules. Au XIXe siècle, les théâtres, qui avaient été marginalisés, se retrouvent sur les Grands Boulevards. Le boulevard du Temple est rebaptisé « le **boulevard du crime** » car les mélodrames qui s'y jouent comportent forcément des scènes de meurtres qui donnent le grand frisson. Devant les théâtres, des « parades » proposant des extraits des spectacles, se jouent dans la rue pour mieux attirer les badauds.

Pour enrichir l'écriture personnelle

Regardez l'extrait du film et décrivez tous les spectacles de rue qui sont montrés.

L'intrigue du film de Marcel Carné, *Les Enfants du paradis* (1945), commence sur le « boulevard du crime ».
liennathan.fr/u6f3r7

À la fin du XIXe siècle, à la suite des travaux d'Haussmann, on construit de nouveaux édifices en lançant des concours sollicitant des projets innovants et prestigieux. Le magnifique Palais Garnier est inauguré en 1875, le théâtre du Châtelet et le théâtre de la Ville qui lui fait face, en 1862. L'Opéra Bastille, inauguré en 1989 à l'occasion des festivités du bicentenaire de la Révolution, constitue avec le Palais Garnier, l'Opéra de Paris. La mission de l'Opéra de Paris est de représenter des spectacles lyriques ou des ballets de haute qualité artistique. L'Opéra de Paris reçoit des artistes lyriques, chefs d'orchestres, musiciens ou chorégraphes de renom international. Par ailleurs, les hôtels de luxe comprennent dans leurs prestations des places à l'opéra.
Avec ses 2 745 places assises, la grande salle de l'Opéra Bastille est de nos jours l'une des plus importantes au monde en terme de capacité.

···→ Exploitation d'un document

Question : Quel regard le narrateur porte-t-il sur les spectateurs à l'Opéra ?

Le narrateur se rend à l'Opéra pour un gala.

Mais, dans les autres baignoires, presque partout, les blanches déités qui habitaient ces sombres séjours s'étaient réfugiées contre les parois obscures et restaient invisibles.

Cependant, au fur et à mesure que le spectacle s'avançait, leurs formes vaguement humaines se détachaient mollement l'une après l'autre des profondeurs de la nuit qu'elles tapissaient et, s'élevant vers le jour, laissaient émerger leurs corps demi-nus et venaient s'arrêter à la limite verticale et à la surface clair-obscur où leurs brillants visages apparaissaient derrière le déferlement rieur, écumeux et léger de leurs éventails de plumes, sous leurs chevelures de pourpre emmêlées de perles que semblait avoir courbées l'ondulation du flux ; après commençaient les fauteuils d'orchestre, le séjour des mortels à jamais séparé du sombre et transparent royaume auquel çà et là servaient de frontière, dans leur surface liquide et plane, les yeux limpides et réfléchissants des déesses des eaux. [...]. En deçà, au contraire, de la limite de leur domaine, les radieuses filles de la mer se retournaient à tout moment en souriant vers des tritons barbus pendus aux anfractuosités de l'abîme ou vers quelque demi-dieu aquatique ayant pour crâne un galet poli sur lequel le flot avait ramené une algue lisse et pour regard un disque en cristal de roche.

Marcel Proust, *Le Côté de Guermantes*, 1920.

Pistes de travail

Le narrateur suit la métaphore filée des animaux marins pour décrire avec humour et ironie la société aristocratique du début du XXe siècle. Les spectateurs vont à l'Opéra, moins pour assister à un spectacle que pour se faire voir.

Paris intramuros offre plus de 70 000 places réparties dans deux-cent-huit théâtres et cafés-théâtres. Le public parisien et francilien se déplace également pour aller dans des théâtres publics en périphérie comme à Bobigny, Créteil ou Nanterre. La Cartoucherie de Vincennes abrite plusieurs troupes dont Le Théâtre du Soleil qui a été créé et est dirigée par Ariane Mnouchkine.

ZOOM

Le CENTQUATRE-PARIS

Les anciens bâtiments des pompes funèbres de Paris dans le XIXe arrondissement ont été réhabilités en un lieu de création, en 2008. Le lieu accueille des spectacles, des expositions mais également des artistes en résidence. Le lieu est ouvert à tous les arts contemporains et propose une programmation à la fois populaire et exigeante. Le Centquatre est également un incubateur de start-ups.

ZOOM

Les colonnes Morris

La colonne Morris a été créé à Paris en 1868 mais on en trouve dans d'autres villes françaises. Il y en a 550 dans la capitale. Elles servent de support à la promotion des spectacles. En 2019, l'entreprise propriétaire les a remplacées par des colonnes assez semblables aux originales.

b. La scène musicale parisienne

La scène musicale à Paris est très riche : musique classique, jazz, rock, rap ou musique destinée au grand public, toutes les formes et inventions trouvent des lieux pour les recevoir à Paris, que ce soient des bars, des cafés, des clubs, des salles de concert ou de gigantesques scènes comme le Stade de France, l'Arena-Bercy ou La Défense-Arena à Nanterre. Depuis le XXIe siècle, des festivals de musique en plein air comme *Rock en Seine, Solidays* ou *We love green* rassemblent, chacun sur plusieurs jours, une programmation internationale et un public chaque année plus nombreux.

Les grands concerts sont conçus comme de grands spectacles qui jouent sur l'espace, le mouvement et les éclairages. Si la musique peut nous accompagner individuellement sous nos casques, il s'agit d'une expérience bien différente lors des concerts. Aussi nombreux se rendent à Paris pour assister à un concert dont les places ont été réservées des mois à l'avance car les tournées internationales ne comptent souvent qu'une seule date en France et ce sera à Paris.

ZOOM

Paris et le Jazz, une histoire d'amour

Paris a un lien privilégié avec le jazz et, pendant longtemps, Paris a été la capitale européenne du jazz. 1948 a été l'année du **premier Festival International de Jazz**, les Parisiens des années 1920 et 1930 ayant déjà adopté cette forme musicale dansante. À la fin de la guerre, les jeunes parisiens dansent le *be bop*. Les musiciens, artistes expatriés et d'avant-garde, se retrouvent dès l'après-guerre dans les caves de St-Germain-des-Près ou à Montmartre baptisée la « Harlem à Paris ». Les artistes afro-américains apprécient la ville et son public qui les reconnait comme des artistes et ne leur font subir aucun racisme. L'histoire d'amour, affichée, entre la chanteuse Juliette Gréco, égérie de l'existentialisme de St-Germain-des-Près, et de Miles Davis, l'un des plus grands musiciens de sa génération est emblématique.

4. Les cinémas

Paris offre la plus grande concentration mondiale de cinémas par habitant. Outre la programmation de la **Cinémathèque** et du **Forum des images** aux Halles, près de cinq cents films sont à l'affiche chaque semaine. Ils sont programmés aussi bien dans des petites salles du Quartier latin que dans d'immenses salles comme celles du Rex. Les façades et toitures du Rex, ainsi que la salle et son décor font l'objet d'une inscription au titre des monuments historiques. Ce cinéma peut accueillir plus de 2 700 personnes dans sa grande salle pour les films à grands spectacles.

Des sociétés de production, de distribution et de ventes internationales de films et d'exploitation de salles de cinémas, installent des multiplex dans différents quartiers de Paris pour des premières, des films récents et des événements culturels comme des conférences ou des diffusions de spectacles.

Chapitre 2
Paris, ville des badauds et de la flânerie

1. L'art des jardins à la française

Avec plus de quatre-cents parcs, jardins et squares, et quatorze cimetières arborés, Paris est la capitale la plus boisée d'Europe.
Au Moyen Âge, les remparts séparent nettement ville et campagne et, jusqu'au Second Empire, les Parisiens ont accès à peu d'espaces verts.
Le **Jardin des Plantes**, créé par Guy de La Brosse, le médecin de Louis XII en 1626, fut le premier jardin public. Le **Jardin des Tuileries** est créé au XVIIe siècle à proximité du Louvre, rive droite, et le **Jardin du Luxembourg** était une dépendance du château de Marie de Médicis. Tous deux, ainsi que les Jardins du Palais Royal, sont ouverts au public au XVIIIe siècle. Ces jardins à la française marquent l'identité de Paris et font partie des lieux de promenade favoris des citadins. C'est cependant sous le Second Empire que se dessine la physionomie actuelle des jardins parisiens.
La création d'espaces verts fut un aspect important de la politique d'aération de la ville et c'est un parti pris qui s'impose de nos jours avec le réchauffement climatique. En 1853, Napoléon III nomme la « Commission des embellissements de Paris ». Cette dernière est chargée de créer des parcs ou des squares à moins d'une demi-heure de marche, pour chaque Parisien. À la fin du règne de Napoléon III, des squares de quartiers sont créés ; le **parc du Ranelagh**, le **parc Monceau** et le **parc des Buttes-Chaumont** sont achevés tandis que le parc Montsouris est en cours d'aménagement.

George Sand écrit à propos des parcs parisiens dans le *Paris-Guide* (1867) :

> « Il y a entre le réel et le convenu, entre l'art et la nature, un milieu nécessaire à la jouissance sédentaire du grand nombre. Combien de pauvres citadins n'ont jamais vu et ne verront jamais les sites pittoresques de l'Espagne, de la Suisse et de l'Italie, et les enchantements de la perspective particulière aux grands accidents de la montagne et de la forêt, du lac et du torrent, qu'à travers les fictions de nos théâtres et de nos jardins ? Il est impossible de leur en présenter des spécimens réels ; il faut se borner à copier un détail, un recoin, un épisode. Je ne puis vous apporter l'Océan, contentez-vous d'un récif et d'une vague. »

Les autres grandes villes de France vont s'inspirer de Paris pour aménager des parcs en leur sein : le parc de la Tête d'or à Lyon, le parc du Thaboret à Rennes et le parc Borély à Marseille.

Par ailleurs d'anciens **cimetières** sont restés dans la ville, comme le Père Lachaise ou le cimetière Montparnasse qui sont des oasis de calme et de tranquillité mais aussi des lieux de visites et de pèlerinages auprès des personnes célèbres qui y sont enterrées. Ces deux cimetières font partie intégrante de la carte du Paris touristique mais aussi intime et poétique de la ville.

Pour enrichir l'écriture personnelle

1. Regardez le site de TV5 Monde et dites quel parc ou jardin vous préférez à Paris en le situant sur une carte : liennathan.fr/wjb487

2. Quelles sont les différences entre le « jardin à la française » et le jardin anglais ? Quel jardin préférez-vous ? Expliquez pourquoi.

2. La promenade

C'est avec l'urbanisme que naît la notion de promenade. À partir du XVIe siècle, la promenade est un **acte social** pour se montrer et pour observer.
Les Champs-Élysées sont dès le XVIIe siècle, alors que ce n'est encore qu'une allée plantée d'ormes, un lieu très en vogue.
En 1770, on y construit une rotonde qui comprend six salles de danse, des boutiques de mode et de bijoux, des cafés, des spectacles, et on y donne des bals masqués où se rendait, dit-on, Marie-Antoinette.
Pendant tout le XIXe siècle, ils furent l'un des hauts lieux des plaisirs parisiens avec, par exemple dans les jardins, les luxueux cafés-concerts immortalisés par les peintres Degas et Lautrec. Les Champs-Élysées actuels n'existent qu'à partir de l'aménagement par Haussmann de la place de l'Étoile. Ils deviennent au XXe siècle un lieu symbolique national surnommé « la plus belle avenue du monde », une image emblématique de Paris, au même titre que la tour Eiffel.

Les Parisiens du XIXe siècle font des **Grands Boulevards** un lieu de promenade dont le succès persiste à travers les siècles et les transformations urbaines. Le Bel-Ami de Maupassant déambulait sur les boulevards en quête de plaisirs. L'essentiel du roman *Nadja* d'André Breton s'y déroule, au milieu des années 1920. Et, dans les années 1950, c'est encore sur les boulevards que Fred Astaire ressentait le mieux le plaisir d'être à Paris dans *Funny Face (Drôle de frimousse)* (1957) de Stanley Donen.

3. La flânerie

La flânerie est libre, spontanée et se différencie de la marche de ceux qui se rendent au travail. Si elle est l'occasion d'observer la rue, les gens, elle peut s'avérer mélancolique pour celui ou celle qui la pratique. C'est le cas pour **Baudelaire** dans son poème « Les Foules » (*Spleen de Paris*, 1869) :

> Il n'est pas donné à chacun de prendre un bain de multitude : jouir de la foule est un art ; et celui-là seul peut faire, aux dépens du genre humain, une ribote de vitalité, à qui une fée a insufflé dans son berceau le goût du travestissement et du masque, la haine du domicile et la passion du voyage.
> Multitude, solitude : termes égaux et convertibles pour le poète actif et fécond. Qui ne sait pas peupler sa solitude, ne sait pas non plus être seul dans une foule affairée.

Baudelaire oppose la « multitude » de la foule à la « solitude » du poète. Mais « s'il n'est pas donné à chacun » d'être heureux dans la foule, le poète, lui, est capable de « jouir de la foule ».

George Perec essaie plusieurs formes de déambulations dans la capitale :

> J'aime marcher dans Paris. Parfois pendant tout un après-midi, sans but précis, pas vraiment au hasard, ni à l'aventure mais en essayant de me laisser porter. Parfois en prenant le premier autobus qui s'arrête (on ne peut plus prendre les autobus au vol). Ou bien en préparant soigneusement, systématiquement, un itinéraire. Si j'en avais le temps, j'aimerais concevoir et résoudre des problèmes analogues à celui des ponts de Koenigsberg, ou, par exemple, trouver un trajet qui, traversant Paris de part en part, n'emprunterait que des rues commençant par la lettre C. J'aime ma ville, mais je ne saurais pas dire exactement ce que j'y aime. »

Georges Perec, *Espèces d'espaces*, 1974.

4. Les Passages, invention des magasins et lieux de flânerie au XIXe siècle

> Ayant franchi le porche du boulevard, le passant entrait dans un monde à part. Enveloppé de la lumière naturelle qui venait des verrières, ou ébloui des mille feux des becs de gaz, coupé de la rumeur infernale de la rue, le promeneur pouvait se laisser

aller à la flânerie, baguenauder d'un magasin à l'autre, faire halte dans un café, courir les rendez-vous galants ou lire son journal dans l'un des nombreux salons littéraires ouverts à cet effet. Alors que l'éclairage faisait défaut, les passages étaient les seuls lieux éclairés le soir et les lampes à gaz se reflétaient à l'infini dans les miroirs des magasins : ces galeries offraient le spectacle d'une rêverie perpétuelle !

Jean-Claude Delorme et Anne-Marie Dubois, *Passages couverts parisiens*, **Parigramme, 1996.**

S'invente enfin, à Paris, **le concept de « magasin »**. Le cadre de la vente devient attractif et des magasins se créent dans ces **passages couverts**, calmes, éclairés, chauffés et luxueux. Jean-Claude Delorme et Anne-Marie Dubois écrivent dans *Passages couverts parisiens*, « Ces magasins dits de « nouveautés », espaces totalement voués à la consommation et à la flânerie, préfigurent jusque dans leur architecture de fer et de verre, l'ouverture des Grands Magasins ».
Ces passages couverts étaient proches des Grands Boulevards qui étaient devenus un véritable quartier de loisirs de la vie nocturne et ouvert à toutes les classes. Les passages eux-mêmes abritent de petits théâtres ou des attractions comme le musée Grévin dans le passage Jouffroy.
Si Paris a inventé les passages couverts, ils serviront de modèles à des **complexes commerciaux et architecturaux monumentaux** comme à Milan, Londres, Berlin ou Cleveland. Ces passages couverts, dont les fonctions initiales étaient à la fois urbaines et commerciales et qui, pour la plupart, se sont sensiblement dégradés, restent un exemple d'architecture à échelle humaine qui faisaient communiquer les espaces et les activités avec un souci constant, non seulement de confort mais aussi d'esthétisme. Ils gardent leur charme et demeurent une des caractéristiques de la ville.

Vers l'écriture personnelle

Quel est le personnage incarné par le chanteur Yves Montand ? À quelle classe sociale appartient- il ? Comment le savez-vous ? Outre le plaisir de la flânerie qu'évoquent pour le personnage « les Grands Boulevards » ?

liennathan.fr/9z7um4

Chapitre 3
Le « Paris des Parisiens »

1. La vitesse comme mode de vie

a. À Paris, le temps est compté.

En dehors du travail, où le plus souvent il faut se rendre en transports, on enchaîne les déplacements, les rencontres et les activités se font sur rendez-vous et réservation. Pour les femmes qui travaillent la charge mentale est extrême : elles passent d'un rendez-vous à un autre, font les courses, se dépechent d'aller chercher les enfants à l'école, etc... L'accélération de nos vies nous incite à effectuer plusieurs activités en même temps, de façon à optimiser le temps présent. C'est ce que les Américains appellent le *multitasking* (le multitâche), comme travailler durant le temps d'un trajet plutôt que de prendre le temps de lire ou d'écouter de la musique. Le développement des technologies en matière de télécommunication a renforcé cet effet et, dans le métro, tout le monde a le nez dans son portable.

Il est notable cependant que les questions qui se posent de nos jours sur notre mode de vie et de consommation prennent un relief particulier dans les grandes villes. La nécessité de changer de mode de vie et de consommation que nous impose le **changement climatique** remet, si l'on peut dire, « les pendules à l'heure ». Paris et ses habitants peuvent adopter un comportement plus citoyen et plus responsable. Les déplacements à Paris peuvent aisément se faire à vélo ou à pied, le shopping dans les boutiques est remplacé par les échanges de vêtements dans des ressourceries, le collectif peut prendre la forme du partage de lieux ou d'activités. Paris est, une fois encore, en pleine mutation.

b. Des inégalités dans l'accès aux transports

Paris arrive en tête d'un classement réalisé par l'*Institute for Transportation and Development Policy*, organisme spécialisé dans les transports en commun, pour ce qui concerne l'accès aux transports en commun. En effet, 100 % des Parisiens ont accès à un transport en commun près de chez eux.

En revanche, pour les 5,4 millions d'habitants qui vivent dans les quatre départements de la grande couronne francilienne (Seine-et-Marne, Yvelines, Essonne, Val-d'Oise), l'accès aux transports publics est plus difficile. Cette « banlieue éloignée » concentre les cités parmi les plus pauvres de France, quelques communes privilégiées, et est également constituée de quartiers pavillonnaires. Il n'est pas rare que des trains de banlieue ou des RER aient du retard ou soient supprimés, entraînant un recours fréquent à la voiture. Cet usage de l'automobile est également dû à l'éloignement des lieux d'emploi du domicile mais aussi à la dispersion des lieux de consommation.

Vers la synthèse de documents

Étudiez les documents suivants et rédigez deux paragraphes.

1) Dans un paragraphe, montrez le contraste mis en valeur entre les deux parties de la gare du nord décrite dans le document 1.

2) Dans un second paragraphe d'une dizaine de lignes, expliquez quelles sont les difficultés auxquelles sont confrontés les Franciliens dans les transports en commun.

Document 1
Stéphanie Marteau, « Eurostar d'un côté, trains de banlieue de l'autre : la gare du Nord, deux mondes parallèles au cœur de Paris » ***Le Monde Magazine*, 20 mai 2023**

C'est un concentré de Paris et de ses inégalités. Chaque jour, ils sont 700 000 à fouler les quais de la gare la plus fréquentée d'Europe, où circulent aussi bien RER et trains de banlieue que les cossus Thalys et Eurostar. Un grand écart inscrit dans l'architecture même du bâtiment, avec côté pierre, une clientèle affaires et, côté verrière, le commun des passagers. Un projet de réaménagement et un plan « zéro délinquance » visent à réhabiliter ce lieu où se fixent la violence et la misère afin de le rendre plus présentable en vue des Jeux Olympiques de 2024.
Stéphanie Marteau nous montre que nous trouvons à la Gare du Nord « Toutes les composantes d'une société divisée »
« Ceux qui arrivent par les lignes H et K du Transilien depuis un monde englouti, qui était autrefois la France industrieuse du Nord, devenue la France périphérique, ne se rencontrent jamais ceux qui partent en Eurostar ou en Thalys vers Londres et les capitales nord-européennes de la zone euro bref, vers les hubs mondialisés. » résume J. Fourquet [. . .] La coupure entre les mondes est non seulement visible mais organisée. À gauche, le côté pierre, chef d'œuvre d'architecture industrielle édifié en 1865, accueille les grandes lignes. Eurostar dispose de l'un des lieux les plus exclusifs de la capitale : son fameux lounge [..].
La France qui fait la queue, elle, est cantonnée à droite du bâtiment, côté verrière. Une immense halle construite en 2001, le long d'un passage qui abrite des urinoirs publics à ciel ouvert. Soixante-dix pour cent du trafic des voyageurs quotidien passe de ce côté de la gare.
Sous terre, [...] la journée commence [...] avec les premiers RER à 4h53 [...]. Tout le monde court, tout le temps, d'un RER à l'autre, grimpe les escalators à la-va-vite pour ne pas rater les correspondances. [...]. « *Ce sont des immigrés des femmes de ménage qui tombent dansles escaliers, tellement ils courent pour avoir leur train* » témoigne une régulatrice de flux. En effet, « *Le patron nous coupe des heures quand on est en retard* » explique Aboubakar, 20 ans. Les agents de la SNCF n'effectuent pas non plus le même travail côté pierre et côté verrière [...]. Avec des pics de 100 000 voyageurs par heure pendant les rushs.

Document 2
Olivier Razemon, Marjolaine Koch, Mathilde Costil, Eugénie Dumas, Joséfa Lopez et Emmanuel Davidenkoff, « Comment la banlieue jongle avec les transports », *Le Monde*, 18 septembre 2022

Pour se déplacer, les habitants des banlieues éloignées de Paris composent avec les aléas du réseau ferroviaire et les heures perdues dans les bouchons.

Tous les quarts d'heure, chaque matin, un train à deux étages, capable de contenir 2 000 personnes part de la gare de Saint-Quentin-en-Yvelines (Yvelines) en direction de la gare Montparnasse, à Paris. [...] Dans la grande couronne francilienne, c'est comme s'il y avait deux horloges – deux quarts d'heure complémentaires : d'un côté, la ville pavillonnaire et ses facilités accessibles en quinze minutes de marche et, plus loin, l'hypermarché, toujours à quinze minutes, mais en voiture ; de l'autre, la gare et sa promesse de trains rapides mais chargés qui filent vers Paris, pôle attractif qui concentre les emplois et les opportunités professionnelles.

Près de 5,4 millions d'habitants vivent dans les quatre départements de la grande couronne francilienne (Seine-et-Marne, Yvelines, Essonne, Val-d'Oise), qui enregistrent la plus forte croissance démographique de la région. Cette « banlieue éloignée », comme on la qualifie souvent, concentre certaines cités parmi les plus pauvres de France, quelques communes privilégiées qui font partie des plus riches, mais est constituée, principalement, de quartiers pavillonnaires aux revenus moyens.

[...] La liaison ferrée concentre toutes les préoccupations. Les usagers redoutent, les jours d'hiver, le froid qui peut gripper les moteurs, les automnes humides, lorsque les trains patinent sur les feuilles mortes, et la canicule, quand les RER roulent au ralenti pour limiter les effets de la dilatation des caténaires. L'été est aussi la saison des travaux « de régénération », comme dit la SNCF. Pendant plusieurs semaines, des lignes sont totalement ou partiellement remplacées par des « bus de substitution », moins confortables et soumis aux embouteillages. [...]

Les trains qui relient Saint-Quentin-en-Yvelines à Montparnasse en vingt-cinq minutes demeurent moins nombreux qu'avant la pandémie. « Des services ont été supprimés dans la journée, aux heures considérées comme "creuses", et jamais rétablis », déplore Caroline Klein. Île-de-France Mobilités, qui dépend de la région, assure que « l'offre de transports atteint 95 % de celle de 2019 » et justifie les suppressions par le développement du télétravail, qui ferait baisser la demande. [...]

2. Paris et le risque de solitude

Le risque de solitude à Paris est grand pour les personnes qui vivent seules ou qui ont peu de contacts sociaux. Le rythme de vie effréné de la métropole peut rendre difficile la création de liens sociaux et la participation à des activités sociales. Les personnes les plus vulnérables sont les étudiants sans famille à Paris et les personnes âgées isolées. Cette difficulté est renforcée lorsque ces personnes sont confrontées à la barrière de la langue.

→ Exploitation d'un document

Lisez l'article suivant et expliquez, d'une part, les raisons qui entrainent l'isolement des personnes âgées et, d'autre part, quelles solutions proposent les associations qui les prennent en charge.

***Le Parisien (Week-end)*, « Nos bénévoles aident les seniors isolés », 21 janvier 2022**

À 35 ans, Cécilia Guinet, ancienne cheffe d'entreprise, pilote « Paris en compagnie », initiative qui met en relation les âgés souffrant avec des citoyens souhaitant s'engager. Le but ? Aider les aînés à se déplacer en ville et créer du lien social.

Comment *Paris en compagnie* est-il né ?

En 2018, la Ville de Paris a lancé un appel à projet pour lutter contre l'isolement des personnes âgées. L'objectif était la création d'un dispositif gratuit, leur permettant de se rendre à un rendez-vous médical, se balader, sortir au restaurant ou au cinéma, tout en favorisant les rencontres au sein d'un même quartier. Trois structures l'ont remporté, en s'unissant : *Lulu dans ma rue*, une conciergerie qui met en lien les Parisiens ayant besoin de services, *Petits frères des pauvres*, une association qui lutte contre la solitude des personnes âgées, et Autonomie Paris Saint-Jacques, un réseau de professionnels au service des seniors. Lancé en janvier 2019, *Paris en compagnie* accompagne aujourd'hui 1 700 aînés, âgés en moyenne de 83 ans et disposant de faibles revenus et, ce, grâce à 5 000 bénévoles. [...]

Les Parisiens âgés souffrent-ils d'isolement ?

Quelque 175 000 personnes de plus de 60 ans vivent seules dans la capitale, dont plus de la moitié est âgée de plus de 75 ans. Leur problème principal est la mobilité : elles ont peur de sortir de chez elles. Certaines vivent dans des immeubles sans ascenseur ou, s'ils en sont équipés, ils sont souvent en panne. La rue leur semble hostile : les trottoirs ne sont pas toujours adaptés, ils manquent de bancs, et les trottinettes et les vélos constituent un danger. Les seniors sont aussi nombreux à souffrir de problèmes d'audition, de vue, et plus de 15 % de nos inscrits se déplacent en fauteuil roulant. Résultat, ce public ne se rend plus chez le médecin, s'éloigne de ses proches. Et physiquement, c'est la catastrophe : ils perdent leur énergie et leur masse musculaire, ils dépriment. Le risque pour leur santé mentale est réel.

De quoi ont-ils besoin ?

Beaucoup se sentent transparents, exclus, alors qu'ils ont tant à nous apporter. [...] Je conseille aussi d'engager la conversation avec les seniors isolés que vous croisez dans Paris. C'est parfois leur seul échange de la journée. Il faudrait développer davantage d'événements et de lieux mélangeant les âges et les milieux, comme les crèches qui se déplacent dans les Ehpad.

3. Le sort des sans-abris

Lors de la « **Nuit de la Solidarité** », en janvier 2023, trois mille personnes sans-abri et sans solution d'hébergement, ont été recensées. Ce chiffre représente une hausse de 16 % par rapport à 2022. Parmi ces personnes, on trouve une centaine de mineurs. Il existe des structures d'accueil (CHU, centres d'hébergement d'urgence), mais elles sont en nombre insuffisant pour accueillir tous les SDF qui le souhaitent. Par ailleurs, certains ne veulent pas y séjourner pour des raisons de sécurité. Plusieurs associations aident les personnes sans abri à trouver des logements en entreprenant des réquisitions (11,7 % des logements de la capitale). Parmi les personnes sans domicile fixe, on trouve des migrants mais plus largement des personnes qui ont des ressources insuffisantes pour louer un logement.

Pour en savoir plus

Accédez au dossier sur la façon dont vivent et meurent les sans-domicile-fixe à Paris, réalisé par la BBC :
liennathan.fr/296nvt

Le dossier évoque le travail mené par le collectif « Les Morts de la rue » qui donne une reconnaissance posthume à ces personnes décédées dans la rue.

4. Une ville inégalitaire

La ville est construite « par les hommes et pour les hommes » et Paris n'échappe pas à la règle, même si des efforts sont faits depuis quelques années pour pallier les inégalités engendrées par ce phénomène. Or, on occupe différemment la ville selon son genre. Le sociologue Yves Raibaud constate qu'en ville, et notamment à Paris, les aménagements urbains sont très genrés. Ils favorisent les hommes et ne sont pas faits pour les femmes sur lesquelles reposent encore, certaines tâches parentales et domestiques. Or les obstacles pour les accomplir sont nombreux en ville comme les escaliers dans les transports en commun empêchant l'utilisation de poussettes et de caddies. Par ailleurs, en ville **les femmes sont confrontées à des violences** (violences verbales, attouchements, agressions sexuelles…) et là aussi, l'aménagement de la ville joue un rôle essentiel.

> Se faire « frotter » dans le métro, insulter dans la rue ou être suivie jusqu'à chez soi… Ces derniers mois, les débats ont beaucoup tourné autour de l'insécurité que peuvent ressentir les femmes dans la ville.
>
> Et si, au-delà même de quelques comportements déviants, c'était l'urbanisme lui-même qui était en cause ? Et si les villes n'étaient

finalement que des lieux construits « *par des hommes et pour des hommes* » ? C'est d'ailleurs le titre de l'ouvrage d'Yves Raibaud paru en 2015. Ce géographe, maître de conférences à l'université Bordeaux-Montaigne, estime que femmes et hommes ne sont pas égaux face à la ville. Un constat que partage Emmanuelle Faure, géographe également et membre de l'association Les Urbain.e.s : « *Dans les plans d'aménagement, dans les usages, c'est souvent une vision masculine et hétérocentrée qui s'impose.* » Selon l'étude d'Yves Raibaud, la majorité des équipements urbains est en effet destinée aux hommes, et les femmes sont de fait exclues d'un certain nombre de lieux. « *C'est le cas des city stades et de leurs abords qui sont souvent accaparés par des hommes ou de jeunes garçons* », explique Chris Blache, consultante en socio-ethnographie et cofondatrice du collectif Genre et Ville. « *Il y a des stratégies verbales et non verbales de ceux qui se sentent légitimes dans ces lieux pour exclure les autres.*

Les femmes adopteraient des tactiques de contournement de certains lieux où elles ne se sentent pas en sécurité. Terrains de foot, terrasses de café, parcs ou simples places… Elles auraient du mal à s'approprier un espace public qui n'a pas été conçu pour elles. Il faut dire que la profession d'architecte s'est peu ouverte aux femmes. Elles n'étaient que 25 % en 2013. « *Il suffit de participer à des jurys, on voit que les hommes recherchent d'abord le geste architectural, alors que les femmes se soucient davantage de la qualité d'utilisation* », raconte Jacques Baudrier, conseiller de Paris chargé des questions relatives aux constructions publiques, aux grands projets de renouvellement urbain et à l'architecture.

Alexis Boisselier, « L'urbanisme féminin émerge dans la métropole,
***Le Grand Paris*, 25 mai 2018.**

Une enquête menée en 2019 par L'Institut Paris Région montre que le sentiment d'insécurité dans l'espace public d'Île-de-France est plus élevé chez les femmes que chez les hommes. Les transports en commun peuvent générer un fort sentiment de crainte d'être agressé ou volé notamment chez les Franciliennes (54,5 % en 2019 contre 25,9 % chez les hommes). La proportion de femmes évoquant un sentiment de crainte de ces espaces a augmenté (+0,2 point entre 2001 et 2019) alors qu'elle a diminué chez les hommes (-6 points). À Paris, le sentiment d'insécurité a progressé entre 2017 et 2019 pour l'ensemble de la population, plus qu'en moyenne en Île-de-France (+6,8 points contre 2,8 points). Cette hausse est notamment plus marquée dans les transports en commun.

THÈME 2

Chapitre 4
Le désir d'être ailleurs

1. Le désir de campagne à Paris

En raison de son passé artisanal et industriel, Paris a attiré une main-d'œuvre très importante, et la densité de population est héritée de ce passé. Aux Parisiens s'ajoutent les personnes qui habitent dans les villes de banlieue et qui viennent travailler tous les jours dans la capitale.
Les riches ont toujours pu fuir cette densité. Ainsi, au XVIIIe siècle, les nobles et les riches bourgeois quittent le quartier du Marais et s'installent au faubourg Saint-Germain où il reste des terrains à bâtir.

> « Le centre résidentiel élégant se déplace en quelques années de l'est à l'ouest, et il y restera. Balzac, bien plus tard, a encore conscience de ce bouleversement : « la noblesse, compromise au milieu des boutiques, abandonna la Place Royale, les alentours du centre parisien, et passa la rivière afin de pouvoir respirer à son aise dans le faubourg Saint Germain. » »
>
> **Éric Hazan**, *L'Invention de Paris*, 2002.

Le désir de nature quand on vit à Paris reste fort. Même s'il existe des jardins et des parcs pour le satisfaire, les citadins ont développé d'autres manières d'aborder la nature en ville. Ainsi le **jardin partagé**, cultivé par les habitants, est-il un moyen d'être en contact direct avec un espace vert. Ces jardins permettent également de favoriser les rencontres entre les générations.
La municipalité de Paris propose également des **permis de végétaliser** qui permettent aux riverains de jardiner un espace dans l'espace public.

2. Un désir de quitter la ville ?

a. Un désir d'exode

La pandémie de la covid-19 et les confinements successifs ont accentué le désir de quitter les grandes métropoles pour s'installer soit dans des villes plus petites soit à la campagne. Certes, des Franciliens qui le pouvaient se sont réfugiés dans leurs résidences secondaires ou dans leur famille, loin des centres urbains. Certains ont vu l'occasion de changer de vie et de vivre loin de la capitale pour avoir plus d'espace, être proche de la nature ou tout simplement pour des raisons financières, tant se loger en ville coûte cher.

Selon le sociologue Jean Viard, le mouvement d'exode parisien – qui ne concerne pas que les cadres – a déjà près de dix ans, mais l'épidémie l'a accéléré, affirme-t-il dans *La révolution que l'on attendait est arrivée* (Éditions de l'Aube, 2021). Depuis 2012, Paris perd, en effet, près de 11 000 habitants chaque année. Principale motivation au départ ? « *Pouvoir bénéficier d'un meilleur cadre de vie.* » Il s'agit du souhait exprimé par 70 % des cadres franciliens désireux de changer de région, selon une enquête de l'Apec parue en octobre 2021. [....] Selon Laurence Charneau, il est important de se départir des a priori, positifs ou négatifs, que l'on peut avoir sur la ville ou la région ciblée. Elle conseille aussi aux Parisiens qui se projettent dans sa ville de Nantes de « *venir faire un tour sur la rocade un lundi matin* ». Un conseil valable pour d'autres métropoles régionales. La consultante l'affirme, réussir son installation hors de l'Île-de-France tient en trois étapes : « *Anticiper, définir une stratégie et partir à la découverte du marché, en ciblant plutôt un territoire qu'une ville en particulier.*

Isabelle Maradan, « Quitter Paris « plus tôt que prévu » : pour des jeunes cadres montés à la capitale, la tentation de la qualité de vie », *Le Monde*, **12 novembre 2022.**

Cet exode s'est accentué :

Exode urbain ? Petits flux, grands effets », coordonnée notamment par Marie Breuillé, chercheuse en économie à l'Institut national de recherche pour l'agriculture, l'alimentation et l'environnement. Si elle ne constate pas de « *réorientation géographique massive des populations* », la recherche met en avant « *un renforcement de la dynamique d'attractivité de certaines zones périurbaines et rurales* », au détriment, notamment, de la capitale. Paris figure ainsi en tête des départements « *qui ont connu les plus fortes baisses de leur solde migratoire* » (25,4 départs pour 1 000 ménages, à l'issue de la première année de pandémie, de mars 2020 à mars 2021), suivie des Hauts-de-Seine, de la Seine-Saint-Denis, de la Haute-Garonne et du Rhône.

Entre l'année pré-Covid-19 (mars 2019-mars 2020) et la première année de la crise sanitaire, les « *flux nets de migration de Paris intra-muros vers les couronnes qui proposent de nombreux équipements de services publics* » ont augmenté de 71 %.

Véronique Chocron, « Alors que le marché immobilier se crispe, Paris devient moins attractif », ***Le Monde,* 22 octobre 2022.**

Mais plutôt qu'un exode massif, on a assisté à une réorganisation des lieux de vie dans les métropoles.

> [...] Parmi tous les aspirants au départ des grandes villes, tous ne sont pas prêts à déménager loin. Le temps de transport moyen demandé ne doit pas dépasser douze minutes et 65 % refusent de mettre plus de quarante-cinq minutes pour se rendre au travail ». En Île-de-France, ces prérequis font des première et deuxième couronnes parisiennes des marchés de report, dans les villes les mieux desservies par les transports et situées sur le futur tracé du Grand Paris Express (Saint-Denis, Bobigny, Le Blanc-Mesnil, Champigny-sur-Marne, etc.).
> « La vraie ruralité est une aventure. L'envers de la carte postale bucolique peut être rude, ce qui explique pourquoi le nombre d'urbains qui s'installent à la campagne reste minoritaire, à hauteur de 100.000 transactions par an », concède Aymar de Germay, qui conditionne l'attrait des villes moyennes à leur offre de services, d'emplois et de commerces. S'il ne croit pas au fantasme du Larzac, l'ancien maire de Marmagne (Berry) voit dans la décentralisation une révolution sociétale reposant sur « une aspiration profonde à quitter une ville devenue un peu folle ».
> « Les citadins cherchent à s'agrandir, voire à trouver de la verdure en quittant le centre-ville. Cette tendance générale se retrouve aussi bien à Paris qu'à Lille, Lyon, Marseille ou Grenoble », juge Thierry Delesalle, porte-parole de la chambre des notaires de Paris.

Eugénie Deloire, « Comment le Covid a bouleversé l'immobilier », ***Les Echos*****, 15 septembre 2021**

b. Ces déplacements ont entraîné de nouvelles habitudes et de nouveaux usages.

Avec la crise sanitaire du printemps 2020, imposant d'abord le confinement puis des restrictions d'accès aux locaux professionnels, le **télétravail** s'est imposé pour beaucoup comme la seule solution permettant d'assurer une continuité d'activité. Au moment du déconfinement, un certain nombre de travailleurs ont fait le choix de rester vivre à la campagne en poursuivant le télétravail qui permettrait de vivre et travailler plus au calme. En 2022, le télétravail s'est répandu en Île-de-France et 43 % des travailleurs franciliens y ont recours. Il est à noter cependant que les entreprises et les travailleurs eux-mêmes ne peuvent se passer de rencontres physiques entre collaborateurs pour une meilleure intégration, une meilleure synergie et une personnalisation des relations de travail. Là aussi l'écran ne saurait remplacer les contacts humains.

Le **travail nomade** a entraîné d'autres types d'organisation. Ainsi des espaces de ***coworking*** se sont-ils développés et ont conduit des professionnels à partager des bureaux près de leur lieu de vie ou à choisir le ***coliving*** qui consiste à partager une habitation. Proposant des séjours d'un mois à plus d'un an, le *coliving* se caractérise par des espaces de vie réduits et fait la part belle à des parties communes pensées comme des lieux de vie. « Inspiré du modèle de "l'hôtellerie lifestyle" selon lequel le chiffre d'affaires de l'hébergement compte moins que celui rapporté par les services, le *coliving* déploie des solutions clés en main, avec un panel plus ou moins large de prestations à la carte » (*Les Echos*, 16/9/2022).

c. Par ailleurs, **la fermeture des salles de théâtre, cinémas et salles de concert** ont conduit ces derniers à développer des **plateformes** permettant d'accéder à des films, pièces de théâtre et concerts. Ainsi des **plateformes de streaming** ont-elles connu un essor rapide. En France, les plateformes de SVOD ont connu une hausse de plus de 52% sur les sept premiers mois de l'année 2020 et aux États-Unis, 71% des utilisateurs sont abonnés à deux plateformes de cinéma ou plus. Aujourd'hui le nombre d'abonnés s'est stabilisé et les plateformes pour rester concurrentielles et ramener à elles les abonnés, devront se battre à l'intérieur de ce marché. La solution qui émerge est celle des offres publicitaires avec des abonnements moins chers pour les utilisateurs qui acceptent que leurs programmes soient coupés par des spots publicitaires.

d. L'éloignement des métropoles a également développé de **nouvelles formes d'accès au savoir.** Ainsi les universités ont-elles multiplié l'accès aux MOOC (Massive Open Online Course) qui sont des cours en ligne accessibles à tous. Le Collège de France a lui aussi mis en ligne plusieurs milliers de MOOC pour partager les conférences des chercheurs. Mais si l'accès à ces formations représente un progrès incontestable, on peut s'interroger sur le manque d'interaction entre les étudiants y participant. Par ailleurs, les étudiants ne peuvent pas non plus bénéficier du suivi et de l'encadrement personnalisé que les cours en présence permettent.

Synthèse

La question de savoir s'il fait bon vivre à Paris est très subjective et dépend des préférences et des priorités de chacun. Comme dans toutes les grandes villes, il existe des obstacles évidents au fait de s'installer à Paris. Le coût de la vie est l'un d'eux et il freine les personnes qui ont des revenus moyens, à s'installer en ville près de l'endroit où ils travaillent. Cet éloignement entre lieu de travail et lieu d'habitation génère des déplacements, facteurs de pollution, et de stress. Avec le télétravail, une partie des Franciliens à quitter la région parisienne pour s'installer dans des villes plus petites financièrement plus accessibles et jouir d'une qualité de vie différente (plus d'espace, plus grande proximité de la nature...). Cependant, les personnes installées à Paris bénéficient des avantages liés à la grande ville comme une offre artistique très large et d'une vie urbaine dynamique.

Mots et notions clés :
Parcs, jardins, squares, places, Marais, Montmartre, Montparnasse, Notre-Dame, Pigalle, St-Germain-des-près, la Tour Eiffel, les Tuileries, brasseries, cafés, cabarets, théâtre, cinéma.

Corrigé

Sujet de l'écriture personnelle : Peut-on s'épanouir dans une ville comme Paris ?

Comme d'autres grandes villes, Paris offre de nombreuses opportunités, notamment dans l'étendue des formations proposées et le marché professionnel. Peut-on, pour autant, affirmer que l'on peut s'y épanouir ? Pour répondre à cette question, nous verrons dans un premier temps qu'il peut être difficile de vivre dans une grande ville comme Paris, puis nous verrons, dans un second temps, que l'on peut s'y épanouir.

I. Les difficultés liées à la vie parisienne

1. Le coût de la vie à Paris

Paris, comme toutes les capitales, est une ville chère et il peut être difficile de s'y installer.

Exemple : Les prix de l'immobilier, du stationnement...

2. Paris, une ville qui va vite

Comme dans toutes les grandes villes, la vie à Paris et en région parisienne peut être stressante, car le rythme de vie y est rapide.

Exemple : L'éloignement des lieux de vie par rapport aux lieux de travail oblige la population à se dépêcher et la dépendance des transports en commun renforce cet effet.

3. Si Paris souffre moins de la pollution que d'autres capitales, la région parisienne est plus polluée que d'autres régions françaises

Exemple : La présence d'industries, la forte concentration de véhicules mais également le chauffage sont les principales causes de pollution. À ce phénomène, s'ajoute la pollution sonore que provoque la circulation routière.

II. Mais la vie à Paris peut être épanouissante

1. Paris et la région parisienne offrent une scène artistique et culturelle riche

Exemple : la variété des théâtres publics et privés, les salles de cinéma permettent de voir un large éventail de films et de pièces

2. Paris, une ville où il fait bon se promener

Exemples : les parcs, jardins et espaces verts ainsi que les passages couverts permettent de nombreuses déambulations comme celles racontées par Hemingway dans son récit autobiographique, *Paris est une fête* (1964).

Si s'installer à Paris représente un défi en raison du coût de la vie et de la densité de population, il n'en reste pas moins que la ville propose des atouts, notamment sur le plan culturel.

Partie 3
Paris fait-elle toujours rêver ? Est-elle devenue une ville mythique ?

Sujet d'écriture personnelle

?

Paris fait-elle toujours rêver ? Vous répondrez à cette question dans un écrit organisé.

Chapitre 1
Paris, ville touristique

Paris accueille près de **50 millions de touristes** chaque année et est une des premières destinations touristiques au monde. Quand on parle du tourisme à Paris, de quoi parle-t-on exactement ? Il ne s'agit pas seulement de la ville de Paris intramuros, mais d'un ensemble d'autres villes, d'autres lieux en Île-de-France : Versailles, Disneyland Paris, le château de la peintre Rosa Bonheur en Seine-et-Marne…

1. Des lieux qui attirent les touristes

a. Les monuments

Les touristes visitent tout d'abord des **monuments** qui s'inscrivent dans la **mémoire de** l'**Histoire de France** : le Louvre, le Palais Royal, l'Opéra Garnier, le Panthéon… Ensuite, ils sont également nombreux à se rendre dans des monuments en lien avec l'**histoire de l'art.** On peut aussi évoquer les **monuments religieux**, comme la cathédrale Notre-Dame, dont la renommée mondiale est telle que son incendie en 2017 a suscité une émotion au-delà des frontières françaises.
La ville de Paris est aussi célèbre pour ses immeubles **haussmanniens**, ses bâtiments de la **Belle Époque** et son style **art déco** (Grand Rex, théâtre des Champs-Élysées). Des édifices d'architecture contemporaine comme la pyramide du Louvre, la bibliothèque François Mitterrand... sont également prisés par les touristes.

b. Les musées

Certains musées parisiens sont parmi les plus fréquentés au monde. C'est le cas du **musée du Louvre** qui abrite des œuvres internationalement connues, comme *La Joconde* de Léonard de Vinci. Le **musée d'Orsay** et l'**Orangerie** présentent une impressionnante collection de tableaux des peintres impressionnistes ou post-impressionnistes.
Dans le XVIe arrondissement de Paris, la « Colline des musées » réunit quatre musées situés autour de la colline de Chaillot : **la Cité de l'architecture et du patrimoine**, **le musée d'Art moderne de Paris**, **le musée du Quai Branly-Jacques Chirac** et **le Palais de Tokyo**. Un pass, utilisable pendant cinq jours dans ces quatre musées, a été mis en place pour faciliter les visites des touristes. Le Palais de Tokyo est un immense espace dédié à l'art contemporain. Le musée du Quay Branly-Jacques Chirac est, quant à lui, un musée des Arts et Civilisations d'Afrique, d'Asie, d'Océanie et des Amériques (civilisations non européennes). À l'est de Paris, se trouve **le musée de l'Histoire de l'immi-**

gration installé dans le palais de la Porte-Dorée. C'est le seul musée national consacré à l'histoire et aux cultures de l'immigration en France.
La **Cité de la musique**, Philharmonie de Paris, est un pôle culturel unique au monde. Cet ensemble architectural abrite plusieurs salles de concert, un musée, une médiathèque et de nombreux espaces pédagogiques. On peut citer enfin l'**Institut du monde arabe** (IMA) qui reçoit beaucoup de visiteurs et fait partie intégrante de la vie culturelle à Paris.

Le saviez-vous ?

La **Tour Eiffel** est une tour de fer de 330 mètres de haut, située à Paris, dans le VIIe arrondissement, au Champ-de-Mars. Elle a été construite en deux ans par Gustave Eiffel pour l'Exposition universelle de Paris de 1889, afin de célébrer le centenaire de la Révolution française. Elle devait être provisoire mais, malgré les contestations, elle est restée. La Tour Eiffel est devenue le symbole de la ville de Paris et un site touristique très fréquenté. Elle a accueilli, depuis sa construction, plus de 300 millions de visiteurs.
L'extrait de l'article suivant tiré de *Connaissance des arts* (15 décembre 2020) décrit la façon dont les différentes pièces métalliques ont été agencées :

> Le montage de la partie métallique suscite l'admiration de la foule des badauds qui observe cette prodigieuse aventure. En effet, la Tour s'élève dans le ciel parisien quasi mathématiquement, tel un gigantesque meccano. Tous les éléments, venus des métallurgies de Lorraine, sont préparés dans les ateliers de Levallois-Perret, dont Maurice Koechlin dirige de main de maître le bureau d'études, qui élabore plus de 1 700 dessins d'ensemble pour le montage, tandis que le bureau de détail fournit 3 269 études et précise les formes de plus de 18 038 pièces différentes. Sur le chantier, l'intervention humaine est réduite : jamais plus de 250 ouvriers, parmi lesquels 189 permanents, en majorité des charpentiers et des riveurs, qui travaillent dans des conditions acrobatiques. Leurs noms sont inscrits sur la Tour. On déplore trois accidents, dont un seul mortel, celui d'Angelo Scagliotti, tombé du premier étage en 1889 après la fin des travaux. Pour monter les matériaux, des grues à vapeur sont installées dans les glissières prévues pour les ascenseurs à l'intérieur des piliers, et progressent en même temps que la Tour. Sur place, les poutrelles préalablement percées sont assemblées au moyen de rivets posés à chaud. En se refroidissant, ils se contractent, ce qui assure le serrage des pièces les unes aux autres.

Caroline Mathieu, « La Tour Eiffel, histoire mouvementée d'un chef d'œuvre vertigineux », *Connaissance des arts*, 15 décembre 2020.

Marc Riboud, *Le Peintre de la Tour Eiffel,* 1953, Centre Georges Pompidou, Paris.

Cette photographie, prise par le photographe Marc Riboud, montre un peintre, mégot aux lèvres, qui a l'air suspendu à son pinceau, comme un personnage de film comique. *« Il travaillait sans filet, ni même assuré par une corde »,* se rappelle Marc Riboud. Cette photographie fait partie des images imprimées dans les mémoires.

Vers l'écriture personnelle

Trouvez des photographies célèbres de la Tour Eiffel (photographies aériennes de Schelcher et Omer-Décugis, de Théophile Féau et d'Hippolyte Blancard…) et dites quels sont les choix esthétiques de ces photographes.

2. Paris : une carte postale ?

a. Paris, un décor de cinéma

Le cinéma ou les séries télé contribuent à donner de Paris une image de carte postale. Ainsi, certains lieux très touristiques se retrouvent filmés comme dans la série *Emily in Paris*. D'ailleurs, l'office du tourisme propose un parcours sur les différents lieux qui ont servi au tournage. Le visiteur peut ainsi marcher dans les pas d'Emily Cooper, la jeune Américaine fraichement débarquée à Paris. Ces lieux sont considérés comme emblématiques du tourisme à Paris, même si on a reproché à la série de véhiculer une image surfaite de la ville. Visiter les lieux de la série s'avère en outre très rentable.

> Paris est manifestement un cliché très rentable. Cet écueil souvent reproché à la série *Emily in Paris*, qui dépeint la Ville Lumière à la manière d'une carte postale, incarne pourtant précisément son succès et le business associé. La réalisation multiplie les vues grandioses de la tour Eiffel, des rues parisiennes pavées, ou encore des quais de Seine, emportant dans son imaginaire des millions de téléspectateurs à travers le monde. Lors de la semaine de lancement de la troisième saison, le 21 décembre dernier, le show a ainsi cumulé 117 millions d'heures de visionnage, l'un des meilleurs démarrages de Netflix. Un Paris rêvé, oui, mais qui rapporte aussi dans la réalité. Selon une étude de l'Organisation mondiale du tourisme, menée avec la plateforme de streaming, le nombre de voyageurs influencés par des films et des séries dans leur choix de destination a doublé au cours des cinq années ayant précédé la pandémie : cela représentait près de 80 millions de personnes en 2021. [...] sur les traces d'Emily se trouve aussi la boulangerie qu'elle fréquente, ou encore le restaurant de son soupirant Gabriel. Réinventés dans la série, ils existent bel et bien place de l'Estrapade (où habite fictivement l'Américaine) et attirent des flots de touristes en quête de la même expérience que leur héroïne préférée. La (vraie) boulangerie Moderne surfe ainsi allègrement sur la popularité du feuilleton, en vendant son maxi pain au chocolat siglé « Emily » pour 2,80 euros.
>
> « Ma boulangerie est devenue une attraction touristique », relate le patron Thierry Rabineau à RTL. « Une cliente nous a même pris pour 100 euros de viennoiseries pour emmener dans l'avion et les ramener chez elle. »

Juliette Baëza, « Qu'apporte "Emily in Paris" à Paris ? », *Slate.fr*, 12 janvier 2023.

Vers l'écriture personnelle

Lisez l'article de *The Conversation* et relevez les clichés véhiculés par les séries sur Paris.

Accédez à l'article
liennathan.fr/wj86v6

b. Faire son selfie à Paris

Faire un selfie à Paris devant un des monuments les plus connus est devenu une activité quasiment incontournable pour les touristes. Ainsi la très photogénique pyramide du Louvre permet-elle de faire des selfies spectaculaires : faire semblant de soutenir le monument d'une main, poser son doigt sur la pointe de la pyramide ...

···➝ Exploitation d'un document

Question : Quelles sont les conséquences à la fois désastreuses et inattendues de la course au selfie ?

Document : Céline Carez, « Prêts à tout pour une photo devant la tour Eiffel, le grand n'importe quoi du pont d'Iéna », *Le Parisien*, 25 juin 2022

Une horde de touristes. Des files ininterrompues de voitures garées toute la soirée, bloquant une voie, si ce n'est plus, de circulation. Des jeunes Russes sculpturales dans des robes de soirée extravagantes, se tenant en plein milieu de la chaussée, perche à selfie à la main, entre le flot de véhicules et le concert de klaxons. Une ribambelle de chauffeurs de tuk-tuk et de vendeurs à la sauvette. Et, à minuit, une forêt de smartphones quand la tour Eiffel scintille. Bienvenue au pont d'Iéna le samedi soir !

Sur cet ouvrage qui enjambe la Seine entre le quai Branly (VIIe), rive gauche, et le Trocadéro (XVIe), rive droite, les touristes, de retour en masse avec les beaux jours et la fin des confinements, s'agglutinent tous les vendredis et samedis soir. Franciliens et provinciaux, couples mais aussi familles avec enfants sont de la partie. Avec un seul objectif : prendre LA photo parfaite devant la Dame de fer, à mettre dans un album ou surtout à publier sur les réseaux sociaux. Et qu'importent les risques encourus ou la gêne occasionnée.

Depuis quelques mois, mairies, élus, police et riverains s'arrachent les cheveux pour tenter de réguler ce flot anarchique et soudain, avec les problèmes qui en découlent : insécurité routière, troubles à l'ordre public, nuisances sonores pour les riverains, risques de délinquance, problèmes de voirie et de propreté.

Enceintes géantes et cadavres de canettes de bière

Samedi dernier, Mimou, 28 ans, robe longue et sandales dorées aux pieds, accompagnée de son « chéri », se gare « juste pour le selfie ». Pour la jeune femme venue du Mans (Sarthe), « c'est ici que la vue est la meilleure. C'est tellement beau avec la tour Eiffel ! » Mimou mettra le cliché sur sa page Facebook.

Résultat, « on note une importante dégradation de la physionomie des lieux, regrette sans détour un haut fonctionnaire de la préfecture de police. Plusieurs problèmes peuvent être énumérés : le stationnement en double file - pas de grave accident mais des accrochages et des conflits -, les troubles à l'ordre public et la délinquance. »

Les services de propreté mobilisés trois fois par jour.

La préfecture de police, qui vient de relancer son plan tourisme incluant le pont d'Iéna, a mené plusieurs opérations d'envergure sur place, avec, à la clé saisie de marchandises, interpellations de vendeurs à la sauvette mais aussi d'adultes qui exploitent les mineurs isolés en les encourageant à la délinquance en les droguant. « Le problème, se lamente un policier, c'est qu'on les arrête et qu'ils reviennent aussitôt. » Côté voirie et propreté, la mairie de Paris déplore des « souillures plus importantes le week-end liées à la plus forte fréquentation ». Elle mobilise ses agents et son équipe « urgence propreté » avec « souffleuses, aspiratrices, laveuses le matin et collecte des poubelles trois fois par jour ».

Pistes de réponse

Les touristes envahissent le pont d'Iéna à Paris pour pouvoir faire un selfie avec la Tour Eiffel. Présents en masse sur le lieu, ils le dégradent en laissant, par exemple, des ordures). Cette présence de nombreux touristes entraîne une délinquance, notamment celle d'adultes qui exploitent des mineurs en les droguant.

3. Un tourisme hexagonal

Depuis 2010 et la crise sanitaire liée à la Covid-19, **les Français ont pris l'habitude de voyager en France** et les Parisiens et Franciliens se sont déplacés sans dépasser les frontières. Certains ont choisi le tourisme de proximité et revisitent ou visitent autrement la capitale. Ainsi en 2021, dans les musées parisiens, les visiteurs franciliens représentaient près de la moitié des visiteurs, soit une augmentation de 17,8 points par rapport à 2019.

> Mais les Parisiens ne manquent pas non plus d'imagination et certains ont encore quelques bonnes astuces pour découvrir autrement leur ville. « Il existe une façon écolo et ludique pour découvrir Paris en faisant la traversée en marchant de Paris d'ouest en est », avance Jean-Luc, un de nos lecteurs.
> Son itinéraire a notamment l'avantage d'éviter de nombreuses voitures et de passer par des endroits très verts de Paris. « Le jardin des Serres d'Auteuil, le bois de Boulogne, le Trocadéro, le Champ-de-Mars, les Invalides, le jardin des Plantes, le port de l'Arsenal et la promenade plantée depuis la place de la Bastille jusqu'à la porte Dorée », énumère-t-il. En tout, ce sont plus de 17 kilomètres parcourus… de quoi largement occuper vos vacances d'été ! »

Lina Fourneau, « Covid-19 : Après la crise sanitaire, les Parisiens redécouvrent leur ville », *20minutes.fr*, 17 juillet 2022.

4. Les touristes se sentent-ils en sécurité à Paris ?

Un bilan de la Préfecture de police de Paris a montré, en 2022, que les atteintes aux biens constituaient « la part la plus importante de la délinquance parisienne », notamment en raison d'un regain de l'activité touristique après deux années de pandémie. Pour lutter contre l'insécurité dans les lieux très fréquentés par les touristes, la préfecture de Police lance chaque année à Paris, un « **Plan tourisme** », pendant les deux mois et demi de l'été. Ce plan concerne plus particulièrement les quartiers où se trouvent la Tour Eiffel, l'Opéra ainsi que Montmartre, les quais de Seine et le Quartier latin. Depuis 2013, ces patrouilles sont accompagnées de **policiers européens** qui leur apportent une aide à la fois logistique et linguistique.

Les **attentats de novembre 2015** à Paris ont, pendant un temps, fait fuir les touristes. En Île-de-France, la baisse de fréquentation touristique s'est traduite par une baisse de 1,8 million de touristes (étrangers et français) sur les huit premiers mois de l'année par rapport à 2015. Le manque à gagner a été estimé à plus d'un milliard d'euros.

Chapitre 2
Paris, la « ville lumière »

1. L'origine de l'expression

Paris est surnommée la **« Ville Lumière »** en raison de son rôle historique dans l'illumination urbaine. C'est en effet à Paris sous **Louis XIV** en 1665, qu'est né le **premier éclairage public** à la bougie ainsi que la création du premier établissement de lanternes. Avant cette date, la ville était plongée dans le noir dès qu'il faisait nuit, rendant les rues dangereuses.
Au XIXe siècle, l'éclairage au gaz est créé. Au début, ce sont les monuments et les passages couverts qui sont éclairés. Puis, toute la ville en bénéficie, quarante ans plus tard, 56 000 réverbères sont installés à Paris. L'éclairage nocturne de la ville a joué un rôle important dans sa renommée et a contribué à créer une atmosphère animée et festive.

Mais le surnom de « Ville Lumière » ne fait pas uniquement référence à l'éclairage de la ville, il renvoie aussi à la **diffusion des idées, des arts et de la culture**. Au XVIIIe siècle, Paris a été le foyer du **mouvement culturel des Lumières**. Puis au XIXe siècle, la capitale est considérée comme un centre culturel, artistique et intellectuel majeur, car elle attire artistes, écrivains et penseurs du monde entier.

En 1900, lors de l'**Exposition universelle**, Paris adopte le nom de « ville lumière ». C'est un élément marketing, une façon de se mettre en avant. En effet, à ce moment-là, elle a rattrapé son retard sur les autres villes comme New York, qui a déjà un éclairage électrique.

Vers l'écriture personnelle

Regardez la vidéo suivante (2 mns).

1. Repérez les étapes de l'installation de l'éclairage à Paris.

2. Quel est le bâtiment construit en 1900 au moment de l'Exposition universelle, et qui va donner le nom de « ville lumière » à Paris ?

Regardez la vidéo.
liennathan.fr/nfc797

Maxime Maufra, *Féérie nocturne : Exposition universelle Paris 1900*, 1918,
Musée des Beaux-Arts de Reims.

2. *La Fée Électricité*

En 1936, la Compagnie Parisienne de Distribution et d'Électricité (CPDE), qui deviendra l'EDF, demande à **Raoul Dufy** (1877-1953) d'assurer la décoration murale du Palais de la Lumière et de l'Électricité, à l'occasion de l'Exposition internationale des arts et techniques appliqués à la vie moderne. Le peintre réalise alors ***La Fée Électricité*** (1937) qui se trouve aujourd'hui au musée d'Art Moderne de la ville de Paris.

L'œuvre de Raoul Dufy est composée de 250 panneaux de 2 mètres de haut sur 1,20 mètre de large.

La Fée Électricité est présentée sur un mur courbe et, depuis son transfert au musée d'Art Moderne de la Ville de Paris, elle est exposée dans une salle dans laquelle les visiteurs sont comme encerclés par les panneaux.

L'œuvre se lit de droite à gauche et les premières scènes peintes rappellent l'Antiquité. À mesure que l'on parcourt les panneaux, les scènes s'imprègnent de modernité : les derniers panneaux représentent l'aéroport du Bourget et le début de la radiodiffusion et de la télédiffusion.

Le fil conducteur est bien entendu l'invention de l'électricité, symbolisée par la Fée à gauche de l'œuvre. Elle est représentée sous les traits d'Iris, déesse messagère qui apporte l'électricité aux capitales du monde entier.

Raoul Dufy, *La Fée Électricité*, 1937, détail, musée d'Art moderne de la ville de Paris.

3. Paris et la modernité poétique

Dans la première moitié du xxe siècle, romanciers et poètes accordent au **hasard des pouvoirs inattendus**. L'errance et la rencontre deviennent un thème littéraire ; les lumières électriques de la rue et les néons des publicités éclairent les itinéraires du poète-noctambule.

Dans son poème, « La Chanson du mal-aimé » (1913), **Guillaume Apollinaire** (1880-1918) évoque un Paris nocturne vivant et animé.

« Soirs de Paris ivres du gin
Flambant de l'électricité
Les tramways feux verts sur l'échine
Musiquent au long des portées
De rails leur folie de machines

Les cafés gonflés de fumée
Crient tout l'amour de leurs tziganes
De tous leurs siphons enrhumés
De leurs garçons vêtus d'un pagne
Vers toi toi que j'ai tant aimée »

Guillaume Apollinaire, « La Chanson du mal-aimé », *Alcools*, 1920, extrait.

Dans cet extrait, la personnification des nuits « Soirs de Paris ivres du gin » rappelle la fréquentation des cafés et l'alcoolisation de leurs clients évoquée par l'image « siphons enrhumés ». La nuit et l'alcool transforment la ville dont les lumières et les bruits deviennent un spectacle vivant : les tramways sont des notes de musique sur des « portées », les portées représentant les « rails ». Enfin, dans cette ville métamorphosée, les tabliers « garçons de café » prennent l'allure de « pagne » et donnent l'impression que l'on a quitté la ville pour une contrée lointaine.

D'autres écrivains évoqueront le Paris nocturne comme **Aragon** (1897-1982) dans *Le Paysan de Paris* (1926), qui relate la promenade poétique du jeune poète dans le Paris des années 1920. Il adopte le regard naïf d'un paysan qui découvre les lieux célèbres de la capitale. Dans « Le Passage de l'Opéra », Aragon évoque la promenade nocturne de l'écrivain avec ses amis André Breton et Marcel Noll dans le parc des Buttes-Chaumont. Il s'interroge alors sur l'attraction du jardin, « paradis légendaire », où « se meuvent les rêves sauvages des citadins ».
Pour **Philippe Soupault** (1897-1990) dans *Les Dernières Nuits de Paris* (1928), la nuit parisienne fait de la femme un être sensuel :

> Elle n'aimait que la nuit qu'elle semblait épouser chaque soir, et son allure même ne devenait réelle que lorsqu'elle s'éloignait de la lumière pour pénétrer dans l'obscurité. Elle était la nuit même et sa beauté était nocturne. De même que l'on répète avec une parfaite inconscience : clair comme le jour, on ne pouvait s'empêcher d'estimer Georgette belle comme la nuit. Je songe à ses yeux, à ses dents, à ses mains, à cette pâleur qui la couvrait tout entière. Et je n'oublie pas cette fraîcheur qui l'accompagnait.

Chapitre 3
Paris, capitale des arts

Comment Paris s'est-elle forgé la réputation de capitale mondiale des arts ?

1. Paris, carrefour des arts et de la littérature

a. Un Paris représenté

Paris a toujours été associée à l'histoire de l'art mais ses paysages urbains ne deviennent un sujet qu'à partir de la fin du XIXe siècle. Alors que la ville connaissait une reconfiguration spectaculaire, le peintre **Gustave Caillebotte** (1848-1894) a su capter l'énergie et la beauté de cette transformation grâce à la modernité, de son style.

Gustave Caillebotte, *Rue de Paris, temps de pluie*, 1877,
Art Institute of Chicago, États-Unis.

Alors que Gustave Caillebotte s'intéresse aux perspectives des rues et des immeubles ainsi qu'aux promeneurs, **Auguste Renoir** (1841-1919), l'un des peintres impressionnistes les plus importants, s'il peint aussi des paysages urbains comme *Les Grands Boulevards* ou *Le Pont neuf*, s'attache à la sensualité des corps. Il peint leur mouvement, l'éclat de la lumière et de la vie. La série de tableaux sur le bal au moulin de la Galette à Montmartre, en témoigne. Ce tableau retranscrit bien ce moment où les ouvriers viennent boire, dîner et danser.

Auguste Renoir, *Bal du Moulin de la Galette*, 1876, Musée d'Orsay, Paris.

THÈME 2

b. *« Paris était là où était le XXe siècle. »* dit Gertrude Stein.

À la fin du XIXe siècle, au début du XXe, la France, largement à la traîne de l'Europe économique, est le centre indubitable de la littérature et de la peinture de l'Occident Paris réunit « toutes les représentations historiques de la liberté [...] La Révolution française, puis les grands soulèvements parisiens du XIXe siècle, en font, dans le monde entier et selon le récit mythique qui en a circulé, l'incarnation par excellence de la liberté politique.

Fernand Braudel, *Civilisation matérielle, économie et capitalisme - XVe et XVIIIe siècles*, **1979, éd. Armand Colin.**

La ville est aussi « *la ville aux cent mille romans* » comme l'a écrit Balzac, « *la ville qui incarne la littérature* ».

C'est enfin la capitale des arts, du luxe et de la mode. Liberté politique, élégance et intellectualité [...] dessinent donc une configuration unique et mythique, une sorte de figure idéale qui a permis, dans les faits, d'inventer et de perpétuer la liberté de l'art et des artistes.

Pascale Casanova, *Paris, méridien de Greenwich de la littérature*, **1991, éd. Gallimard.**

Entre 1830 et 1945, réfugiés politiques et artistes du monde entier affluent à Paris et font de la capitale « un carrefour mondial de l'art et de la littérature » : « En art, disait Brancusi à Tzara en 1922, il n'y a pas d'étrangers ».

2. Le Paris des artistes : Montmartre et Montparnasse

Montmartre puis **Montparnasse** deviennent les hauts lieux de la vie de « bohème » et de la création artistique qui infusera durant tout le xxe siècle.

a. Montmartre est devenu un lieu fortement touristique où flotte le souvenir de cette période qui inaugure la peinture du xxe siècle. Le **Bateau-Lavoir** a servi de cadre à de nombreux films comme la saison 2 de *Genius*, sur la vie et l'art de Pablo Picasso. Il est aussi présent dans le film d'Éric Rohmer *Les Rendez-vous de Paris* (1995).

ZOOM

Le Bateau-Lavoir

La butte Montmartre, son quotidien et ses édifices, avait été le sujet de prédilection de peintres comme, Renoir, Utrillo, Degas, Van Gogh et Lautrec. Mais Montmartre devient un pôle d'attraction international à partir du « Bateau-Lavoir ».

Le Bateau-Lavoir est le surnom donné à un immeuble sur la butte Montmartre qui a été squatté et divisé en vingt petits ateliers en 1889. Ces ateliers où résidaient les artistes deviennent à partir de 1904 le lieu de réunion et de création de nombreux peintres et sculpteurs français et étrangers, mais aussi de gens de lettres, de théâtre et de marchands d'art. Ont contoyé le Bateau-Lavoir, par exemple, les peintres Kees van Dongen, Juan Gris, Constantin Brâncuși, Amedeo Modigliani, et les écrivains Pierre Mac Orlan, Max Jacob et Blaise Cendrars. Pablo Picasso arrive en 1904 et gardera un atelier jusqu'en 1912. Fernande Olivier arrive au Bateau-Lavoir tout d'abord comme modèle, puis deviendra écrivaine. Elle restera méconnue jusque dans les années 2000.

b. Montparnasse

Avec la Première Guerre mondiale, les artistes qui vivaient au Bateau-Lavoir et sur la Butte, déménagent principalement à **Montparnasse**. Ce quartier populaire de la rive gauche leur offre des ateliers peu chers et un environnement de cafés bon marché qui facilite les rencontres, l'amitié et l'émulation. Les cafés comme *Le Dôme*, *La Closerie des Lilas*, *La Rotonde*, *Le Select* et *La Coupole*, devenus des lieux importants de la vie parisienne, laissaient les artistes occuper une table toute la soirée en consommant peu. Ce foyer de créativité et d'inventions attire des amateurs d'art fortunés, surtout venus des États-Unis, des commanditaires et des marchands d'art à la recherche de talents nouveaux dans cette communauté mondialisée qui formera l'**École de Paris**.

Aux côtés de la peinture et de la sculpture, la **photographie** est également présente. C'est à Paris que l'Américain **Man Ray** (1890-1976) commence sa carrière de photographe en s'associant aux cercles des artistes et écrivains du **mouvement surréaliste**. Il rejoint la communauté d'Américains vivant à Paris. Cette communauté se retrouvait notamment chez l'écrivaine Gertrude Stein et chez Sylvia Beach qui fonda, en 1919, la librairie anglophone *Shakespeare and Company*. C'est encore aujourd'hui une institution littéraire de la rive gauche.

Vers l'écriture personnelle

Faites une recherche sur le récit de l'écrivain américain Ernest Hemingway, *Paris est une fête*, et répondez aux questions suivantes :

1. Dans un paragraphe dites ce vous pensez du titre de ce récit autobiographique.

2. Quels sont les principaux lieux parisiens cités par l'auteur ?

Progressivement, les **surréalistes** se détachent de Montparnasse pour investir les **Grands Boulevards**, les écrivains, les poètes et philosophes prennent, quant à eux, leurs habitudes dans le **Quartier latin** et à **Saint-Germain-des-Près**.

> « Ici, écrit Henri Michaux à propos de la fameuse et pourtant très marginale, très pauvre, très petite, librairie d'Adrienne Monnier, ici est la patrie de ceux qui n'ont pas trouvé de patrie, cheveux de l'âme flottant librement »

> « D'une part, de grands cosmopolites, et surtout, d'autre part, de grands immigrés qui viennent à Paris pour emprunter et « importer » dans leur pays les grandes innovations qu'ils y découvrent, pour les faire connaître chez eux et provoquer ainsi de grandes révolutions spécifiques. »

Cité par Pascale Casanova, *Paris, méridien de Greenwich de la littérature,* **1991, éd. Gallimard.**

3. Le tournant de la Seconde Guerre mondiale

La **Seconde Guerre mondiale** disperse la société artistique et culturelle de cette époque.

Après la Seconde Guerre mondiale, malgré son affaiblissement, Paris devient un centre parmi d'autres au milieu des nouvelles capitales artistiques européennes. Il continue d'attirer de jeunes artistes étrangers en quête de forma-

tion d'autant que l'accès aux titres de séjour est facilité par l'État français. Les jeunes artistes peuvent bénéficier d'une bourse d'études par le biais des ambassades françaises ou de leur pays d'origine.
De 1945 à 1970, des Européens, de jeunes Nord-Américains, Latino-Américains, Maghrébins, Africains, Moyen-orientaux, Extrême-orientaux vont s'installer et travailler en France.
Une exposition au musée de l'Histoire de l'immigration à Paris a présenté ce pan oublié de la vie culturelle parisienne.

Extrait du dossier de presse de cette exposition, à propos de ces artistes :

> « L'étranger est au carrefour de plusieurs cultures, qui parfois se mêlent, parfois entrent en tension. Les artistes viennent s'imprégner à Paris des chefs-d'œuvre historiques et se nourrir de la création contemporaine. Hybridation, métissage, dialogue, influences réciproques : leur style, établi durant leurs années de formation, change au contact des mouvements artistiques parisiens, et contribue à les renouveler.
> Wifredo Lam associe cubisme, influences picassiennes et surréalisme aux symboles et rites afro-cubains.
> Zao Wou-Ki croise peinture traditionnelle chinoise et abstraction lyrique, tandis qu'Ahmed Cherkaoui peuple ses œuvres abstraites de symboles berbères.
> Maria Helena Vieira da Silva garde en mémoire les perspectives urbaines de sa Lisbonne natale, et Shafic Abboud des souvenirs de la lumière libanaise.
> Joan Mitchell revisite l'expressionnisme abstrait new-yorkais en s'imprégnant des paysages des impressionnistes.
> Iba N'Diaye se nourrit des maîtres classiques pour peindre les mythologies sahéliennes. »

4. Une ville-musée

Est-ce à dire que Paris cesse alors d'être une « capitale des arts » pour n'être plus qu'une ville-musée figée dans le passé ?

a. Un lieu de formation pour les artistes

Les mouvements artistiques et culturels qui se sont croisés de la fin du XIXe siècle et tout au long du XXe siècle ont fait de Paris un **phare** qui a rayonné et qui rayonne encore dans le monde. En effet, les artistes se forment et trouvent une partie de leur inspiration en fréquentant les musées où ils étudient les grands maîtres. Paris, de ce point de vue, est une ville propice au développement d'une culture personnelle.

Les musées présentent, outre leurs collections permanentes, des expositions temporaires centrées sur un thème ou un artiste, construites avec des œuvres provenant d'organismes publics ou privés, et qui parfois font dialoguer des œuvres du siècle passé et des artistes contemporains, des artistes français et des artistes étrangers. Ces expositions nourrissent non seulement un large public mais aussi les artistes d'aujourd'hui et de demain.

b. Paris et l'accueil des artistes étrangers

L'art contemporain s'est internationalisé, et Paris n'est plus la seule capitale des arts. Son aura reste cependant intacte et Paris compte encore comme une ville de liberté et d'accueil des artistes et des politiques exilés. Les derniers attentats ont d'ailleurs spécifiquement visé le mode de vie parisien. En effet, de nos jours encore, La France, même si sa politique d'accueil des exilés et des réfugiés politiques est limitée, conserve un prestige qui attire les artistes qui fuient leur pays pour des raisons politiques. On expose et on publie par exemple des artistes syriens, iraniens, ukrainiens.

La Gaité Lyrique, établissement culturel de la Ville de Paris, est un lieu ouvert qui se veut au croisement des arts, des technologies, de la recherche et des enjeux de société. Ce lieu, anciennement dévolu à l'opérette, au cirque et à la musique s'est ouvert aux **arts numériques visuels et musicaux**. Le projet actuel est d'en faire « un lieu de vie, de création et d'engagement, une fabrique de l'époque ». La programmation se construit en abordant des sujets de sociétés actuels – la condition des femmes à travers le monde, le climat, les réfugiés, les *fake news*, par exemple – et en éclairant les scènes raps et électroniques internationales.

5. Paris, capitale du cinéma

a. L'invention du cinéma

La **première projection cinématographique publique** a été réalisée à Paris, le 28 décembre 1895, par **Antoine Lumière** (1840-1911). Il montre la sortie d'une usine de Lyon, où a été inventé l'appareil. C'est également à Paris que **Georges Méliès** (1861-1938) invente « l'art du cinéma ». Les premiers films parlants sortent à Paris entre 1927 et 1928.

b. Paris et la « Nouvelle vague »

Le mouvement qui fut appelé la « Nouvelle Vague » prend naissance à Paris. De jeunes réalisateurs et réalisatrices, dont **Jean-Luc Godard**, **François Truffaut** ou **Agnès Varda** révolutionnent la façon de faire des films et ouvrent la voie d'un cinéma indépendant des grands studios de Hollywood. Ces jeunes réalisateurs fréquentaient assidument la Cinémathèque française qui servit ensuite de modèle aux cinémathèques étrangères.

c. Une aide à la création, le CNC

Le CNC (Centre national du cinéma et de l'image animée, dont le siège est à Paris) a mis en place des aides pour soutenir la création française et étrangère dans l'écriture et la réalisation de films, de séries, TV, de jeux vidéo.

d. Paris : sujet et le lieu de tournage

Paris devient pour certains réalisateurs français le cadre ou le sujet de leur film. *La Traversée de Paris* (1956) de Claude Autan-Lara nous rappelle l'Occupation en 1943 avec réalisme tout comme *Le Dernier Métro* (1980) de François Truffaut, tandis que *Paris brûle-t-il ?* (1966) de René Clément évoque la libération de Paris en août 1944.

Chacun cherche son chat (1996) d'Olivier Py montre par le biais des personnages d'un immeuble parisien, l'isolement de chacun dans une grande métropole et la solidarité qui peut pourtant y exister. Enfin, *Le Fabuleux Destin d'Amélie Poulain* (2001) de Jeunet est un étonnant conte contemporain dans un Paris mythique et intemporel. Ce film, qui rencontra un succès populaire international, a amené de nombreux cinéphiles à Montmartre à la recherche des lieux emblématiques du tournage.

ZOOM

Jacques Becker, *Casque d'or*, 1952

Le film *Casque d'Or* est une plongée dans le Paris criminel de la Belle époque et des gangs de jeunes délinquants appelés les « Apaches ». Les Apaches sont des bandes qui terrorisent Paris en 1900. De nos jours ces « Pinky Blinders » à la française font partie de l'histoire des gangs exploitée par des jeux immersifs, *escape game* ou jeux de rôles. La musique sur laquelle s'achève le film est *Le Temps des cerises* qui elle aussi a fait le tour du monde et reste une référence de la culture révolutionnaire. Cette chanson, écrite en 1866, est devenue l'hymne de la Commune de Paris. Elle a été dédiée, en 1882, par le chansonnier, militant républicain et communard Jean-Baptiste Clément à Louise, une ambulancière morte à Paris pendant la Semaine sanglante. *Le Temps des cerises* est dans l'imaginaire populaire, le symbole de multiples espoirs ou aspirations (révolution populaire, résistance du peuple, luttes ouvrières, évolutions sociales, liberté d'expression, émancipation, etc.).

À côté du cinéma français, **le cinéma international** a également choisi la ville de Paris comme cadre : on peut citer les films suivants *Tout le monde dit I love you* (1996) de Woody Allen, *Moulin Rouge* (2001) de Baz Luhrmann ou *Da Vinci code* (2006) de Ron Howard adapté du roman de Robert Langton. En 2006, le film *Paris, je t'aime*, composé de plusieurs sketchs mettant en avant chacun un quartier représentatif de l'un des vingt arrondissements de la capitale, réunit pour les tournages vingt-et-un réalisateurs de douze nationalités différentes.

Paris n'est pas seulement un palimpseste[1] urbain où s'imbriquent des édifices et des espaces témoins de moments décisifs de l'Histoire mais il s'inscrit dans une culture qui, jusqu'à présent, a privilégié la liberté d'expression, la culture et les arts, la fameuse « exception culturelle ».
Paris reste le lieu des décisions politiques et économiques, une étape incontournable pour les artistes, même si ces derniers vivent et se déplacent dans un monde cosmopolite. La création, on l'a vu, s'épanouit et se développe dans un brassage informel d'énergies et d'inventions, et par des rencontres concrètes et vivantes entre des artistes et des œuvres.
Dans un monde en pleine mutation, où se joue l'avenir des humains et de la planète, les modes de création, de production et de communication vont devoir changer, les réseaux numériques se discipliner. Seront capitales les villes qui sauront relever tous les défis de notre temps.

1 Palimpseste : parchemin dont la première écriture, grattée ou lavée, a fait place à un nouveau texte.

Chapitre 4
Paris, lieux de fête

1. Les manifestations festives parisiennes

a) Sous l'Ancien Régime, les événements festifs sont nombreux, notamment à travers les fêtes religieuses. Mais d'autres fêtes, comme la célébration du premier de l'an, le Carnaval ou les célébrations militaires se développent.
Jusqu'à la fin du XVIIIe siècle, les exécutions capitales sont également prétexte à des réjouissances. Les naissances, mariages et enterrements des membres de la famille royale sont aussi l'occasion de faire la fête. Avec **la Révolution**, les fêtes religieuses perdent en importance et ce sont d'autres événements comme la prise de la Bastille, le 14 juillet, qui sont célébrés.

b) Aujourd'hui, **la Ville de Paris** organise des événements festifs, sportifs et culturels tout au long de l'année. Les Franciliens et les touristes se retrouvent ainsi à **Paris Plages,** pendant la **Nuit Blanche,** le **Marathon de Paris,** le **tournoi du Grand Chelem de Roland Garros,** l'**arrivée du Tour de France cycliste,** le **feu d'artifice du 14 juillet** tiré depuis le Trocadéro, la **Marche des Fiertés LGBT, la Techno Parade**…

c) Les processions et fêtes communautaires comme la fête de Ganesh (fête indienne) et la fête du nouvel an chinois avec son dragon et ses pétards destinés à faire fuir les mauvais esprits se déroulent dans les rues de Paris et accueille en nombre important de participants et de badauds. Le défilé du Nouvel an chinois a lieu dans le XIIIe arrondissement de Paris.

Vers l'écriture personnelle

Pour voir comment est célébré le nouvel an chinois à Paris, regardez cette vidéo de l'INA.

Regardez la vidéo.
liennathan.fr/m3jk42

d) La marche des fiertés en France, aussi appelée la *Pride* ou anciennement la marche nationale des homosexuels et des lesbiennes ou *Gay Pride*, désigne l'ensemble des **marches des fiertés LGBTQI+** en France qui ont lieu chaque année, dans les grandes villes. La première marche a été organisée à Paris en 1977. À l'origine, les revendications étaient surtout politiques et liées à une plus grande visibilité. Aujourd'hui, les revendications sont plus ciblées (PACS, mariage pour tous, adoption, ouverture de la procréation médicalement assistée). Cette marche est accompagnée de moments festifs. Pour des raisons environnementales et de sécurité, la marche en 2023 se fera sans char.

e) Chaque année, le **Carnaval Tropical**, aux couleurs des Caraïbes et du monde, se tient à Paris, en principe sur les Champs-Élysées. Plus de 2 500 personnes participent à ce moment festif. Ils viennent de l'Île-de-France, des Outre-mer (Guadeloupe, Martinique, Guyane), et de l'étranger (Haïti, Bolivie, Pérou, Colombie ou Brésil). Ce festival attire plusieurs dizaines de milliers de spectateurs.

Pour en savoir plus

Regardez les images du Carnaval tropical.
liennathan.fr/w4w34y

2. La scène musicale parisienne

a. La Fête de la Musique

En 1982 le ministère de la Culture donna l'impulsion de la première Fête de la Musique, un 21 juin, jour symbolique du solstice d'été, dans toute la France. Cette manifestation a connu un grand succès, s'est rapidement exportée et a pris le nom de *World Music day* sur le plan international. Tous les styles et toutes les formes sont représentés : des concerts aux groupes en passant par des chorales. Les amateurs de tout niveau peuvent s'exprimer devant un public de badauds acquis à ces démonstrations festives et ludiques. Chaque année la région de l'Île-de-France propose de très nombreux concerts gratuits.

ZOOM

Le centre de hip hop La Place

Tourné vers les jeunes et voulu par la Mairie de Paris, le centre de Hip Hop « La Place » est implanté dans le Forum. Ses équipements (salle de concert, espaces de création équipés, espace d'exposition et de danse) en font un lieu hybride dans lequel se rencontrent spectacles vivants, concerts, expositions et workshops. Ce centre culturel est le complément du 104 et de La grande Halle de la Villette qui accueillent des créations de la culture urbaine.
Le Forum des Halles, s'il comprend des équipements culturels, est surtout perçu, tant par les Parisiens que par les touristes, comme étant principalement un temple de la société de consommation.

Un peu d'histoire

Après l'excavation du « trou des Halles », suite à la destruction des Pavillons Baltard et au déplacement du marché de gros à Rungis, on inaugure en 1977 la gare d'interconnexion RER. Pour le romancier, Pierre Grenet, le Forum des Halles est perçu comme un « symptôme de la politique de la ville et de ses enjeux politiques et commerciaux. »

En 2002, suite aux constats de dégradation de l'édifice et des problèmes liés à la sécurité, la Mairie décide de réorganiser complètement le Forum. En 2006, les architectes P. Berger et J. Anziutti ont été désignés lauréats du concours avec un projet baptisé « Canopée ». « Le défi à relever par les collectivités locales et les habitants de la métropole parisienne était bien de concevoir une entrée de Paris qui favorise les liens sociaux et la mixité des 750 000 personnes entraînées quotidiennement dans ce tourbillon d'échangeur ferroviaire et surtout des 150 000 qui sortent de la gare pour déambuler dans le centre commercial ou pour rejoindre les rues en surface. » (P. Grenet)

Des études ont mis en évidence que le forum était fréquenté à 94 % par des non riverains dont 70 %, venant par les transports publics de l'extérieur de Paris.

« Les jeunes de banlieue trouvaient là un lieu de rencontre [...] mi-banlieue par la fréquentation, mi-parisien par la localisation dans le centre de la capitale. Les jeunes banlieusards appréciaient d'être moins étiquetés et stigmatisés que dans les cités et de pouvoir y développer des styles et des stratégies de drague dans un relatif anonymat. », précise Pierre Grenet (Billet de blog, sur *Médiapart*, 29 mars 2016.)

2. Sortir la nuit dans Paris

La vie nocturne parisienne participe à son attractivité et sa renommée de capitale festive. Les lieux de fêtes, de détente, de culture sont nombreux : cafés, restaurants, boîtes de nuit...

a. La nuit parisienne, par les écrivains du XIXe siècle

Deux personnages émergent dans la nuit parisienne au XIXe siècle : le noctambule, bourgeois qui s'encanaille, et le rôdeur. Les rapports de police en témoignent... Le regard y compte beaucoup : on interprète les présences nocturnes, leur façon de marcher. Ainsi, le rôdeur est censé se tapir dans les coins, attendre son heure. Le rôdeur de nuit est associé aux mauvais coups, la rôdeuse à la prostitution clandestine. Leur comportement suffit à justifier l'arrestation. Le noctambule mondain, en revanche, bénéficie d'une plus grande tolérance. Il ne pose problème que quand il y a trouble à l'ordre public.

Gilles Heuré, « La nuit dans l'histoire », *Telerama.fr,* 1 janvier 2008.

Dans ***Bel-Ami*** (1885) de Maupassant, Clotilde de Marelle, jeune aristocrate et amante de George Duroy, cherche à « s'encanailler » dans des lieux fréquentés par des ouvriers.

Il demanda :

— Veux-tu aller chez le père Lathuile ?

Elle répondit :

— Oh ! non, c'est trop chic. Je voudrais quelque chose de drôle, de commun, comme un restaurant où vont les employés et les ouvrières ; j'adore les parties dans les guinguettes ! Oh ! si nous avions pu aller à la campagne !

Comme il ne connaissait rien en ce genre dans le quartier, ils errèrent le long du boulevard, et ils finirent par entrer chez un marchand de vin qui donnait à manger dans une salle à part. Elle avait vu, à travers la vitre, deux fillettes en cheveux attablées en face de deux militaires. [...]

Ils mangèrent un ragoût de mouton, une tranche de gigot et une salade. Clotilde répétait :

— Moi, j'adore ça. J'ai des goûts canailles. Je m'amuse mieux ici qu'au café Anglais.

Puis elle dit :

— Si tu veux me faire tout à fait plaisir, tu me mèneras dans un bastringue. J'en connais un très drôle près d'ici qu'on appelle La Reine Blanche. [...]

Lorsqu'ils furent dans la rue, elle reprit, tout bas, avec ce ton mystérieux dont on fait les confidences :

— Je n'osais point te demander ça, jusqu'ici ; mais tu ne te figures pas comme j'aime ces escapades de garçon dans tous ces endroits où les femmes ne vont pas. Pendant le carnaval, je m'habillerai en collégien. Je suis drôle comme tout, en collégien.

Quand ils pénétrèrent dans la salle de bal, elle se serra contre lui, effrayée et contente, regardant d'un œil ravi les filles et les souteneurs et, de temps en temps, comme pour se rassurer contre un danger possible, elle disait, en apercevant un municipal grave et immobile : « Voilà un agent qui a l'air solide. » Au bout d'un quart d'heure, elle en eut assez, et il la reconduisit chez elle.

Alors commença une série d'excursions dans tous les endroits louches où s'amuse le peuple ; et Duroy découvrit dans sa maîtresse un goût passionné pour ce vagabondage d'étudiants en goguette.

Guy de Maupassant *Bel-Ami,* 1885.

C'est sur les Grands Boulevards que la nuit parisienne est la plus active, au XIXe siècle.

⟶ Exploitation d'un document

Question : Lisez le poème de Baudelaire, « Le Crépuscule du soir », extrait du recueil *Le Spleen de Paris* (1869), puis montrez comment le poète décrit un Paris qui, la nuit, s'anime, devient fantastique et se remplit de créatures étranges et effrayantes.

Le jour tombe. Un grand apaisement se fait dans les pauvres esprits fatigués du labeur de la journée ; et leurs pensées prennent maintenant les couleurs tendres et indécises du crépuscule.
Cependant du haut de la montagne arrive à mon balcon, à travers les nues transparentes du soir, un grand hurlement, composé d'une foule de cris discordants, que l'espace transforme en une lugubre harmonie, comme celle de la marée qui monte ou d'une tempête qui s'éveille.
Quels sont les infortunés que le soir ne calme pas, et qui prennent, comme les hiboux, la venue de la nuit pour un signal de sabbat ? Cette sinistre ululation nous arrive du noir hospice perché sur la montagne ; et, le soir, en fumant et en contemplant le repos de l'immense vallée, hérissée de maisons dont chaque fenêtre dit : « C'est ici la paix maintenant ; c'est ici la joie de la famille ! » je puis, quand le vent souffle de là-haut, bercer ma pensée étonnée à cette imitation des harmonies de l'enfer.
Le crépuscule excite les fous. — Je me souviens que j'ai eu deux amis que le crépuscule rendait tout malades. [...]
Le premier est mort fou, incapable de reconnaître sa femme et son enfant ; le second porte en lui l'inquiétude d'un malaise perpétuel, et fût-il gratifié de tous les honneurs que peuvent conférer les républiques et les princes, je crois que le crépuscule allumerait encore en lui la brûlante envie de distinctions imaginaires. La nuit, qui mettait ses ténèbres dans leur esprit, fait la lumière dans le mien ; et, bien qu'il ne soit pas rare de voir la même cause engendrer deux effets contraires, j'en suis toujours comme intrigué et alarmé.
Ô nuit ! ô rafraîchissantes ténèbres ! vous êtes pour moi le signal d'une fête intérieure, vous êtes la délivrance d'une angoisse ! Dans la solitude des plaines, dans les labyrinthes pierreux d'une capitale, scintillement des étoiles, explosion des lanternes, vous êtes le feu d'artifice de la déesse Liberté !

Crépuscule, comme vous êtes doux et tendre ! Les lueurs roses qui traînent encore à l'horizon comme l'agonie du jour sous l'oppression victorieuse de sa nuit, les feux des candélabres qui font des taches d'un rouge opaque sur les dernières gloires du couchant, les lourdes draperies qu'une main invisible attire des profondeurs de l'Orient, imitent tous les sentiments compliqués qui luttent dans le cœur de l'homme aux heures solennelles de la vie.
On dirait encore une de ces robes étranges de danseuses, où une gaze transparente et sombre laisse entrevoir les splendeurs amorties d'une jupe éclatante, comme sous le noir présent transperce le délicieux passé ; et les étoiles vacillantes d'or et d'argent, dont elle est semée, représentent ces feux de la fantaisie qui ne s'allument bien que sous le deuil profond de la Nuit.

Pistes de réponse

Le paysage urbain que décrit le poète est celui de Paris : au crépuscule quand la nuit tombe. Le changement de lumière qui va des « lueurs roses qui traînent encore à l'horizon », aux « tâches d'un rouge opaque » puis au « noir » de la nuit, accompagnée des « étoiles vacillantes d'or et d'argent » entraîne des changements, non seulement dans le paysage, mais également sur les personnes : le crépuscule « excite les fous » et provoque « l'inquiétude d'un malaise perpétuel ».

THÈME 2

Vers l'écriture personnelle

Lisez l'article suivant de *Télérama*.
liennathan.fr/9as88w

1. À votre avis, la vie nocturne en ville au XXIe siècle a-t-elle changé par rapport à celle décrite dans l'article ? Vous répondrez dans un écrit argumenté.

2. La vie nocturne en ville vous paraît-elle particulièrement dangereuse ? Vous répondrez dans un écrit argumenté.

b. Boîtes de nuit et night-clubs

L'histoire des boîtes de nuit parisiennes remonte au début du XXe siècle. Pendant les **années 1920**, des clubs de jazz, des cabarets comme le Lido et le Casino de Paris apparaissent. Le Caveau de la Huchette, qui existe toujours, est fondé en 1949.

Après la **Seconde Guerre mondiale**, de nouveaux cabarets voient le jour : Le Club Saint-Germain et Les Trois Mailletz où se retrouvent artistes, écrivains et intellectuels.

La scène musicale s'épanouit avec l'arrivée du rock'n'roll et des premiers clubs de musique live. C'est pendant les années disco, les **années 1980**, que les discothèques parisiennes connaîtront leur apogée avec Le Palace et Les Bains douches qui deviennent des lieux de la vie nocturne branchée.

ZOOM

La Main jaune

La Main Jaune ouvre en 1879, porte de Champerret. C'est le premier « Roller Disco » de France et la plus grande boîte de patins à roulette d'Europe. Dans les années 1980, cet espace de 1500 m^2, dans lequel des DJ passent de la musique disco, est très à la mode. On chausse ses patins à l'étage, on glisse sur un toboggan et on atterrit dans la salle. La Main jaune devient célèbre grâce au film *La Boum*, film de Claude Pinoteau avec Sophie Marceau et Claude Brasseur. La Main Jaune ferme ses portes en 2003.

Regardez l'extrait de *La Boum* qui se déroule dans la célèbre boîte de nuit.
liennathan.fr/93d6fm

Depuis une dizaine d'années, les boîtes de nuit parisiennes changent et de nouveaux bars et clubs émergent proposant des styles musicaux variés et adaptés aux goûts du public.

c. L'événement « Nuit blanche »

La **Nuit blanche**, lancée en 2002 et qui se déroule chaque année, célèbre l'art contemporain qui s'expose dans les rues et monuments de Paris. Il s'agit d'un rendez-vous essentiel de la vie culturelle de la capitale. Les Parisiens et les touristes ont accès gratuitement à ces œuvres d'art : projections, sculptures, concerts, installations…

Voici comment cet article du journal *Libération*, présente l'événement en 2022 :

> Du premier soir, un certain 5 octobre 2002, à ce samedi, l'itinéraire a sans cesse changé, sans que la note d'intention ait bougé d'un iota : déambulation artistique invariablement repensée (et gratuite), Nuit blanche est devenue dès sa naissance le rendez-vous prisé d'une population avide de découverte, ou juste demandeuse d'animation « insolite ». Relisant le Petit Poucet au gré d'installations, sculptures, projections et autres performances du temps présent (comprendre : de préférence interactives, ou immersives), une foule souvent compacte aime à baguenauder de la sorte, en butinant toute une série de propositions disséminées aux quatre coins de Paris, dans des endroits tantôt emblématiques, tantôt méconnus ou ordinaires (jardins, esplanades…)
>
> Gilles Renault, Promenons-nous dans l'éclat, Nuit blanche 2022 à Paris : la sélection de «Libé », liberation.fr 30 septembre 2022.

3. Se protéger la nuit

a. Un *Manifeste de la vie nocturne*

L'été, **les noctambules** occupent l'espace public comme les berges de Seine ou le canal Saint-Martin, afin de se retrouver pour pique-niquer et boire un verre. Les comportements désinhibés par l'alcool, le bruit et les incivilités peuvent déranger les riverains et entraîner des conflits. Des nuisances sonores peuvent également être générées par les usagers des terrasses des bars et des restaurants. Il est donc essentiel de réguler la vie nocturne, comme dans toutes les grandes villes. La mairie de Paris a rédigé un *Manifeste de la vie nocturne* qui invite les « acteurs économiques de la nuit, riverains et noctambules à se mobiliser, pour des nuits de qualité, dans le bien-être, la diversité, la solidarité et le respect. Ce manifeste vise à l'épanouissement de tous les usages de la nuit : le repos, le travail et le loisir. »

Vers l'écriture personnelle

D'autres grandes villes en France ont créé des structures pour permettre une vie nocturne à la fois ouverte à toutes et tous mais également respectueuse de l'environnement urbain.

Effectuez une recherche sur ces dispositifs et dites s'ils vous paraissent efficaces.

b. Une charte de « bienveillance »

Un tiers des boîtes de nuit parisiennes ont signé une charte de « bienveillance » avec la ville de Paris pour lutter contre les nuisances sonores, les violences sexuelles, la consommation de drogue...

> La Ville de Paris a dressé une liste de ces lieux nocturnes bons élèves en plusieurs points.
>
> **Le harcèlement dans le viseur**
>
> Elle recense ces endroits où, à l'intérieur, les fêtards ne sont pas surexposés à l'alcool, sollicités par la drogue. Où, surtout, les femmes peuvent passer une soirée sans être importunées, harcelées, sexuellement agressées. Et où les patrons ne font pas passer leur business avant la tranquillité des riverains.
>
> Le Glazart, l'un des temples de la techno, situé porte de la Villette (XIXe arrondissement), fait partie de ces bons élèves. « Je ne laisse pas quelqu'un qui va mal sur le trottoir. J'appelle les pompiers, quitte à avoir des emmerdes, même si c'est mauvais pour l'image », souligne Arnaud Perrine, le patron des lieux. « Un endroit pionnier en matière de lutte contre les stupéfiants et les violences sexuelles et sexistes », selon les mots de Frédéric Hocquard, adjoint (PS) en charge de la vie nocturne. Mais une politique qui a valu à Arnaud Perrine de voir le Glazart subir un mois de fermeture administrative, sur ordre de la préfecture de police, à cause d'une affaire de viol et de deux cas d'overdose.
>
> À la suite de cette affaire, Arnaud Perrine a ajouté un vigile devant les toilettes hommes en plus de celui des toilettes femmes, et une nouvelle caméra de surveillance au-dessus de la porte d'entrée des W.-C. La Ville s'est appuyée sur trois associations : Fêtez clairs, Consentis et Act Right. Elles interviennent dans la prévention et dans la lutte contre les violences sexuelles et sexistes. « Un tiers sur la centaine de boîtes et clubs que compte Paris a joué le jeu », détaille Frédéric Hocquard, adjoint (PS) chargé de la vie nocturne. Et de camper le décor : « La nuit est un temps de lâcher prise. On sait qu'il y a des conduites à risques. Il faut miser sur la prévention et la formation.

Céline Carez et Estelle Dautry, « Nuisances, violences sexuelles, alcool, drogue… comment Paris veut rendre la nuit "bienveillante" », *Le Parisien, 25 février2023*

c. Consommation d'alcool et de drogues

La nuit, c'est également le moment des excès et, Paris, comme dans les autres grandes villes, la **consommation d'alcool** est forte. La Ville de Paris, en concertation avec toutes les parties prenantes (bars, boîtes de nuit, riverains, politiques…), mène **une politique de la vie nocturne**, dans le cadre des **conseils de la nuit**. Par ailleurs, quand une loi ou un règlement qui règlemente les débits de boisson est enfreinte, le Préfet de police peut prendre des mesures, dont des fermetures temporaires de l'établissement.
Des dispositifs comme *Fêtez Clairs*, collectif de treize associations et piloté par la Ville de Paris et la Préfecture de Paris, ont pour vocation de répondre aux pratiques à risque liées à la fête (consommation d'alcool, de drogues, risques liés à la sexualité…).

La **consommation de crack**, dérivé de la cocaïne, très addictif, est un problème de santé et de sécurité publiques. Il concerne un public majoritairement très défavorisé, parfois sans-papiers et souvent fragile psychologiquement. Un « camp » de consommateurs de crack qui se trouvait près de la porte de la Villette a été démantelé en 2022 et ils se sont retrouvés, pour beaucoup, porte de la Chapelle. À cet endroit se trouve un espace de repos tenu par des associations qui accueillait, en 2022, entre 80 et 100 personnes par jour. Aujourd'hui, ce sont 300 personnes qui y viennent.

Des **haltes soins addictions** (HSA), dites **« salles de shoot »**, ont été autorisées dans le cadre des modifications apportées en décembre 2021 à la loi de « modernisation de notre système de santé » de janvier 2016. Malgré les réticences des riverains, dans ces lieux, les personnes majeures « qui souhaitent bénéficier de conseils en réduction de risques » sont autorisées à « détenir » et « consommer » des drogues, sans pour autant que le professionnel qui les écoute ne puisse être poursuivi pour « complicité ».

3. Ceux qui dorment dehors

La nuit à Paris, ce sont également des personnes qui, faute de logement, vivent dans la rue. Environ **3 000 personnes**, hommes, femmes et même enfants dorment dehors. Les trois quarts de ces personnes vivent dans la rue et un quart dans des campements dans les bois de Vincennes et de Boulogne, sur les abords du périphérique, dans les stations de métro, RER, dans les gares... Des hébergements existent mais en nombre insuffisant. Pour ces personnes, les maraudes de nuit assurées par des associations ou le Samu social sont essentielles. Elles permettent aux personnes sans domicile fixe, souvent en situation de détresse, de maintenir un lien social et interviennent en cas de besoin. Parmi les personnes sans domicile, certaines sont toxicomanes.

La mairie de Paris organise depuis 2018, la **Nuit de la Solidarité** à Paris. Pendant cette nuit, des personnes bénévoles parcourent les rues de la capitale pour compter les personnes sans domicile fixe. Ils établissent un contact avec les sans-abris, collectent des informations et leur proposent de l'aide. Cette Nuit de la Solidarité permet de sensibiliser les Parisiens à la situation de ces personnes SDF pour lutter contre l'exclusion sociale.

SYNTHÈSE

Paris est réputée pour ses monuments emblématiques tels que la Tour Eiffel, l'Arc de Triomphe et la Cathédrale Notre-Dame, ainsi que pour ses quartiers historiques comme Montmartre et le Quartier latin.

Capitale des arts, Paris attire également les touristes par ses nombreux musées et la ville est un centre culturel majeur où artistes, écrivains, cinéastes et intellectuels sont venus du monde entier.

Entre bars et boîtes de nuit, la vie nocturne y est également très active. Mais cette image à la fois festive et libre de la ville ne doit pas cacher, d'une part les dérapages liés à ces moments de fêtes et, d'autre part, le fait qu'une partie de la population en est exclue.

MOTS ET NOTIONS CLÉS :
Champs-Élysées, les Halles, Montmartre, Montparnasse, la Tour Eiffel, Fête de la Musique, Gay Pride, Nuit blanche, Ville Lumière.

Corrigé

Sujet d'écriture personnelle : Paris fait-elle toujours rêver ? Vous répondrez à cette question dans un écrit organisé.

On constate, avec la reprise du tourisme après l'épidémie de la Covid-19, que Paris suscite toujours fascination et émerveillement. Pour autant, la capitale fait-elle toujours rêver ?
Nous verrons que si Paris fait toujours rêver, elle risque de pâtir de son image mais qu'elle reste, finalement, une grande métropole comme les autres.

I. La ville de Paris fait encore rêver
1. Paris, ville de liberté et d'accueil
Paris a conservé son aura et a longtemps accueilli, et continue d'accueillir, des artistes et des politiques exilés.
Exemple :
Même si Paris est concurrencée par d'autres villes européennes ou internationales, de nombreux artistes se sont réfugiés à Paris après la Seconde Guerre mondiale. On peut évoquer Victor Vasarely, Vassily Kandinsky ou Marc Chagall.
2. La ville de Paris est perçue comme une ville « romantique »
Pour beaucoup d'étrangers, Paris est perçue comme la ville de l'amour, où l'on va en lune de miel.
Exemple :
La photographie de Robert Doisneau, *Baiser de l'hôtel de ville* (1950)
3. La fréquentation touristique montre que cet engouement est toujours fort.
Le tourisme a repris depuis la fin de la pandémie de la Covid-19 et les touristes visitent à nouveau les musées.
Exemple :
Le nombre billets vendus pour visiter le Louvre, en 2022, a atteint 7,8 millions, même si le chiffre est resté un peu inférieur à celui de 2019.

II. Mais Paris risque de pâtir de cette image
1. Une ville-musée
Comme d'autres villes très touristiques dans le monde (Venise, par exemple), Paris ne risque-t-elle pas d'être réduite à son patrimoine touristique ? En effet, la ville, en misant beaucoup sur le tourisme, perd une partie de ses habitants.
Exemple :
Le développement des plateformes de location immobilière a transformé des appartements en logements réservés aux touristes.
2. Une ville cliché
Paris bénéficie d'une bonne image à l'étranger, image d'une ville romantique, où il fait bon vivre mais cette image est souvent déformée et la ville est représentée à travers des clichés.

Exemple :
La série *Emily in Paris* présente un Paris qui ne correspond pas à la réalité avec ses images de carte postale.

III. Finalement Paris est une ville comme les autres grandes villes

1. Les risques que présente la vie à Paris

La vie parisienne est une vie faite d'excès, avec ses codes particuliers et ses univers interdits. La ville prend alors un tour inquiétant (espaces interlopes, rues malfamées, personnages infréquentables).

Exemples :
Trafic et consommation de crack, actes de délinquance... Les attentats terroristes de 2015 ont également eu des conséquences sur la fréquentation touristique.

2. Des défis à relever

Paris est confrontée à des défis en matière de sécurité. Touchée par des actes terroristes, des mesures de sécurité pour prévenir de tels actes ont été mises en place.

Exemple :
Les musées et autres lieux de culture ont installé des systèmes de sécurité : portiques de détection, vigiles pour fouiller les sacs des visiteurs.

Paris véhicule un imaginaire et continue de faire rêver malgré les risques que cette ville présente. Les défis à relever sont complexes et nécessitent une coopération entre les acteurs locaux – politiques, habitants, entreprises – pour assurer aux Parisiens une qualité de vie.

Partie 4
Paris, capitale internationale ?

Sujet d'écriture personnelle

?

Paris est-elle encore une ville internationale ?
Vous répondrez à cette question dans un écrit organisé.

Chapitre 1
Paris révolutionnaire, mythe et rayonnement

C'est à Paris qu'ont été adoptées la *Déclaration des droits de l'Homme et du Citoyen* de 1789 et la *Déclaration universelle des droits de l'Homme* de 1948. C'est également à Paris qu'Olympe de Gouges a rédigé sa *Déclaration universelle des droits de la femme et de la citoyenne* (1791). Par son histoire, et notamment grâce aux événements qui ont abouti à la conquête de droits humains, Paris incarne une forme de liberté.
Paris a été, et est encore, le point de départ de nombreux mouvements de contestation, de soulèvements et de révoltes.

1. L'importance de la Commune de Paris

La Commune fut avant tout un mouvement urbain parisien. Elle exprime d'une part le rejet de la capitulation de la France à l'issue de la guerre contre la Prusse en 1870 et du siège de Paris, et d'autre part l'opposition entre un Paris républicain, favorable à la démocratie directe, et l'Assemblée nationale qui comprend une forte proportion de monarchistes.
La guerre contre la Prusse dure depuis juillet 1970 et, après plusieurs combats sanglants, Paris capitule. Le **29 janvier 1871, l'armistice est proclamé**.
C'est dans ce contexte de tensions que s'inscrivent les événements de la Commune de Paris.

a. Qui sont les Communards ?

Du côté des personnalités élues, on trouve des personnes issues de la petite et moyenne bourgeoisie (employés, instituteurs, médecins, journalistes) mais aussi des artisans et des ouvriers. Parmi ces hommes, on compte le peintre Gustave Courbet, l'écrivain Jules Vallès, le savant Gustave Flourens. Mais les Communards, c'est surtout le peuple de Paris à travers les chambres syndicales, les coopératives, les comités d'arrondissements et les clubs où ils débattent et font des propositions.
Ces classes populaires manifestent une activité politique intense au cours de nombreux rassemblements : élections, cérémonies, obsèques, démolition de la colonne Vendôme. Des photographies ont pu fixer certains de ces événements. Dans son programme daté du 19 avril 1871, la Commune résume :

> La Révolution communale, commencée par l'initiative populaire du 18 mars, inaugure une ère nouvelle de politique expérimentale, positive, scientifique. C'est la fin du vieux monde gouvernemental et clérical, du militarisme, du fonctionnarisme, de

l'exploitation, de l'agiotage, des monopoles, des privilèges, auxquels le prolétariat doit son servage, la Patrie ses malheurs et ses désastres.

Consultez l'affiche.
liennathan.fr/3cyn34

b. Des droits et des mesures

- Les mesures prises par la Commune

Dès octobre 1870, le professeur Jean Macé, fondateur de la Ligue de l'Enseignement, lance une pétition pour une école laïque. Plusieurs écoles laïques sont ouvertes dans Paris. Pour les élections à l'Assemblée nationale, en Février 1871, les Comités électoraux républicains, radicaux et socialistes révolutionnaires insèrent dans leurs revendications « *La séparation des Églises et de l'État* ». Dans leur séance de nuit du 23 mars 1871, les délégués de l'Association internationale des Travailleurs et de la Chambre fédérale des Sociétés ouvrières rappellent leurs revendications dont « *l'instruction gratuite, laïque et intégrale* ». Et c'est **le 3 avril 1871 que sera promulgué par la Commune, un décret instaurant la séparation de l'Église et de l'État**.

Les droits accordés par la Commune

La Commune de Paris ouvre la **citoyenneté aux étrangers** : « Considérant que le drapeau de la commune est celui de la République universelle ; considérant que toute cité a le droit de donner le titre de citoyen aux étrangers qui la servent… ».

Sur le chemin de l'émancipation des femmes, la Commune a marqué une étape importante.

Avec la Commune, se crée, en effet, l'un des premiers mouvements féminins de masse, l'*Union des femmes pour la défense de Paris et les soins aux blessés*. L'Union réclame **le droit au travail et l'égalité des salaires**, elle organise des ateliers autogérés. La Commune reconnaît **l'union libre** (elle verse une pension aux veuves de fédérés mariées ou non, ainsi qu'à leurs enfants légitimes ou naturels), **interdit la prostitution**, met en place un **début d'égalité salariale**

Les femmes se battent, à l'exemple de **Louise Michel**, sous l'habit des « fédérés » et défendent Paris contre les « Versaillais » sur les barricades. Louise Michel, institutrice, est une anarchiste qui incarne la Commune. Elle défend les droits des femmes et leur émancipation et déclare que « Si l'égalité entre les deux sexes était reconnue, ce serait une fameuse brèche dans la bêtise humaine ». Pendant la Semaine sanglante, elle se bat et finit par se constituer prisonnière, en échange de sa mère, qui avait été arrêtée. Elle sera condamnée et déportée à Nouméa (Nouvelle-Calédonie) où elle restera pendant huit ans.

Les symboles

La Commune prend aussi des **mesures symboliques** : le drapeau rouge est adopté, le calendrier républicain remis en vigueur. La destruction de la colonne Vendôme, considérée comme le symbole du despotisme impérial, est décrétée.

ZOOM

Déroulé des événements de la Commune de Paris

Le **10 mars 1871**, l'Assemblée nationale transfère son siège de Bordeaux à Versailles, et non à Paris, voyant dans Paris « le chef-lieu de la révolution organisée, la capitale de l'idée révolutionnaire. »

Le **18 mars 1871, Adolphe Thiers** envoie au cours de la nuit des soldats de l'armée régulière s'emparer des canons de la Garde nationale sur la butte Montmartre. La population, dont de nombreuses femmes, et les gardes nationaux se rassemblent pour s'y opposer car les Parisiens considèrent comme leur propriété ces canons qu'ils ont eux-mêmes payés.

Le **général Lecomte**, à la tête de la troupe, ordonne de faire feu. Après des échanges de coups de feu, les soldats refusent de se battre et fraternisent avec les insurgés. Le général Lecomte est arrêté par les insurgés et exécuté.

Dans le centre et à l'est de Paris, la population s'en prend aux représentants du gouvernement et élève des barricades. Adolphe Thiers et les ministres quittent Paris pour Versailles.

19 mars 1971 : annonce par le Comité central de la Garde nationale d'élections pour élire un Conseil de la Commune.

A partir du 20 mars 1871 : de violents affrontements ont lieu dans Paris. Terrorisés, les riches bourgeois de l'ouest parisien rejoignent Versailles.

28 mars 1871 : élection du Conseil et proclamation de la Commune de Paris. Pour la majorité des membres du Conseil, le politique l'emporte sur le social, sans rejeter les mesures autoritaires. La minorité, au contraire, veut instaurer des mesures sociales et anti-autoritaires, une République sociale. Les deux tendances feront front commun lorsque les troupes versaillaises entreront dans Paris.

Au début, les communards veulent éviter la guerre civile et proposent à l'assemblée de Versailles de négocier, tout en appelant le reste de la France à décréter l'autonomie communale.

Mais l'instauration de la **République sociale** à Paris renvoie au souvenir de 1793 et de la Terreur. Thiers et son gouvernement refusent de reconnaitre la validité des élections à Paris, refusent de négocier et lancent l'attaque le **2 avril 1871**.

21 mai 1871 : les troupes versaillaises entrent dans Paris par la Porte du Point-du-jour. C'est le début de la **« Semaine sanglante »**. La reconquête de Paris est accompagnée de nombreuses destructions, incendies d'immeubles, d'édifices du patrimoine, d'archive, de biens culturels. Les combats sont extrêmement violents et on compte de nombreux morts.

28 mai 1871 : chute de la dernière barricade à Belleville et exécution des Communards.

29 mai 1971 : reddition du dernier bastion communard, le Fort de Vincennes.

Tous les témoins mentionnent les nombreuses exécutions sommaires commises par les troupes versaillaises.

30 mai 1871 : fin de la guerre civile.

En 2009, l'historien Jacques Rougerie estime que probablement 3 000 à 4 000 fédérés sont morts au combat. Le nombre total des victimes de la « Semaine sanglante » ne peut être connu avec précision, mais il est d'« au minimum 10 000, probablement 20 000, davantage peut-être. » Des communards sont envoyés en Nouvelle-Calédonie ou en Algérie, condamnés à la déportation ou aux travaux forcés dans des bagnes. L'historien Alistair Horne note que la répression eut **un impact terrible sur la classe ouvrière parisienne** : « L'aspect de Paris changea de façon curieuse pendant quelques années. La moitié des peintres en bâtiment, la moitié des plombiers, des couvreurs, des cordonniers et des zingueurs avaient disparu ».

Vers l'écriture personnelle

Le Cri du peuple (2001-2004) est une bande dessinée, en quatre tomes, de Jacques Tardi et adapté du roman de Jean Vautrin. Elle relate l'événement historique de la Commune de Paris.

Lisez un des quatre tomes de cette bande dessinée et, dans un paragraphe, montrez comment la ville de Paris et les Parisiens y sont représentés.

2. Mai 68 : un tournant dans l'histoire du XXe siecle, en France

Cet événement historique, suivi par les media du monde entier, fait partie de l'image et de l'imaginaire attaché au Paris des révolutions et des émeutes populaires. La réalité politique, intellectuelle et sociale a profondément influé sur l'évolution socio-culturelle de la France.

Le « Mai français » s'inscrit dans un contexte d'ébullition générale en Europe et aux États-Unis (les mouvements d'émancipation des Afro-américains, les manifestations pour la paix des hippies et des étudiants à Berkeley.) En France, ces événements prennent cependant une ampleur particulière car les manifestations estudiantines sont suivies par la plus importante grève générale du XXe siècle. Les historiens divisent classiquement le déroulement de Mai 68 en trois phases, une « période étudiante », une « période sociale » avec une grève générale dans toute la France, et une « période politique » marquée par des élections législatives.

Ce fut donc la révolte des étudiants, à Paris, qui mit le feu aux poudres.

ZOOM

FMai 1968

Protestant contre l'arrestation d'étudiants s'étant opposés à la guerre au Vietnam et la fermeture de la faculté de Nanterre, 150 à 400 manifestants occupent la cour de la Sorbonne. Le recteur de l'académie de Paris requiert les forces de police pour « rétablir l'ordre en expulsant les perturbateurs ». La Sorbonne est évacuée de force. Dans la soirée, des centaines d'étudiants et de sympathisants affrontent violemment les forces de l'ordre. Au cours de la nuit du 10 mai au 11 mai, les étudiants et lycéens occupent la Sorbonne et le Quartier latin et dressent plusieurs dizaines de barricades. Elles seront prises d'assaut par 6 255 policiers : **c'est la « nuit des barricades »**. Les étudiants des autres universités en France se mobilisent. Les amphithéâtres de la Sorbonne ne désemplissent pas : les étudiants vivent dans l'université aidés par des gens de toute origine sociale apportant leur soutien sous forme de vivres et de couvertures. Le Quartier latin devient un lieu d'échange permanent. Des dialogues se nouent dans les rues, entre inconnus, quel que soit leur âge ou leur genre. L'un des symboles de cette libération de la parole est l'occupation du **théâtre de l'Odéon à Paris** qui, à partir du **16 mai**, selon le communiqué lu lors d'une conférence de presse télévisée, « devient un lieu de rencontre entre ouvriers, étudiants, artistes et comédiens ».

L'École des Beaux-Arts de Paris est à son tour occupée. Plus de dix mille personnes y sont passées, dont 300 artistes. L'« Atelier populaire » y produit plusieurs dizaines d'affiches en sérigraphie, avant d'être rejoint par d'autres « ateliers populaires » à Strasbourg, Montpellier, Marseille, Lyon, Grenoble, Dijon, Caen et Amiens. Imprimées à plusieurs milliers d'exemplaires, ces centaines d'affiches marquent le visuel de ce moment révolutionnaire. Sur les murs s'affichent l'humour, la provocation, la poésie, l'utopie, qui rompent avec le langage technocratique et le détournent : « Ne changeons pas d'employeurs, changeons l'emploi de la vie », « Soyez réalistes, demandez l'impossible », « Sous les pavés, la plage », « Cours, Camarade, le vieux monde est derrière toi ! », « L'imagination prend le pouvoir ! »

Le 18 juin, la Sorbonne est évacuée par la police, les étudiants se réfugient aux Beaux-Arts.

Le 27 juin, les gardes mobiles occupent l'école des Beaux-Arts.

Dernière affiche : « La police s'affiche aux Beaux-Arts, les Beaux-Arts affichent dans la rue ».

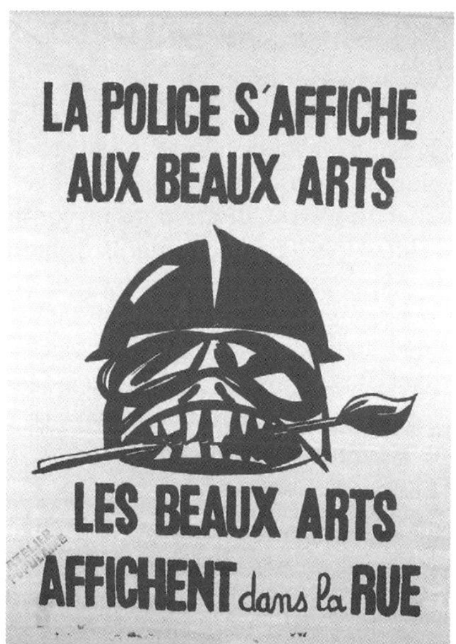

Affiche réalisée par l'Atelier des Beaux-Arts de Paris, 1968.

3. Les soulèvements au XXIe siècle

a. Le mouvement « Nuit debout »

Le mouvement de contestation « Nuit debout » est né le 31 mars 2016, suite à une manifestation contre le texte présenté par la ministre socialiste du Travail Myriam El Khomri. Cette manifestation avait rassemblé de 390 000 à 1,2 million de personnes. Après la manifestation, la place de la République est occupée par des manifestants et c'est le début de « Nuit debout ». Cette occupation par un mouvement de contestation politique d'un espace public, rappelle celles de la *Puerta del Sol* à Madrid, en Espagne et le mouvement *Occupy Wall Street*, à New York en 2011.
Au-delà de la « loi travail », « Nuit debout » a voulu proposer une contestation globale des systèmes politique et économique. Il s'est construit, sans leader, sur les principes de la démocratie participative.

Pour approfondir les connaissances sur le mouvement
liennathan.fr/9i7uj6

b. Le mouvement des Gilets jaunes

Le mouvement des Gilets jaunes est apparu en octobre 2018. La mobilisation de caractère spontané s'était organisée essentiellement autour de rond-points et procédait à des blocages des routes, dans toute la France. Des manifestations ont eu lieu toutes les semaines dans de nombreuses villes. Contrairement aux manifestations traditionnelles, organisées par les syndicats, le mouvement des Gilets jaunes s'est développé à travers les réseaux sociaux. Alors que le mouvement s'installe dans la durée en France, des manifestations se déroulent dans d'autres pays mais les revendications sont propres à chaque pays.

c. Les manifestations de 2023 contre le projet de retraite

En 2023, le mouvement social contre la réforme des retraites a mobilisé, pendant plusieurs mois, des millions de personnes. Elles protestaient contre **le relèvement de 62 à 64 ans de l'âge légal de départ à la retraite et à 43 ans de la durée minimum de cotisation.** Dès le 19 janvier 2023, la contestation mobilise plus d'un million de personnes, dont 300 000 à Paris. Treize autres journées d'action vont suivre et le nombre total de manifestants dépassera plusieurs fois les précédents records de 1995 et 2010, selon la police comme selon les syndicats.

4. La représentation des révoltes parisiennes dans les arts

a. Eugène Delacroix, *La Liberté guidant le peuple* (1830)

Musée du Louvre, Paris.

Le tableau représente une **scène de barricade en juillet 1830 à Paris** comme en atteste la présence à l'arrière-plan, à droite, de la cathédrale Notre-Dame de Paris.

Ce tableau renvoie à la **révolution de juillet** : Charles X ayant remis en cause les libertés acquises à la Révolution de 1789, notamment la liberté de la presse et la loi électorale, les Parisiens se soulèvent et renversent le roi. Dans son tableau, Delacroix représente plusieurs types de personnages montrant ainsi la diversité des insurgés : un ouvrier avec un sabre, un bourgeois en haut de forme, un paysan en chemise bleue, un enfant des rues qui va inspirer Victor Hugo pour le personnage de Gavroche dans ***Les Misérables*** (1862). Au centre, se trouve une femme portant le drapeau tricolore et un bonnet phrygien. Elle symbolise la liberté en marche.

b. La figure de Gavroche dans *Les Misérables* (1862) de Victor Hugo

Du 5 au 7 juin 1832, une insurrection républicaine contre le pouvoir de Louis-Philippe éclate à Paris. Des militaires rejoignent les rangs des insurgés, qui s'emparent alors de plusieurs quartiers de Paris. Elle est violemment réprimée et fait des centaines de victimes du côté des insurgés. Dans son roman *Les Misérables* (1862), Victor Hugo fait se croiser Jean Valjean et Marius, un étudiant entraîné sur une barricade de la rue Saint-Denis. Marius, gravement blessé, est sauvé par Jean Valjean qui parvient à échapper à la Garde nationale en empruntant les égouts. C'est à l'occasion de ces combats que Gavroche, fils des Thénardier, devenu gamin des rues, sera tué par un soldat.

⇢ Exploitation d'un document

Lisez l'extrait des *Misérables* et répondez aux questions suivantes :

1. Que dénonce Hugo dans cette violente scène d'affrontement ?

2. Montrez les métamorphoses de Gavroche dans cette description.

Le spectacle était épouvantable et charmant. Gavroche, fusillé, taquinait la fusillade. Il avait l'air de s'amuser beaucoup. C'était le moineau becquetant les chasseurs. Il répondait à chaque décharge par un couplet. On le visait sans cesse, on le manquait toujours. Les gardes nationaux et les soldats riaient en l'ajustant. Il se couchait, puis se redressait, s'effaçait dans un coin de porte, puis bondissait, disparaissait, reparaissait, se sauvait, revenait, ripostait à la mitraille par des pieds de nez, et cependant pillait les cartouches, vidait les gibernes et remplissait son panier. Les insurgés, haletants d'anxiété, le suivaient des yeux. La barricade tremblait ; lui, il chantait. Ce n'était pas un enfant, ce n'était pas un homme ; c'était un étrange gamin fée. On eût dit le nain invulnérable de la mêlée. Les balles couraient après lui, il était plus leste qu'elles. Il jouait on ne sait quel effrayant jeu de cache-cache avec la mort ; chaque fois que la face camarde du spectre s'approchait, le gamin lui donnait une pichenette.

mais il y avait de l'Antée dans ce pygmée ; pour le gamin toucher le pavé, c'est comme pour le géant toucher la terre ; Gavroche n'était tombé que pour se redresser ; il resta assis sur son séant, un long filet de sang rayait son visage, il éleva ses deux bras en l'air, regarda du côté d'où était venu le coup, et se mit à chanter :

« Je suis tombé par terre,
C'est la faute à Voltaire,
Le nez dans le ruisseau,
C'est la faute à... »

Il n'acheva point. Une seconde balle du même tireur l'arrêta court. Cette fois il s'abattit la face contre le pavé, et ne remua plus. Cette petite grande âme venait de s'envoler.

Pistes de réponse

L'intensité des combats se manifeste d'abord par la présence du champ lexical de la guerre et de la mort : « fusillé, fusillade, gardes nationaux, décharge, l'ajustant, mitraille, balles, face camarde du spectre, long filet de sang ». Elle est également soulignée par le vocabulaire hyperbolique employé par le narrateur : « spectacle épouvantable ; effrayant ; la barricade tremblait ; haletants d'anxiété ; poussa un cri ».
Face à cette violence, le lexique employé pour désigner Gavroche insiste sur sa fragilité (« moineau, nain, gamin, pygmée ») mais également sur une dimension surnaturelle, presque magique : « étrange gamin fée, enfant feu-follet ». Avec la mort injuste et révoltante de ce personnage, le narrateur dénonce la tyrannie et la violence du pouvoir.

Chapitre 2
Une course pour maintenir un rang international

Chaque année, le *Global Power City Index* évalue les villes selon **six fonctions urbaines** et chacune de ces fonctions comprend **plusieurs indicateurs** (environnement, culture économie, accessibilité...). Plusieurs grandes villes sont classées en fonction de leur attractivité et en 2022, sur 48 villes, Paris était en quatrième place, concurrencée, notamment, par Londres.
Des défis attendent les villes de demain et Paris et la région parisienne ne font pas exception. Avant d'étudier les enjeux du Grand Paris, nous verrons quels sont les défis spécifiques à Paris et à l'Île-de-France.

1. Des défis toujours renouvelés

Au XIXe siècle, **Charles Fourier**[1] a imaginé un modèle de ville empli de verdure et de jardins, s'appuyant sur un ordre strict. **Le Corbusier**, au XXe siècle, a posé les fondements d'un nouveau langage architectural. Le bâtiment était construit sur le principe de la verticalité, pour favoriser la distribution de la lumière. La « machine à habiter » proposait à tous, les habitats confort, lumière, nombreux rangements… Aujourd'hui, les grands ensembles d'immeubles ne sont pas toujours compatibles avec les nouveaux enjeux de l'urbanisme.

Les défis que Paris et sa région doivent relever sont ceux du XXIe siècle : fractures sociales, enjeux économiques et culturels, dérèglement climatique, raréfaction des ressources naturelles… Il s'agit pour la métropole de conserver son rang de capitale mondiale sur le plan économique mais également d'assurer le bien-être de ses habitants, de façon pérenne.

a. Un problème majeur : les transports

La question du transport est plurielle. Il s'agit à la fois d'**améliorer la circulation** au sein de la région Île-de-France et de rendre **cette circulation plus respectueuse de l'environnement**. Longtemps, c'est la voiture qui a été utilisée comme principal moyen de transport pour les Parisiens et Franciliens. L'Île-de-France est traversée d'autoroutes et de voies rapides, de grands boulevards et les feux de signalisation sont partout. C'est seulement après avoir aménagé ces réseaux routiers, que l'on utilise l'espace vacant pour les autres formes de circulation comme le vélo et la marche.

---

1. Le philosophe Charles Fourier a imaginé un modèle de microsociété idéale, incarné par le phalanstère. Il a inspiré des générations d'utopistes.

Aujourd'hui l'esprit a changé : ce sont les transports en commun qui sont favorisés et leur utilisation encouragée.

- **La circulation entre le centre de Paris et le reste de l'Île de France** mais également d'**une banlieue à une autre**, doit être améliorée. En effet, il est plus simple de circuler en transports en commun ou en vélo au cœur de Paris et dans les villes de la petite couronne que dans la grande couronne où professionnels et particuliers sont plus dépendants de la voiture.

Vers la synthèse de documents

Dans un paragraphe vous montrerez quels sont les défis majeurs du transport en région parisienne et à Londres.

Texte 1

Chris Knight, *Comment Paris facilite les déplacements*

Lorsqu'ils visitent Paris, les touristes flânent généralement sur les Champs-Élysées, dégustent des croissants croustillants ou vont admirer *La Joconde*, mais ils passent peu de temps à se soucier du réseau de transports. Il en va autrement pour les habitants de cette métropole tentaculaire. Pour David Pena par exemple, la mobilité est un défi quotidien. Cet ingénieur de 42 ans, marié et père de quatre enfants, vit dans une petite ville en bord de Seine, à 30 km environ à l'ouest de Paris. Ses possibilités de transport étant limitées, il prend généralement sa voiture pour se rendre dans la capitale. « Les routes et les autres infrastructures sont en assez bon état, mais les gens se plaignent souvent des trains », explique l'ingénieur spécialiste des hélicoptères. « Il n'est pas rare que je me rende à la gare et que le train ait du retard ou ait été annulé. »

« Se déplacer peut être un problème majeur pour certains voyageurs », explique Laurence Debrincat, spécialiste de la mobilité chez Île-de-France Mobilités, l'autorité qui gère le réseau de transports de la région. « La difficulté, c'est que nous faisons face à des problèmes qui datent de plus d'un siècle et que nous trouvons des solutions aujourd'hui. » [...] La région Île-de-France ou région parisienne a vu sa population tripler au cours du siècle dernier pour atteindre quelque 12 millions d'habitants. Plus de huit millions de déplacements sont effectués quotidiennement sur le réseau de transport francilien. Cette poussée démographique a contribué à la flambée des prix de l'immobilier, forçant de nombreux résidents à déménager à 30 ou 40 km à l'extérieur de la ville, dans des zones moins bien desservies par les transports en commun. Une grande partie de la population ne profite donc pas des services de partage de vélos ou de voitures, des trains sans conducteur ni des bus électriques. Ces personnes ne peuvent pas non plus se rendre facilement vers d'autres banlieues, la plupart des lignes ferroviaires étant reliées directement à Paris. Rater un train de banlieue signifie souvent une demi-heure d'attente ou plus avant le prochain train qui vous amène vers votre lieu de travail.

Banque européenne d'investissement, 15 septembre 2017.

Texte 2
Vincent Collen, « Logement, transports, les défis du prochain maire de Londres »

[...] De l'optimisme, il en faudra aussi pour prendre à bras-le-corps la question des transports en commun. À première vue, le tableau n'est pas aussi sombre que dans le domaine du logement, car ils fonctionnent beaucoup mieux qu'il y a quelques années. Les fameux bus rouges à impériale, privatisés mais sous contrat avec *Transport for London*, qui dépend de la municipalité, sont plus nombreux et plus fréquents. Certaines lignes de métro ont été modernisées. De lourds investissements dans la signalisation ont permis de renforcer le trafic sur les plus chargées d'entre elles comme la Victoria ou la Northern. Un service de nuit devrait même entrer en vigueur sur cinq lignes pendant le week-end d'ici à la fin de l'année, si les laborieuses négociations avec les syndicats finissent par aboutir.

Mais les signes de saturation sont de plus en plus nombreux, mettant à rude épreuve le célèbre - et réel - flegme britannique. Aux heures de pointe, il faut souvent laisser passer deux ou trois métros avant de pouvoir monter dans la rame. À la station Holborn, dans le centre de Londres, *Transport for London* demande aux voyageurs de se tenir des deux côtés de l'escalator menant à la sortie pour fluidifier le trafic et éviter les embouteillages humains dans les couloirs. Des pans entiers de lignes doivent être fermés pendant le week-end en raison des travaux sur le réseau métropolitain le plus vieux du monde.

Pour faire face au trafic toujours croissant, un gigantesque projet, lancé en 2009, est en passe d'être livré. La nouvelle liaison est-ouest Crossrail doit être inaugurée en 2018[1] [...] La future ligne sera longue de 136 kilomètres, 30 de plus que le RER A parisien, dont 21 km sous terre. Elle représentera à elle seule une hausse de 10 % de la capacité des transports en commun dans la métropole, améliorant sensiblement les déplacements : l'aéroport de Heathrow ne sera plus qu'à 31 minutes du centre de Londres, contre 52 minutes aujourd'hui. Les Londoniens attendent avec impatience l'ouverture de Crossrail, qui sera baptisé « Elizabeth Line », en hommage à la reine, et qui se traduit pour l'instant par de grands travaux à l'emplacement des futures stations dans le centre de la capitale.

Comme pour le logement, ces investissements sans précédent depuis des décennies ne suffiront pas. « La ligne Crossrail sera bondée dès son ouverture », prédit Tony Travers. Le nombre de trajets annuels, en voiture ou en transport en commun, passera de 9,5 milliards à 11 milliards d'ici à 2030. Les prévisions officielles de la mairie de Londres tablent sur une demande de transport accrue de moitié d'ici à 2050. Même si l'on tient compte de Crossrail, qu'on y ajoute toutes les améliorations possibles sur les lignes existantes et les prolongements déjà programmés, le réseau arrivera au bout de ses possibilités dans moins de quinze ans.

Les Echos, **4 mai 2016.**

1. La line Crossrail a été livrée en 2022.

THÈME 2

Pistes de réponse
À Londres, comme à Paris, les voyageurs rencontrent des difficultés importantes quand il s'agit de prendre les transports en commun. D'après le texte 1, les trains de banlieue sont souvent retard ou supprimés, obligeant ceux qui vivent loin du centre de Paris à prendre leur voiture. Les usagers londoniens souffrent, quant à eux, du nombre très élevé de voyageurs dans le métro, comme le montre le texte 2. Les lignes de métro à Londres, malgré les travaux de modernisation, risquent d'être encore plus saturées, à l'avenir, en raison de l'augmentation démographique. En région parisienne, les usagers rencontrent également des difficultés pour se rendre d'une banlieue à une autre car les lignes sont reliées à Paris.

- Quelle place pour le vélo à Paris ?
L'espace public appartient à tous, véhicules à moteur et vélos devraient cohabiter. À Paris, les pistes cyclables, pour être respectées, doivent être clairement délimitées par des marquages infranchissables par une voiture alors que « *depuis des années, chez nos voisins néerlandais ou allemands, un simple marquage au sol (sans aspérité, ni décrochement ou piquet) suffit à délimiter la place des vélos et des piétons sur un même trottoir* ». En France, ce type de dispositif ne fonctionne pas encore.

b. Le logement et l'emploi

Il est devenu très difficile pour les jeunes et les classes moyennes de s'installer dans Paris, en raison du coût important de l'immobilier. Paris se dépeuple au profit des villes périphériques. Par ailleurs, le fait que Paris ne compte plus que 5% d'ouvriers pose la question de la mixité sociale, mais également de l'éloignement des travailleurs vers l'emploi.

···➝ Exploitation d'un document

Questions : Lisez le texte et répondez aux questions suivantes.

1. D'après l'article des *Echos*, quelles sont les pistes et solutions proposées pour améliorer la situation immobilière en région parisienne ?

2. Pourquoi, à votre avis, est-il « logique d'impliquer tous les intéressés » en matière de construction immobilière ?

Texte

Jennifer Matas, « Immobilier : se loger en Île-de-France face à la pénurie et à la hausse des prix », *Les Echos*, 7 décembre 2021

« Il faut un renouvellement urbain à la hauteur, avec plus d'espaces végétalisés et des compensations : à chaque nouvelle construction, on bâtit l'équivalent en jardin », propose Patrizia Ingallina, professeure en urbanisme et aménagement à Sorbonne Université. Car « la ville dense est finalement la configuration la plus durable : elle implique moins de voitures, de pollution et limite l'artificialisation », commente Jacques Lévy. Pour répondre à la pression urbaine, les regards se tournent vers le Grand Paris Express. Avec ses 200 kilomètres de métro - quatre nouvelles lignes et extension des lignes 11 et 14 - et ses 68 gares, ce projet est censé rapprocher les territoires périphériques du cœur de Paris. « Les aires urbaines s'étendent - le modèle néerlandais de la Randstad avec le retour du pavillonnaire est très intéressant à ce titre. [...] Les réponses se trouvent aussi dans la démocratisation des décisions pour penser les espaces de vie. « Il est logique d'impliquer tous les intéressés », insiste Jacques Lévy. Pour prendre en compte tous les enjeux et aussi sortir de situations bloquées comme il en existe plusieurs actuellement, il plébiscite les conventions citoyennes ou les structures de concertation permanentes. L'idée, selon lui, est de « ne pas laisser la définition des projets uniquement aux élus et de progresser ensemble, pas à pas ».

Pistes de réponse

Le développement de nouvelles lignes de métro rendra Paris plus accessible. La « zone urbaine » sera élargie, et les Franciliens pourront se déplacer. Il est essentiel « d'impliquer tous les intéressés » afin qu'ils puissent formuler leurs besoins et plus largement penser, avec les autres acteurs « les espaces de vie » dont ils seront les acteurs. C'est à ce prix que les villes, les quartiers seront habités de façon plus harmonieuse et sur le long terme.

c. Un impensé des politiques de la ville : l'égalité d'accès à la ville

Les publics vulnérables, les personnes en situation de handicap, les personnes âgées mais également les personnes sans-abri sont souvent obligés de déployer des stratégies spécifiques pour vivre en ville. Celle-ci doit tenir compte de ces catégories de population souvent oubliées.

Le programme *Villes Amies des Aînés* est né en juin 2005 lors du Congrès mondial de gérontologie et de gériatrie à Rio de Janeiro au Brésil. Cette démarche est soutenue par l'OMS (organisation mondiale de la santé). L'objectif est de créer un réseau de villes engagées dans l'amélioration du bien-être des **habitants âgés** sur leur territoire. Paris, qui compte aujourd'hui plus de 480 000 personnes âgées de plus de 60 ans et qui, en 2040, comptera une personne âgée sur quatre, a rejoint ce réseau mondial. La vocation de ce réseau est de créer un environnement urbain, matériel et social susceptible de promouvoir un vieillissement actif et en bonne santé ainsi qu'une bonne qualité de vie pour les personnes âgées et ce, grâce à un partage de bonnes pratiques.

Dix-huit ans après la loi du 11 février 2005 pour l'égalité des droits et des chances, la participation et la citoyenneté des personnes handicapées, **les personnes à mobilité réduite peinent encore à se déplacer** : environ 60 % du réseau de transports francilien leur est inaccessible.

> Le Tiktokeur Arthur Baucheron se confie, au micro de la journaliste Isabelle Hennebelle. […]
>
> **Vous adorez Paris, mais vous constatez, je vous cite : « Quand tu es en fauteuil, cette ville est sans pitié. » C'est-à-dire ?**
>
> Se déplacer, c'est impossible en métro : il faut prendre le taxi ou le bus, ce qui prend beaucoup plus de temps que le métro, par exemple. Et puis ce n'est pas toujours des bus très récents, la rampe ne marche pas toujours. Et je n'ai pas forcément les moyens de prendre un taxi pour chaque déplacement que je fais dans une journée. C'est un gros budget.
>
> **Vous dites que la France a mille ans de retard en termes d'accessibilité par rapport à la Floride. Comment ça se passe, là-bas ?**
>
> Les personnes en situation de handicap y sont vraiment considérées comme des personnes à part entière. Par exemple, là-bas, les personnes handicapées n'ont pas la priorité dans les magasins, mais elles ont accès à tout. Tous les bâtiments et tous les magasins sont accessibles avec une rampe à l'entrée

Isabelle Hennebelle, « Quand tu es en fauteuil, cette ville est sans pitié. »
Le Monde, 17 novembre 2022

En ce qui concerne les bus, pour qu'une ligne soit accessible en Île-de-France, il faut des aménagements spécifiques pour les personnes à mobilité réduite : un faible écart entre la chaussée et l'entrée du bus et une place suffisante pour accéder à l'arrêt en fauteuil roulant ainsi que des rampes d'accessibilités et des places réservées. Par ailleurs, les agents doivent être formés à l'accueil de ces personnes et à la manipulation des équipements des bus.
Le centre de Paris est bien fourni en lignes de bus accessibles aux personnes handicapées 91 % des lignes RATP sont déclarées accessibles : La situation est plus difficile la nuit car les lignes de Noctiliens n'ont pas été mises en conformité. Pour les personnes en situation de handicap qui vivent en grande couronne parisienne, les arrêts de bus accessibles sont très réduits.

d. L'environnement, un défi majeur pour Paris et l'Île-de-France

La pollution atmosphérique est un problème de santé publique à Paris. En 1984 est créé le réseau de surveillance de l'air AIrparif et, depuis le début des années 2000, des politiques de réduction des voitures les plus polluantes ont été mises en place. Selon une étude publiée en 2023 dans la revue *The Lancet Planetary Health*, Paris est la quatrième ville européenne où la mortalité due à l'exposition au dioxyde d'azote, émis essentiellement par le trafic routier est la plus importante. D'après cette étude, Paris est la ville où le risque létal, lors des canicules, est le plus élevé.
Comme le relève l'article suivant, la densité urbaine à Paris – triple de celle de Londres– ainsi que sa minéralité favorisent la chaleur.

> Sa densité et sa minéralité favorisent les îlots de chaleur urbains qui consument la santé des humains, l'intégrité de la biodiversité et la pérennité des infrastructures. Dernier électrochoc en date : l'été 2022. « On a vu se dérouler sous nos yeux les scénarios lus depuis des années dans les rapports scientifiques », témoigne François Croquette, directeur de la transition écologique et du climat à la mairie de Paris. Et le plus dur reste à venir. « En 2085, les prévisions annoncent une moyenne de 34 jours de canicule et 35 nuits tropicales par an ». S'adapter est donc une nécessité.
>
> Benjamin Leclerc, « En 2023, le "Climat Libé Tour" donne la voie, *Libération*, 1er janvier 2023

Paris doit donc s'adapter à ces vagues de chaleur de plus en plus nombreuses et de plus en plus fortes.

THÈME 2

Questions : Lisez les deux documents et répondez aux questions suivantes.

1. Le premier document évoque les « cours oasis » dans les écoles : effectuez une recherche sur ces dispositifs.

2. Formulez, en une phrase, l'idée développée dans ces deux textes.

3. Dans un paragraphe, montrez en quoi ils se complètent.

Texte 1
Émeline Cazu et Audrey Garric, « Comment adapter Paris à des canicules qui vont parfois atteindre 50°C », *Le Monde*, 15 avril 2023

Parmi les préconisations de la mission[1], toutes adoptées à l'unanimité, la rénovation du bâti est une priorité. « Plus de 90 % des bâtiments de la capitale ne sont pas conçus pour supporter des climats chauds », indiquait Emmanuel Grégoire lors de son audition. « Si on repousse encore le problème, dans dix ans, les gens vivront dans des conditions d'insalubrité », prévient Maud Lelièvre, la rapporteuse, élue MoDem, qui appelle à une « deuxième révolution haussmannienne ». Si le parc social a pris de l'avance – sur 260 000 logements, 60 000 ont déjà été rénovés –, il y a urgence à augmenter la cadence dans le parc privé. La ville subventionne 2 000 rénovations par an. Les nouvelles aides lancées à l'automne 2022 accélèrent le rythme, mais il faudrait atteindre 40 000 par an en 2030.

Privilégier les logements traversants, raccorder les immeubles au réseau de fraîcheur, à la géothermie, végétaliser les toits ou les peindre en blanc, créer des corridors d'air frais sont aussi des pistes évoquées. La mission propose en revanche d'interdire les climatiseurs qui rejettent de l'air chaud dans la rue. Les élus suggèrent également d'aménager des placettes en s'inspirant des villages du Sud, où les habitants se retrouveraient à l'ombre des arbres, ou encore de tendre des ombrières au-dessus des rues.

Dans le même temps, il s'agit de débitumer « partout où c'est possible », insiste Alexandre Florentin, et de planter de nombreux arbres – puissants climatiseurs. La capitale a un important retard à rattraper sur le sujet. Quand l'Organisation mondiale de la santé préconise une douzaine de mètres carrés d'espace vert par habitant, Paris n'en compte que 3,2 mètres carrés (10,4 mètres carrés avec les bois). Le nouvel objectif est d'atteindre 300 hectares d'espaces verts supplémentaires ouverts au public d'ici à 2040. Sur les façades aussi, les plantes doivent pousser. Les élus suggèrent de mettre les Parisiens à contribution, en leur donnant des cours de jardinage ou en distribuant des kits d'entretien.

Les écoles, elles, se transforment progressivement. Cent « cours oasis » ont été aménagées depuis 2017, et vingt-sept autres doivent l'être dans les deux années à venir. Là encore, il s'agit de retrouver la pleine terre. Ces nouveaux « îlots de fraîcheur » de proximité doivent devenir accessibles à tous, en dehors du temps scolaire.

1. Il s'agit de la mission d'information et d'évaluation (MIE) du Conseil de Paris intitulée « Paris à 50 °C »).

Texte 2
Emmanuèle Bailly, « Canicule : des solutions pour apporter de la fraicheur en ville », France 3 régions, France-Info, 14 juin 2022

Création d'espaces verts

Deuxième axe important selon l'étude, le développement de parcs qui servent d'îlots de fraîcheur, la plantation d'arbres pour l'ombrage mais aussi le développement des toitures et façades végétalisées.
Autre solution avancée par l'Ademe, l'arrosage de l'espace urbain, des structures d'ombrage, des panneaux solaires pour remplacer les surfaces qui emmagasinent la chaleur. Sur les chaussées arrosées par camions rue du Louvre à Paris, la température diminue de 4 °C le matin et de 13 °C l'après-midi par rapport à l'environnement urbain, indique l'étude.

Une meilleure gestion de la climatisation

Le rafraîchissement des grandes villes passe aussi par l'augmentation des températures de la climatisation de 23 °C à 26 °C dans les bureaux et de 28 °C dans les logements. Cette méthode apporte un rafraîchissement de l'air extérieur jusqu'à 4,2 °C la nuit et une réduction des consommations énergétiques de 60 %.

Pistes de réponse

1. Dans les écoles parisiennes, des cours-oasis sont créées. Il s'agit d'espaces rafraîchis, plus agréables à vivre pour les enfants.
2. Les deux textes présentent les propositions faites pour faire face aux conséquences des canicules à venir à Paris.
3. Comme le montre le texte 1, pour lutter efficacement contre les effets des canicules à Paris, une mission d'information et d'évaluation propose d'abord la rénovation des logements mais également l'aménagement des espaces publics. Cette mission rappelle que dans des écoles des cours-oasis ont été créés et d'autres devraient voir le jour. Ces propositions sont complétées par le texte 2, qui rapporte les pistes développées par l'Ademe, et notamment l'arrosage des espaces, la création d'espaces d'ombrage mais aussi l'augmentation de la température des climatisations pour rafraîchir l'air extérieur.

Des mesures ont été prises pour réduire de façon significative la circulation automobile. Pour lutter contre la pollution atmosphérique et la pollution sonore, à partir de 2016, les berges de Seine ont été interdites aux automobiles et réservées aux vélos et aux piétons. Le tribunal administratif a rappelé que les rives de la Seine étant inscrites au patrimoine mondial de l'UNESCO depuis 1991 et que la fermeture des voies sur berge était justifiée.

e. Et que dire des déchets ?

Toutes les grandes métropoles s'interrogent sur le traitement de leurs déchets. Le tri des poubelles et le recyclage sont au cœur des politiques urbaines. On prend la mesure de la quantité de nos déchets quand il y a une grève des éboueurs. Nous accumulons de plus en plus et jetons donc de plus en plus. C'est ce que montre l'extrait des *Villes invisibles* (1972) d'Italo Calvino :

> « La ville de Léonie se refait elle-même tous les jours : chaque matin la population se réveille dans des draps frais, elle se lave avec des savonnettes tout juste sorties de leur emballage, elle passe des peignoirs flambants neufs, elle prend dans le réfrigérateur le plus perfectionné des boîtes de conserves inentamées, écoutant les dernières rengaines avec un poste dernier modèle.
>
> Sur les trottoirs, enfermés dans des sacs de plastique bien propres, les restes de la Léonie de la veille attendent la camion poubelle. Non seulement les tubes de dentifrice aplatis, les ampoules mortes, les journaux, les récipients, les matériaux d'emballage, mais aussi les chauffe-eaux, les encyclopédies, les pianos, les services de porcelaine : plutôt qu'aux choses qui chaque jour sont fabriquées, mises en vente et achetées, l'opulence de Léonie se mesure à celles qui chaque jour sont mises au rebut pour faire place à de nouvelles. [...]
>
> Où les éboueurs portent chaque jour leurs chargements, personne ne se le demande : hors de la ville, c'est sûr ; mais chaque année la ville grandit, et les immondices doivent reculer encore ; l'importance de la production augmente et les tas s'en élèvent, se stratifient, se déploient sur un périmètre plus vaste. Ajoute à cela que plus l'industrie de Léonie excelle à fabriquer de nouveaux matériaux, plus les ordures améliorent leur substance, résistent au temps, aux intempéries, aux fermentations et aux combustions. C'est une forteresse de résidus indestructibles qui entoure Léonie, la domine de tous côtés, tel un théâtre de montagne.
>
> Voici maintenant le résultat : plus Léonie expulse de marchandises, plus elle en accumule ; les écailles de son passé se soudent ensemble et font une cuirasse qu'on ne peut plus enlever ; en se renouvelant chaque jour, la ville se conserve toute dans cette seule forme définitive : celle des ordures de la veille, qui s'entassent sur les ordures des jours d'avant et de tous les jours, années, lustres de son passé. »

Traduction Jean Thibaudeau, éditions du Seuil 1974.

La ville où vit Léonie produit beaucoup de déchets qui sont déposés sur les trottoirs. Les objets ne servent qu'une seule journée, tous les matins les habitants en utilisent de nouveaux et la ville s'agrandit pour recevoir ces détritus : « des ordures de la veille, qui s'entassent sur les ordures des jours d'avant et de tous les jours, années ».

À Paris, **3000 tonnes de déchets sont collectés chaque jour** et les Parisiens jettent deux fois plus de produits alimentaires encore emballés que la moyenne des Français. Le traitement de ces ordures comporte trois volets : la réduction de la production, l'amélioration de la collecte et le recyclage.
La mairie a tenté des innovations techniques comme l'aspirateur à ordures souterrain dans le XVIIe arrondissement, qui emporte les déchets sur un tapis roulant qui fonctionne à 70km/heure jusqu'au périphérique.

THÈME 2

2. Les enjeux du Grand Paris

Au fil des siècles, Paris n'a cessé de s'agrandir. L'augmentation de sa population s'est accompagnée d'une urbanisation anarchique que les pouvoirs publics ont cherché à contenir en repoussant les limites de la ville.

a. Comment se fait la reconfiguration du territoire aujourd'hui ?

- **Depuis trente ans la métropole croît sans discontinuer**, l'urbanisation a avalé les terres agricoles et des zones résidentielles ont transformé l'Île-de-France. On peut considérer que le Grand Paris s'étale sur un rayon de 80 km. L'agglomération parisienne compte désormais 10 millions d'habitants et son activité économique représente un tiers du PIB français. Malgré cette prospérité économique, le Grand Paris traverse cependant une profonde crise : crise des transports, crise du logement, crise sociale, crise environnementale.

La Métropole du Grand Paris est constituée depuis 2016 par Paris, les communes de la petite couronne et sept communes de la grande couronne avec le projet d'« agir ensemble dans des domaines aussi importants que l'urbanisme, le logement, l'hébergement d'urgence, la lutte contre le changement climatique ou encore le développement économique. » Mais aussi « agir de façon plus homogène et équitable pour abolir la ségrégation spatiale qui relègue tant de quartiers loin de la dynamique globale, développer un modèle urbain, social et économique durable et renforcer le rayonnement du territoire »
Le Grand Paris est donc un projet visant à transformer l'agglomération parisienne en une grande métropole mondiale du XXIe siècle, afin d'améliorer le cadre de vie des habitants, de corriger les inégalités territoriales et de construire une ville durable. Les Jeux Olympiques de 2024 sont censés participer de ce grand projet de promotion du Grand Paris et de son développement économique et social.

Pour enrichir l'écriture personnelle

Questions :

1) Allez sur le site consacré à la Métropole de Paris et répondez aux questions suivantes :

a. En quoi consiste cette métropole ?

b. Pouvez- vous en dessiner les contours sur une carte ?

2) Quelle est l'origine du mot « banlieue » ?

Regardez la vidéo.
liennathan.fr/ab34i4

- La métropole doit se réinventer, mais personne ne s'accorde vraiment sur **ce qui doit présider au développement de la « Ville Capitale ».**

Pour certains, il s'agit, avant tout, de **renforcer son attractivité économique** pour en faire une métropole mondiale en mesure d'affronter la compétitivité internationale, de créer une sorte de marque « Grand Paris » qui puisse être financiarisée. Pour d'autres, il est indispensable et urgent de **se confronter à la question sociale**, qui a toujours été un impensé, et à la **question environnementale** qui s'impose avec le réchauffement climatique. Les inégalités territoriales obligent à imaginer une nouvelle gouvernance qui lutte contre les fractures territoriales car des écarts trop grands ne peuvent qu'accentuer les crises. Les options répondent à des objectifs politiques et financiers différents.

b. Une nouvelle architecture urbaine et politique structurée par le Grand Paris Express

→ Exploitation d'un document

Le narrateur du roman d'Aurélien Bellanger, Le Grand Paris *(2017) fait le constat de la situation des Franciliens et rêve de ce que pourrait être le Grand Paris Express.*

1. Quelle est la vision du narrateur de ce Grand Paris Express ?

2. Que signifie l'expression « le Grand Ailleurs » ?

Huit millions d'habitants de ce qu'on s'obstinait à appeler la banlieue, l'espace des Franciliens, de ce qu'on refusait d'appeler *Parisiens* et qui constituaient pourtant le vrai peuple de Paris. Ceux- là subissaient l'éloignement et les mauvaises conditions de transport. Ils vivaient dans un monde unanimement considéré comme laid et, malgré la tentative polycentrique des villes nouvelles, comme irrémédiablement périphériques. Ils demeuraient cependant trop admiratifs de Paris, la ville achevée et parfaite pour y renoncer complètement [...], ils en subissaient l'attraction fatale, et n'hésitaient jamais d'ailleurs, à l'étranger ou en province, à usurper le titre de Parisiens. [...] J'en appelais [...] à la construction d'un système de transport hybride, cadencé et sûr comme le métro, mais mis au contact de Grand Ailleurs des zones périphériques [...]. Ce serait alors la fin définitive de ce grand scandale urbanistique qui durait depuis des siècles, ce serait la fin des banlieues, de cette ville indistincte égarée loin des villes, ville qui était étymologiquement celle des bannis et qui était restée un lieu de relégation avant de devenir celui d'une interminable crise qui ressemblait de plus en plus à une guerre civile.

Aurélien Bellanger, *Le Grand Paris*, éditions Gallimard

Pistes de réponse

1. Le narrateur envisage un réseau de transports qui permettrait de relier le centre de Paris aux autres villes de l'Île-de-France, créant ainsi une seule ville et mettant fin aux banlieues de relégation.

2. Le « Grand Ailleurs des zones périphériques » désigne, pour le narrateur qui vient lui-même de Colombes, banlieue bourgeoise, les villes de banlieue qui l'effraient par leur réputation et parce que très différentes de ce qu'il connait.

Qu'est-ce que le Grand Paris Express ?

Le Grand Paris Express est annoncé comme le métro du XXIe siècle : autonome, connecté, il relierait 68 nouvelles gares. Il permettrait de structurer la nouvelle agglomération et offrirait une mobilité fluide aux Franciliens.

THÈME 2

Avant de s'interroger sur les bénéfices économiques et sociaux escomptés dans un futur proche, **l'évaluation de l'impact environnemental** de la construction de ce super-métro représente, à ce jour, un enjeu majeur.

La journaliste Eve Szeftel titre son article *Grand Paris Express, belles promesses et gros doutes* (*Libération*, 5 novembre 2021). Dans cet article Jean-François Monteils, le président de la Société du Grand Paris (SGP) affirme que le Grand Paris Express « permettra de réduire de manière significative le niveau des émissions de gaz à effet de serre en France ». J.-F. Monteils déclare que sa société a décidé de réduire son empreinte carbone dès la construction, « Comment ? Depuis 2020, la SGP a introduit dans les marchés de génie civil une clause imposant l'utilisation de 100% de béton dit « bas carbone », contenant deux fois moins d'acier et « 40 % moins émissif en CO_2 » qu'un béton traditionnel ». Harm Smit, expert auprès de France Nature Environnement sur les transports et l'urbanisme, cité par la journaliste, dénonce le « green washing » : « on va massivement urbaniser autour des gares ». Le géographe Gérard François Dumont, professeur à la Sorbonne, déclare, quant à lui, à la journaliste que « le GPE fait fausse route » en termes d'aménagement du territoire. Sans parler de son « coût environnemental phénoménal », puisqu'il suppose de « détruire des terrains agricoles et excaver des millions de tonnes de gravats », c'est un projet « dépassé » car fondé sur des hypothèses erronées. Ses prévisions de trafic – 2 millions de voyageurs quotidiens – sont également « irréalistes » compte tenu du développement du télétravail et de « l'inutilité » de ce réseau construit pour l'essentiel en rase campagne. Et le géographe de prédire des bureaux vides et des « trains fantômes croisant des RER bondés ».

c. Quel avenir pour les cités et les quartiers populaires ?

« On a devant nous une chance historique, c'est de construire une métropole qui soit inclusive. Une métropole qui ne rejette pas les populations les plus modestes vers un périphérique toujours plus lointain » déclare Patrick Braouzec, ancien député-maire de Saint-Denis et Vice-président de la Métropole du Grand Paris (« Le Grand Paris » France Culture, mars 2018).
« Ce chantier du siècle aiguise les appétits ; pour beaucoup, le tracé du futur réseau est la promesse de juteuses opérations immobilières. Comment se prémunir d'une spéculation immobilière effrénée et limiter la compétition entre communes ? Le risque existe de voir les populations les plus modestes ne plus pouvoir vivre dans les périmètres des nouvelles gares du fait de la hausse du prix du foncier » (« Le Grand Paris », France Culture, Mars 2018)
Ce projet urbain est directement lié aux JO 2024. Cet événement mondial sera l'occasion de diffuser l'image que veut se donner le Grand Paris en termes d'efficacité, de performances techniques, de qualité des services, de recherche esthétique et culturelle. Le Grand Paris veut donner l'image de la ville de la transition écologique et du progrès pour tous, en y associant ses habitants.

Chapitre 3
Paris, ville de manifestations internationales

1. Le rôle des expositions universelles

a. Faire rayonner la ville par sa créativité

Entre 1855 et 1937, Paris a accueilli **six expositions universelles.** Ces expositions explorent un thème universel et sont visitées par des dizaines de millions de visiteurs. Elles transforment la ville organisatrice et accueillent des constructions qui sont restées dans notre paysage urbain.

Vers l'écriture personnelle

Pour découvrir les vestiges des expositions de 1855, 1867, 1878, 1889, 1900 et 1937, consultez le site la ville de Paris.

Consultez le site.
liennathan.fr/s4k49w

Quelques exemples de constructions laissées par les expositions universelles : les statues du musée d'Orsay (Exposition de 1878), des cerfs (Exposition de 1889), la tour Eiffel (Exposition 1889) et le pont Alexandre III (1900).

Les pays participants à ces expositions y présentent leurs plus **grandes créations techniques, industrielles, commerciales, artistiques et architecturales.** Elles montrent ainsi leur dynamisme industriel. En France, elles ont accéléré le développement urbain et modernisé les transports et les infrastructures. Ainsi, ces expositions ont été l'occasion de construire de nouveaux monuments (le Petit et le Grand Palais, le palais de Chaillot), de montrer des prouesses techniques (usage nocturne de l'électricité et ouverture du métro parisien). Enfin, en 1900, la cinquième exposition universelle a favorisé la construction des gares d'Orsay et de Lyon.
Cette même année, pour célébrer l'entrée de la capitale dans un siècle nouveau, de nombreuses **attractions spectaculaires sont imaginées.** Ainsi, en plus du premier métro parisien (inauguré le 19 juillet 1900) et d'un chemin de fer électrique, **un trottoir roulant** est installé pour se déplacer plus rapidement.

Ce trottoir roulant baptisé *Rue de l'Avenir* eut beaucoup de succès, puisque plus de 6 millions de personnes l'empruntèrent. Avec un trajet de 3,5 kilomètres, il partait de l'esplanade des Invalides, longeait les quais de Seine, passait par le Champ de Mars puis revenait aux Invalides.

Vous pouvez découvrir ce trottoir roulant sur le lien suivant.
liennathan.fr/v558ub

b. Glorifier l'empire colonial

Toutefois, ces expositions sont également organisées pour glorifier l'empire colonial.
L'Exposition coloniale de 1931, qui s'est tenue au bois de Vincennes, avait pour objectif de promouvoir l'empire colonial français et plus largement les empires coloniaux européens. Il s'agissait d'« exalter la puissance technologique et civilisatrice des pays européens et nord-américains » (le Palais de la Porte dorée- Musée de l'immigration).
Le **Palais de la Porte dorée** décrit cette exposition :

> Un petit train de ceinture permettait de faire rapidement le tour de l'exposition : à commencer par la section étrangère avec les pavillons portugais, les huttes congolaises de la Belgique, le temple javanais des Hollandais, la basilique tripolitaine de l'Italie, la plantation de Mount Vernon des États-Unis. [...] Le train poursuivait vers l'empire français, présenté en majesté. La grande avenue était bordée par les pavillons des « vieilles colonies » (Antilles, Guyane, Réunion, Indes françaises, Océanie), puis on débouchait sur le clou de l'exposition, à savoir le temple d'Angkor, dont la flèche de la tour centrale pointait à 55 mètres de hauteur. Le pavillon de l'Afrique occidentale française (AOF), inspiré d'un palais fortifié du Soudan français (ou de la mosquée de Djenné) était un autre point de repère spectaculaire. Par contraste, le pavillon de l'Afrique équatoriale française (AEF). Pour rendre l'événement vivant et attractif, des animations étaient proposées aux visiteurs. Les spectacles de danse constituaient l'une des attractions les plus prisées. Dans chaque section, des habitants des colonies amenés sur place donnaient vie à des villages reconstitués. Des artisans travaillaient sous les yeux du public, d'autres tenaient des stands de souvenirs. Bien que le parti pris de l'exposition de 1931 ne consistât plus exactement à recréer les « zoos humains » tombés en désuétude, alors qu'ils avaient été courants lors d'expositions coloniales anté-

rieures, il s'agissait, malgré tout, d'exhiber des hommes et des femmes pour mieux affirmer le pouvoir de la France sur ces derniers.

2. Les Jeux olympiques et paralympiques de Paris 2024

Du 26 juillet au 8 septembre 2024 auront lieu à Paris la 33e olympiade. Cet événement se décomposera en deux moments, les Jeux olympiques d'été auront lieu du 26 juillet au 11 août 2024, et seront suivis des Jeux paralympiques du 28 août au 8 septembre 2024. 206 nations seront présentes et 10 000 athlètes s'affronteront lors de 339 épreuves, pour 28 disciplines différentes. L'organisation de ces JO a été attribuée à la ville de Paris, le 13 septembre 2017.
L'accueil de la décision a été mitigée et si certains voient dans les Jeux l'occasion de renforcer les infrastructures sportives et touristiques pour les exploiter une fois l'événement achevé, d'autres les contestent. En effet, les Jeux olympiques et paralympiques précédents ont laissé des dettes abyssales dans les villes où ils ont été organisés : Rio, Montréal, Londres…

a. Quelles transformations pour Paris ces Jeux vont-ils entraîner ?

Les travaux entrepris en vue des Jeux de Paris ne vont pas transformer la capitale mais **certaines infrastructures auront un impact sur le paysage urbain**. Ainsi la salle de sport et de spectacle, l'Arena, construite porte de la Chapelle, avec ses deux gymnases l'un sur l'autre et pouvant contenir 8 000 spectateurs. Ce sera le seul équipement « en dur » construit spécifiquement pour les JO dans la capitale. Le choix de l'emplacement est lié à l'effort de reconversion de cette zone défavorisée de Paris. Le village des athlètes, le centre aquatique, le complexe sportif du Prisme s'installeront en Seine-Saint-Denis.

b. La promesse de la sobriété écologique pour les JO 24 pourra-t-elle être tenue ?

Après avoir promis une compétition à « contribution positive pour le climat », le comité d'organisation des JO a pour objectif de **diviser par deux les émissions de gaz à effet de serre** générées par l'événement.
Pour que l'événement soit la première édition bas carbone, il s'agit d'exploiter ce qui est déjà sur place et ce qui est déjà bâti sera « déconstruit » et non pas détruit, permettant de recycler 90 % des matériaux. 95 % des équipements utilisés pour l'événement existent déjà ou seront retirés après les Jeux. Le village des athlètes est présenté comme un modèle de sobriété écologique. En effet, grâce à l'utilisation massive du bois, son impact carbone devrait être réduit de 30 % par rapport à une construction en béton avec un objectif de ne pas dépasser 700 kilos équivalent CO2 par mètre carré contre 1 tonne en moyenne. De plus, il sera équipé de panneaux solaires.

Mais cette promesse de Jeux écologiques est-elle tenable ?

« Même si la démarche climatique peut être saluée, elle reste opaque », juge Alexandre Joly, expert énergie et climat chez Eclaircies. Les hypothèses du calcul de l'empreinte carbone, les évaluations d'impact des différentes mesures et la tenue ou non du budget carbone ne sont pas communiquées. Les organisateurs invoquent des « points qui peuvent encore bouger » ou « des éléments confidentiels liés aux déplacements ou aux dépenses de certains partenaires ». […] La plus grande incertitude qui pèse sur l'empreinte carbone réelle des Jeux est liée aux transports. Concernant l'engagement « 100 % des sites accessibles en transports en commun », deux paramètres pourraient compliquer l'équation initiale : le retard pris dans les travaux de nouvelles lignes-clés – le Charles-de-Gaulle Express entre Roissy (Val d'Oise) et le centre de Paris, et les lignes 16 et 17 ne seront pas prêts – et des risques de grève liés à un climat social potentiellement tendu, notamment en raison du projet d'ouverture à la concurrence du réseau d'autobus. »

Stéphane Mandard, « Paris 2024 : le difficile pari de JO "écolos' »,
***Le Monde,* 24 mai 2023.**

Les objectifs en matière d'empreinte carbone, s'ils sont louables, ne seront pas forcément atteints surtout qu'il est impossible de savoir à l'heure actuelle, les modes de transport utilisés par les spectateurs, notamment, par les étrangers pour aller à Paris.

c. Les JO de 2024 vont également entraîner des déplacements de population.

Des étudiants devront quitter leur cité universitaire pour loger des athlètes et des membres des forces de l'ordre. Des voix s'élèvent contre ces réquisitions qui risquent de précariser encore plus les étudiants concernés.

« La tenue du plus grand événement sportif de la planète «ne peut se faire au détriment de la jeunesse, mais bien pour elle et avec elle », poursuit la coordination (étudiante), qui demande à l'État de renoncer à ce projet « inconciliable avec la mission première des Crous ».

Ce n'est qu'à l'issue de la campagne de renouvellement des baux, entre mars et mai 2024, que les Crous d'Île-de-France auront une visibilité sur le nombre d'étudiants à reloger. Ceux dont la chambre sera préemptée n'auront à s'acquitter d'aucun loyer, promet le Crous. Selon les syndicats étudiants, des « frais annexes » résulteront de cette réquisition, qu'il s'agisse du déménagement vers une autre chambre ou d'un retour au domicile familial.

Une autre incertitude se dessine concernant la date à laquelle les étudiants délogés pourront réemménager. Les Jeux paralympiques, qui se terminent le 8 septembre, ne sont pas intégrés dans la requête de la délégation interministérielle, assure Clément Cadoret. « Les départs seront peut-être perlés depuis la fin août jusqu'à tout début septembre », projette-t-il cependant.

Soazig Le Nevé, « JO de Paris 2024 : polémique autour de la réquisition de 3000 chambres d'étudiants », *Le Monde,* 12 mai 2023.

d. Quelle image Paris veut-elle donner à l'occasion de ces Jeux ?

Les JO impliquent que la capitale soit filmée pendant plusieurs jours : par les touristes et les télévisions du monde. Aussi des mesures ont été envisagées pour déplacer des populations considérées comme « gênantes », à savoir les personnes sans-abri. Depuis le mois d'avril 2023, le gouvernement cherche à inciter ces dernières à quitter la région parisienne pour aller en région. Des « sas d'accueil » devraient être créés pour accueillir ces populations, essentiellement composées de migrants. Le prétexte est que des chambres doivent être libérées pour être en mesure de loger des visiteurs au moment des JO et de la Coupe du monde de rugby.
Pour certains, ces déplacements participent d'une opération d'urbanisme destinée à être pérenne.

Le principe est qu'à l'issue de trois semaines d'examen de leur situation administrative et sanitaire, une place dans un hébergement d'urgence ou un centre pour demandeurs d'asile peut leur être proposée dans un des départements de la région. Le but est ensuite d'insérer socialement « les personnes en situation d'être régularisées », en les rapprochant « d'une potentielle zone d'emploi », précise Olivier Klein. Tout en leur laissant la possibilité de revenir en Île-de-France, si une opportunité d'emploi ou de logement s'offrait à eux.
La condition du « volontariat » au départ de Paris ne serait cependant pas toujours remplie. « On a l'impression que les personnes sont souvent mises dans des bus, sans que ce soit l'aboutissement d'une décision personnelle », alarme Manuel Domergue de la Fondation Abbé Pierre. Le président de la Fédération des acteurs de la solidarité (FAS), Pascal Brice, n'y voit quant à lui pas une solution pérenne, qui s'assimile davantage à de la « dispersion » qu'à de l'accueil : « Si vous n'expliquez pas aux gens ce que vous leur proposez, en deux jours ils sauront revenir à Paris.

Lucile Delorez, « À l'approche des JO, les associations inquiètes des transferts de sans-abris de Paris aux régions », *Libération,* 26 mai 2023.

Cette opération inquiète des responsables associatifs et est considérée comme une atteinte à la dignité des personnes.

e. Quels sont les enjeux sécuritaires des Jeux ?

La cérémonie d'ouverture des JO 2024 devrait se dérouler sur la Seine en présence de 600 000 spectateurs. Le Comité d'organisation (Cojo) et la ville de Paris doivent s'entendre quant à la sécurité de cet événement et plus largement de l'ensemble des Jeux. Une loi promulguée le 19 mai 2023 autorise un certain nombre de mesures pour assurer cette sécurité. Elle autorise par exemple l'**expérimentation** de la vidéosurveillance intelligente pour assurer la sécurité des manifestations sportives**,** récréatives ou culturelles particulièrement exposées à des risques et ce jusqu'au 31 mars 2025. Ces traitements par l'intelligence artificielle (IA), dites **« caméras augmentées »**, pourront détecter en temps réel des événements comme des mouvements de foules, un sac abandonné ou des comportements suspects dans des lieux qui accueillent des manifestations, à leurs abords et dans les transports en commun. Ils ne pourront utiliser aucune technique de reconnaissance faciale, ni aucun système d'identification biométrique et ne pourront pas recourir à des données biométriques.

Vers l'écriture personnelle

Consultez le site Vie publique sur les jeux olympiques et paralympiques et relevez les autres mesures préconisées pour assurer la sécurité pendant la durée des Jeux.

liennathan.fr/6y59yj

f. Quel sera l'héritage de ces jeux ?

Les aménagements, constructions effectuées pour les jeux 2024, devraient avoir des retombées sur les espaces concernés. Ainsi, le village des athlètes laissera place à un nouvel écoquartier avec 1 300 logements. Le pari est de ne pas laisser d'infrastructures colossales et onéreuses qui ne pourront pas resservir, mais de les valoriser. Les organisateurs espèrent également que ces jeux entraîneront un développement de l'activité physique et sportive en France.

Les craintes formulées à propos de cet héritage

La construction du Village des athlètes accélère le développement de Saint-Ouen, en Seine-Saint-Denis, et entraîne une modification du paysage urbain. Mais pour la sociologue Marie-Hélène Bacqué :

> Les JO sont utilisés dans une stratégie de gentrification au nom de la mixité sociale [...]. Mais on assiste à une re-hiérarchisation des territoires : l'embourgeoisement de certains quartiers et la paupérisation dans d'autres.

Les transformations de la ville risquent d'attirer des classes moyennes qui ne peuvent accéder à la propriété à Paris, en raison des prix de l'immobilier, et de repousser les classes populaires plus loin. Pour cette sociologue, le fait de modifier la ville en détruisant et en relogeant les populations qui vivent actuellement à Saint Ouen, rompt les liens créés entre les habitants de la ville. Pour la sociologue Marie-Hélène Bacqué, les JO participent d'un projet plus large qui est d'inscrire Paris dans une concurrence avec d'autres capitales. Les déplacements de populations sont envisagés de façon pérenne et les transformations de la ville vont avoir des conséquences sur la répartition des populations en Île-de-France, avec une gentrification accrue des villes habitées aujourd'hui par les classes populaires.

Écoutez le podcast sur l'image que Paris veut offrir au monde.
liennathan.fr/4h8mh4

3. Paris, la concurrence avec les autres villes

a. Des villes françaises rayonnantes

Si Paris est la ville la plus peuplée et la plus riche sur le plan économique, un nombre important de métropoles françaises rayonne à l'échelle nationale. C'est le cas de Lyon, Nantes, Lille, Toulouse qui sont des métropoles régionales.

Vers la synthèse de documents

En vous appuyant sur les deux documents suivants, vous expliquerez la dernière phrase du document 1 : « on ne peut plus parler de Paris et du désert français. »

Document 1

La politique de l'État en direction des territoires vise à faire émerger des champions nationaux. Elle favorise donc les villes qui ont déjà des atouts. La priorité n'est plus tant d'équilibrer les territoires que d'encourager les villes qui sont déjà des locomotives en termes de développement économique. Il ne s'agit bien sûr plus de brider le développement de Paris, mais de soutenir la région-capitale dans sa concurrence avec Londres et les autres villes globales. Mais la métropolisation à l'échelle régionale permet à de plus en plus de cadres parisiens de poursuivre leur carrière à Nantes, Toulouse ou Bordeaux. Paris ne concentre plus tous les cadres supérieurs. Sur cet aspect, on ne peut plus parler de Paris et du désert français.

Catherine Calvet, « Immobilier : "La priorité n'est plus d'équilibrer, mais d'encourager des locomotives" », *Libération*, 7 janvier 2019.

Document 2

L'agence régionale d'urbanisme et de l'environnement d'Île-de-France (Institut Paris Région), l'Insee Île-de-France et la CCI Paris Île-de-France publient chaque année les chiffres-clés de la Région Île-de-France. Les chiffres ci-dessous datent de 2021.

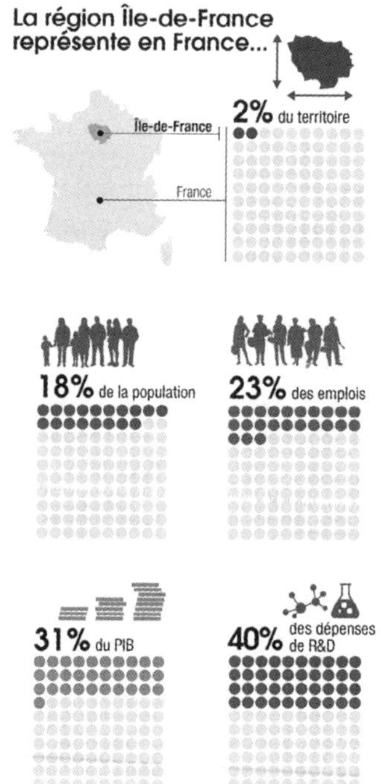

© Institut Paris Région 2022
Source : INSEE ; Pôle emploi, Dares, MESR, Aéroports de Paris

Pistes de réponse :

Dans le schéma de l'Institut Paris Région, on voit que, bien que ne représentant que 2 % du territoire, la région parisienne produit 31 % du PIB national et représente 40 % en termes de dépenses de recherche. Cette importance lui permet de rivaliser avec d'autres capitales comme Londres, comme indiqué dans l'article de *Libération*. Mais cette place mondiale n'empêche pas d'autres villes françaises, Nantes, Toulouse, Bordeaux de se développer sur le plan économique, et d'être de vraies « locomotives » comme le montre le document 1.

b. La concurrence avec les autres villes internationales

Avec plus de 12,5 millions d'habitants, l'Île-de-France est une des deux plus grandes métropoles d'Europe. À l'échelle internationale, les grandes villes se livrent à une concurrence féroce. En France, seule Paris a le statut de ville mondiale, comme Londres et New York. Dans cette compétition, Paris a de nombreux atouts proposant plus d'un million d'emplois stratégiques et produisant 30 % de la richesse française. Roissy est le second aéroport européen et plusieurs dizaines de TGV quotidiens relient Paris à quarante métropoles européennes.

Dans les métropoles, les fonctions économiques et financières se trouvent dans des quartiers d'affaires, généralement situés dans le centre-ville. Le modèle du gratte-ciel apparu aux États Unis s'est généralisé et définit le quartier des affaires, comme celui de la Défense à Paris. Mais les centres villes sont saturés et de nouveaux centres apparaissent. Ce sont des « centres secondaires spécialisés » (appelés *edge*[1] *cities* aux États-Unis) qui concentrent une partie des activités qui se trouvaient jusque-là dans les centres-villes. C'est ainsi que se sont créées des villes nouvelles et des technopoles comme le plateau de Saclay en région parisienne. Les territoires urbains se spécialisent et on parle de « zonage ». Ainsi, en Île-de-France, les activités aéroportuaires se développent autour de l'aéroport de Roissy, avec une zone industrielle qui concentre des milliers d'emplois.

SYNTHÈSE

Paris incarne la liberté à bien des égards et elle a une longue histoire de défense des droits humains qui a permis de façonner la notion de liberté. Cette histoire commence avec la Révolution de 1789 et la publication de la *Déclaration universelle des droits de l'Homme*, reprise dans le Préambule de la Constitution française de 1958 accompagnée de la devise « liberté, égalité, fraternité ». Ces idéaux révolutionnaires ont inspiré de nombreux **mouvements d'émancipation** en France et à travers le monde.

Paris bénéficie également d'un **patrimoine culturel** très riche avec ses nombreux musées et d'un **environnement intellectuel et artistique** qui valorise et enrichit son image de « ville lumière ». Mais Paris, comme les autres capitales, doit relever des défis, contemporains et futurs, notamment en matière environnementale pour maintenir son rang de capitale internationale.

MOTS ET NOTIONS CLÉS :
périphérique, métro, voies sur berges, Révolution de 1830, Révolution de 1848, Commune de Paris, libération de Paris, mai 1968, manifestations, barricades, musées, » ville lumière »

1. *edge* signifie le bord.

Corrigé

Sujet : Paris est-elle toujours une ville internationale ? Vous répondrez à cette question dans un écrit organisé.

Paris rayonne dans le monde grâce son patrimoine, sa culture, son histoire et attire des touristes du monde entier mais aussi des investisseurs. Les secteurs comme le luxe, la gastronomie et dans une moindre mesure la recherche peuvent être attractifs. Mais d'autres villes européennes et internationales concurrencent Paris et sa région. Peut-on toujours affirmer que Paris est une ville internationale ? Nous verrons que si l'Île-de-France bénéficie d'un rayonnement international, elle doit relever un certain nombre de défis si elle veut maintenir son rang.

I. Qu'est-ce qui fait de Paris une capitale internationale ?

A. L'Île-de-France est la première région économique française et l'une des premières au niveau européen.

Elle est composée de 8 départements, 1 300 communes et accueille une population de 12 millions d'habitants - 18 % de la population française métropolitaine.

Exemples : La région Île-de-France est le premier bassin d'emploi européen et la main-d'œuvre qui y travaille est hautement qualifiée (34 % des cadres français). Elle est également un grand territoire rural et les filières bois et agricole sont dynamiques.

B. Le rayonnement international de Paris

Paris abrite le siège d'institutions internationales comme celui de l'OCDE et celui de l'UNESCO. Elle accueille également de nombreux événements internationaux accroissant sa visibilité.

Exemples : En 2015, la COP 21 (Conférence des Nations unies sur les changements climatiques) sur le changement climatique s'est tenue à Paris
Les Jeux olympiques et paralympiques 2024.

C. Paris et sa région sont reliées aux autres grandes métropoles

Exemple : Les aéroports, notamment Roissy, et les TGV qui vont vers des capitales européennes (Eurostar…).

II. Quels sont les défis auxquelles Paris doit faire face ?

A. Des défis climatiques

Paris doit s'adapter aux défis climatiques à venir. La ville de Paris a proposé un Plan Climat pour aller vers la neutralité carbone.

Exemple :

Le Plan propose la rénovation des logements et à la réduction des transports les plus carbonés. Pour atteindre 100% d'énergies renouvelables, la Ville tissera des partenariats territoriaux pour soutenir et participer au financement de la production d'énergies renouvelables en dehors de son territoire.

B. Des défis sociaux

Le Grand Paris doit relever plusieurs défis sociaux. Il y a d'abord celui des inégalités spatiales qui entraîne une répartition des richesses et des moyens de production privant certaines zones (essentiellement au nord et à l'est) d'un accès à l'emploi. Le coût de la vie est également facteur d'inégalités.

Exemple :

La pression immobilière entraîne des départs, pas toujours choisis, du centre-ville vers les villes périphériques.

III. Que doit faire Paris et la région pour maintenir son rang ?

A. Le Grand Paris

La métropole du Grand Paris qui compte 7 millions d'habitants se construit progressivement. Elle a pour objectif de mettre en commun les ressources de ses territoires pour faire face aux enjeux à venir : la construction de logements, le développement des transports, la transition énergétique…

Exemples :

La création du Grand Paris express a pour objectif de désenclaver les territoires qui sont peu ou non desservis pour augmenter l'offre de logement. Par ailleurs, la métropole doit rattraper son retard en matière de construction de logements, dont 30 % de logements sociaux qui devraient se concentrer près des gares du Grand Paris Express.

B. La région Île-de-France doit continuer à développer la recherche de pointe

Exemple :

Paris-Saclay est un pôle scientifique et technologique à vingt kilomètres au sud de Paris, sur une zone qui couvre 27 communes de l'Essonne et des Yvelines. Le cœur est le plateau de Saclay. Sa construction a été lancée en 2006 et le projet vise à regrouper entre 20 et 25 % de la recherche scientifique française : organismes de recherche, grandes écoles, universités et entreprises pour créer un pôle d'excellence scientifique et technique de dimension internationale, comparable à la *Silicon Valley*, aux Etats-Unis, ou à la région de Cambridge en Angleterre.

Dans un contexte de mondialisation, Paris, comme toutes les grandes villes, se livre à une vive concurrence pour être une métropole à l'échelle internationale. Pour conserver son rang, la région parisienne doit relever des défis comme celui du climat et renforcer les activités de logistique autour des aéroports et des ports mais également soutenir et stimuler la recherche. Elle doit aussi garantir une qualité du recrutement, une stabilité dans l'emploi et la sécurité des biens et des personnes, dans le respect du droit international.

L'épreuve de culture générale et expression

Éléments de méthodologie

Présentation de l'épreuve de CGE

1. L'épreuve de CGE dure 4 heures et est notée sur 60 points.

2. Elle est composée :

– d'un **corpus** de trois ou quatre documents (textes et/ou images) ;
– de **deux sujets** :
 • la **synthèse de documents** (notée sur 40), qui porte sur un des deux thèmes au programme de seconde année,
 • l'**écriture personnelle** (notée sur 20 points), formulée sous la forme d'une question qui porte sur le même thème que celui du corpus de documents.

3. Ce qui est évalué à l'examen :

– les **connaissances** acquises au cours des deux années et qui concernent les deux thèmes étudiés (exemple en 2020-2021 : thème 1 : « À toute vitesse ! », thème 2 : « De la musique avant toute chose ? ») ;
– la **maîtrise de la méthode** de la synthèse de documents et de l'écriture personnelle ;
– la **maîtrise de l'expression** (lexique, correction de la langue).

Les sujets de l'examen

1. La synthèse de documents

Les caractères généraux

– Le sujet est composé d'un corpus de documents concernant un des deux thèmes au programme : extraits d'essais, articles de presse, textes littéraires, documents iconographiques.
– Une consigne : « Vous rédigerez une synthèse objective, concise et ordonnée des documents suivants. »

Les étapes de la synthèse de documents

A. LIRE DES TEXTES ET REFORMULER LES IDÉES PRINCIPALES

La première compétence évaluée dans la synthèse de documents est la **compréhension** des documents.

a. Lire les documents du corpus

Il s'agit d'identifier les genres et types de textes et d'images (texte narratif, argumentatif, image de presse, affiche publicitaire…).

b. Reformuler les idées principales des documents

Il s'agit d'abord de comprendre les documents et l'intention de leurs auteurs. Pour cela :
– surlignez les idées principales dans les textes ;
– reformulez ces idées avec vos mots ; cette reformulation permet de synthétiser ces idées et de ne pas reprendre les mots des textes. Pour une image, il suffit de formuler l'idée de son auteur.

Astuce

Pour chaque document, barrer au crayon de papier les idées qui paraissent secondaires et ne seront pas reprises dans la synthèse.

B. Confronter les documents du corpus

La deuxième compétence évaluée dans la synthèse de documents est la **confrontation** des documents.

Il s'agit, à ce stade :
– de trouver ce qui rapproche les documents, ce qui les oppose, en quoi ils se complètent, éventuellement ;
– de formuler les pistes de réflexion qui formeront les parties du plan de synthèse.

Pour travailler efficacement, commencez par le document qui contient les aspects les plus variés du thème étudié.

Astuces

- Pour formuler les pistes de réflexion, Il s'agit de comprendre l'intention de l'auteur de chaque document étudié (il informe, présente, décrit, critique, dénonce…).
- Commencez par étudier le document qui présente le plus d'idées et qui sera le document « matrice ».

C. Formuler la problématique et bâtir le plan de la synthèse

La troisième compétence évaluée dans la synthèse de documents est son **organisation**.

a. La problématique de la synthèse

Problématiser la synthèse de documents, c'est, à partir des pistes de réflexion formulées, se demander pourquoi les documents du corpus ont été rassemblés.

b. Le plan de la synthèse

Bâtir un plan, c'est répondre à la question posée par la problématique.
Le plan de la synthèse peut être composé de deux ou trois parties.

» Les différents types de plans

I. Le plan thématique
Il étudie les différents aspects du champ étudié.

II. Le plan dialectique
Il présente un point de vue (I) puis une concession à ce point de vue (II) (les avantages et inconvénients d'un phénomène) et, éventuellement, un prolongement (III).

III. Le plan analytique
Il étudie les causes et les conséquences d'un phénomène.

» **La structure du plan**

I. Thèse 1
A. Idée 1
B. Idée 2
Phrase de transition
II. Thèse 2
A. Idée 1
B. Idée 2

Astuce

Même si le sujet d'écriture personnelle est différent de la problématique de la synthèse, il vous aidera à trouver cette dernière. En effet, il est en lien avec le corpus de documents.

Chaque idée correspond à un paragraphe.

D. Rédiger la synthèse

La quatrième compétence évaluée dans la synthèse de documents est sa **rédaction**.

La synthèse est composée :
- d'une introduction ;
- du développement de la synthèse ;
- d'une conclusion.

a. L'introduction

L'introduction :
- contient une phrase d'accroche qui présente le thème du corpus de documents ;
- pose la problématique ;
- annonce le plan.

b. Le développement

– <u>Composition</u>

• Le développement de la synthèse est composé de **deux ou trois parties** dont chacune est un élément de réponse à la problématique.

• **Chaque partie de la synthèse est composée de deux ou trois paragraphes.** Chacun développe une idée (argument et exemples).

– <u>Rédaction</u>

• Chaque paragraphe **confronte au moins deux documents**. La première fois que vous faites référence à un document, précisez son titre, le nom de son auteur ainsi que son genre ; ensuite, utilisez au choix l'un des trois.

• **L'expression dans la synthèse reste neutre et objective :** il s'agit de s'en tenir au contenu des documents et de ne pas ajouter de commentaire personnel.

• Veillez à soigner la **syntaxe** et l'**orthographe**.

• Est également évaluée la **maîtrise du lexique lié au thème** qui figure dans les programmes officiels.

c. La conclusion

Elle répond à la problématique et propose un bilan de la synthèse.

Astuce

> La qualité de la rédaction est importante et il s'agit notamment de varier les tournures.
> Par exemple, pour éviter la tournure : « le document 1 dit que », reprenez le travail effectué dans la seconde étape de préparation et formulez l'objectif du document : « le document critique, analyse, défend, précise, interroge, conteste, remet en cause… ».

2. L'écriture personnelle

Les caractères généraux

Le sujet est composé :

– d'une question qui porte sur un des deux thèmes au programme ;

– d'une consigne formulée de la manière suivante : « Vous répondrez à cette question d'une façon argumentée en vous appuyant sur les documents du corpus, vos lectures et vos connaissances personnelles. »

Les étapes de l'écriture personnelle :

A. Lire le sujet

> La première compétence évaluée dans l'écriture personnelle est la **prise en compte de la question posée**.

a. Trouver les idées

Étudiez les mots-clés du sujet en notant au brouillon les idées qu'ils suggèrent. Cette étape permet de « déplier » toutes les possibilités du sujet et d'éviter un hors-sujet.

b. Faire les liens avec le thème

Pendant la seconde année de STS, vous avez étudié des documents, des problématiques en lien avec les deux thèmes au programme. Il s'agit de faire les liens entre le sujet d'écriture personnelle de l'examen et les références étudiées en cours.

Astuce

> Classez, au cours de l'année, les documents étudiés en fonction de leur thème/problématique.

B. Formuler des thèses et des arguments pour construire le plan

La deuxième compétence évaluée dans l'écriture personnelle est l'**organisation de l'argumentation.**

a. Formuler les thèses

On distingue deux types de sujets :
– la question posée par le sujet demande de développer un point de vue en mettant en perspective deux thèses ;
– le sujet est une question ouverte. Il s'agit de proposer une réponse explicative dans laquelle les thèses se complètent.

b. Formuler les arguments

Les arguments soutiennent une thèse et lui sont subordonnés.

C. Illustrer les arguments avec des exemples

La troisième compétence évaluée dans l'écriture personnelle est la **mobilisation de sa culture**.

– Les arguments sont illustrés par des exemples et il s'agit, à ce stade, de convoquer des références étudiées au cours de l'année et/ou puisées dans votre culture personnelle.
– Les exemples sont précis, concrets et doivent être développés en une ou deux phrases, au moins.

Astuce

Les exemples doivent être puisés dans les références étudiées au cours de l'année (textes, images, films...). Pour chacun des deux thèmes, construisez-vous une banque d'exemples à partir des documents étudiés en cours.

D. Rédiger l'écriture personnelle

La quatrième compétence évaluée dans l'écriture personnelle est sa **rédaction.**

L'écriture personnelle est composée :
- d'une introduction ;
- du développement de la synthèse ;
- d'une conclusion.

a. L'introduction

L'introduction :
- contient une phrase d'accroche qui présente le thème et son lien avec la question ;
- reprend la question posée ;
- annonce le plan.

b. Le développement

- Composition
• Le développement de l'écriture personnelle est composé de **deux ou trois parties** dont chacune est un élément de réponse à la question.
• **Chaque partie est composée de deux ou trois paragraphes**. Chacun développe une idée (argument et exemples).
- Rédaction
• Contrairement à la synthèse de documents, **l'expression dans l'écriture personnelle est subjective** : il s'agit de développer un point de vue.
• Veillez à soigner la **syntaxe** et l'**orthographe**.
• Est également évaluée la **maîtrise du lexique lié au thème** qui figure dans les programmes officiels.

c. La conclusion

Elle répond à la question posée par le sujet.

Bilan

Vérifiez votre maîtrise des éléments de méthode.

Ce qu'il faut faire	Ce qu'il ne faut pas faire
La synthèse de documents	
Reformuler les idées des documents.	Citer les textes du corpus.
Hiérarchiser les idées et reformuler les idées importantes.	Reformuler toutes les idées des documents.
Confronter les documents à l'intérieur de chaque paragraphe.	Étudier les documents les uns après les autres et consacrer un paragraphe à chacun d'eux.
Étudier **tous** les documents du corpus.	Laisser de côté un document que vous avez mal compris.
Préciser les **sources précises du document** évoqué la première fois dans la synthèse.	Donner le numéro du document étudié.
L'écriture personnelle	
Organiser une **argumentation personnelle**.	Rédiger une mini-dissertation.
Utiliser **des exemples et des références étudiés en cours ou puisés dans des connaissances personnelles**.	Utiliser uniquement des exemples et des références du corpus.
S'engager dans la réponse à la question posée en prenant position (employez le pronom « on » ou le pronom « je »).	Ne proposer aucun élément de réponse.

Crédits texte

p. 16 Roland Barthes, « Nautilus et Bateau ivre », *Mythologies*, © éditions Denoël, 1957 ; **p. 28, textes 1 et 2 et p. 29** Jean de Mandeville, *Voyage autour de la Terre* (1355-1357), © Les Belles Lettres, 2004 ; **p. 31** Blaise Cendras, *La Prose du transibérien et de la petite Jehanne de France*, © 1947, 1963, 2001, 2005, 2022 Éditions Denoël, Extraits tirés du volume 1 de « Tout autour d'aujourd'hui », Nouvelle édition des œuvres complètes de Blaise Cendrars dirigée par Claude Leroy ; **p. 34** Sylvain Tesson, *Sur les chemins noirs*, © éditions Gallimard, 2019 ; **p. 35** Jean Cocteau, *Le Rappel à l'ordre*, © éditions Stock, 1926 ; **p. 35** Francis Ponge, *Introduction au galet*, © éditions Gallimard, 1933 ; **p. 37** Georges Perec, *Espèces d'espaces*, © éditions Seuil, 1974 ; **p. 42**, James Matthew Barrie, *Peter Pan*, 1911, Librairie Générale Française, 2020 ; **p. 48** Michel Serres, *Le Tiers-Instruit*, © éditions Gallimard, 1991 ; **p. 51 et 53** Selma Lagerlöf, *Le Merveilleux Voyage de Nils Holgersson à travers la Suède*,1907, traduction Lena Grumbach et Marc de Gouvenain, © Le Livre de Poche, 1991 ; **p. 54** Homère, *Odyssée*, Chant II, traduction M. Dufour et J. Raison, © édition Flammarion, 2017 ; **p. 57** Marc Belpois, interview d'Emmanuelle Lellement, « Non, la fête n'est pas finie ! », *Télérama*, 21 décembre 2021 ; **p. 58** Céline Rouden, critique du film de Maiwenn, la-croix.com, 27 octobre 2020 ; **p. 60** Emmanuel Carrière, *Un roman russe*, © POL, 2007 ; **p. 64** Paulo Coelho, *L'Alchimiste*, traduction Jean Orecchioni © Anne Carrière 1994, © J'ai lu, 1996 ; **p. 65** Jules Supervielle, « Un poète », *Les Amis inconnus*, 1934, © éditions Gallimard, 1934 ; **p. 67** Michel Butor, *La Modification*, © Les éditions de Minuit, 1957 ; **p. 72** Laurent Gaudé, *Eldorado*, © Actes Sud, 2006 ; **p. 73, 102 et 124** Leïla Slimani, *Le Parfum des fleurs la nuit* ; © éditions Stock, 2021 ; **p. 75** Lucie Azema, *Les femmes aussi sont du voyage. L'émancipation par le départ*, © éditions Flammarion, 2021 ; **p. 81** Sénèque, *Lettres à Lucilius*, traduction Joseph Baillard, © éditions Hachette, 1914 ; **p. 82** Louis-Ferdinand Céline, *Voyage au bout de la nuit*, © éditions Gallimard, 1932 ; **p. 85** Claude Levi-Strauss, *Tristes tropiques*, © éditions Plon, 1955 ; **p. 90** Roland Barthes, *Mythologies*, © éditions Denoël, 1957 ; **p. 101, 102 et 103** Nicolas Bouvier, *L'Usage du monde*, © éditions Droz, 1963 ; **p. 105** Liane Moriarty, *Neuf parfaits étrangers*, © éditions Albin Michel, 2020 ; **p. 118** Jean-Didier Urbain, *Le voyage était presque parfait. Essai sur les voyages ratés*, © éditions Payot, 2008 ; **p. 121** Matthias Debureaux, *De l'art d'ennuyer en racontant ses voyages*, © éditions Allary, 2005 ; **p. 122 et 123** Pierre Jourde, *Le Voyage du canapé-lit*, © éditions Gallimard, 2019 ; **p. 124** Emmanuelle Peyvel, « Mui Ne (Vietnam) : deux approches différenciées de la plage par les touristes occidentaux et domestiques », *Géographie et cultures*, 2008 ; **p. 126** Vie publique, *Le surtourisme, quel impact sur les villes et l'environnement*, mai 2019 ; **p. 128** Nathalie Boxberger, *Qu'est-ce que le tourisme durable ?*, © doublesens.fr, juillet 2019 ; **p. 143 et 248** Aurélien Bellanger, *Le Grand Paris*, 2017, © éditions Gallimard ; **p. 146** « Presse : Paris, centre français du monde », *lhistoire.fr*, 30 septembre 2021 ; **p. 148** Sophie Corbillé, Emmanuelle Fantin et Adeline Wrona, *Paris, capitale médiatique – Ville et Presse au XIXe siècle*, 2022, Presses Universitaires de Vincennes ; **p. 151** Michel Feltin-Palas, « Reportages, vision de la "province"… Quand les médias versent dans le parisianisme », *L'Express*, 19 août 2021 ; **p. 152** Janine Garrisson, « À la Sorbonne, l'imagination n'a plus le pouvoir », *Historia* n°681, septembre 2003 ; **p. 158** Benoît Coquard et Nicolas Mathieu, Entretien « Il n'y a pas un ensemble cohérent qui pourrait s'appeler France périphérique et les jeunes ruraux ne constituent pas un groupe homogène », cdn Réseau Canopé ; **p. 162** Sylvie Tissot, Propos extraits de l'émission « Zoom zoom zen », *France Inter*, 12 décembre 2022 ; **p. 163** Monique Pinçon-Charlot et Michel Pinçon, « À Paris, les inégalités s'aggravent de manière abyssale », *Le Monde*, 29 janvier 2019 ; **p. 171** Elvire von Bardeleben, « Exposition : Paris se met à table à la Conciergerie », *Le Monde*, 13 avril 2023 ; **p. 178** Georges Perec, *Espèces d'espaces*, 1974, © éditions Galilée ; **p. 178** Jean-Claude Delorme et Anne-Marie Dubois, *Passages couverts parisiens*, Parigramme, 1996 ; **p. 181** Stéphanie Marteau, « Eurostar d'un côté, trains de banlieue de l'autre : la gare du Nord, deux mondes parallèles au cœur de Paris », *Le Monde Magazine*, 20 mai 2023 ; **p. 182** Olivier Razemon , Marjolaine Koch , Mathilde Costil , Eugénie Dumas , Joséfa Lopez et Emmanuel Davidenkoff , « Comment la banlieue jongle avec les transports » , *Le Monde*,

18 septembre 2022 ; **p. 183** *Le Parisien* (Week-end), « Nos bénévoles aident les seniors isolés », 21 janvier 2022 ; **p. 184** Alexis Boisselier, « L'urbanisme féminin émerge dans la métropole, *Le Grand Paris*, 25 mai 2018 ; **p. 187** Isabelle Maradan, « Quitter Paris « plus tôt que prévu » : pour des jeunes cadres montés à la capitale, la tentation de la qualité de vie », *Le Monde*, 12 novembre 2022 ; **p. 187** Véronique Chocron, « Alors que le marché immobilier se crispe, Paris devient moins attractif », *Le Monde*, 22 octobre 2022 ; **p. 188** Eugénie Deloire, « Comment le Covid a bouleversé l'immobilier », *Les Echos*, 15 septembre 2021 ; **p. 195** Caroline Mathieu, « La Tour Eiffel, histoire mouvementée d'un chef d'œuvre vertigineux », *Connaissance des arts*, 15 décembre 2020 ; **p. 197** Juliette Baëza, « Qu'apporte *"Emily in Paris"* à Paris ? », *Slate.fr*, 12 janvier 2023 ; **p. 198** Céline Carez, « Prêts à tout pour une photo devant la Tour Eiffel, le grand n'importe quoi du pont d'Iéna », *Le Parisien*, 25 juin 2022 ; **p. 200** Lina Fourneau, « Covid-19 : Après la crise sanitaire, les Parisiens redécouvrent leur ville », *20minutes.fr*, 17 juillet 2022 ; **p. 205** Philippe Soupault, *Les dernières nuits de Paris* (1928), © éd. Gallimard ; **p. 207** Fernand Braudel, *Civilisation matérielle, économie et capitalisme - XVe et XVIIIe siècles*, 1979, éd. Armand Colin ; **p. 216** Gilles Heuré, La nuit dans l'histoire, *Telerama.fr*, 1 janvier 2008 ; **p. 221** Gilles Renault, Promenons-nous dans l'éclat, Nuit blanche 2022 à Paris : la sélection de «Libé », liberation.fr 30 septembre 2022 ; **p. 222** Céline Carez et Estelle Dautry, « Nuisances, violences sexuelles, alcool, drogue… comment Paris veut rendre la nuit "bienveil-lante" », *Le Parisien, 25 février2023* ; **p. 238** Chris Knight, *Comment Paris facilite les déplacements,* Banque européenne d'investissement, 15 septembre 2017 ; **p. 239** Vincent Collen, « Logement, transports, les défis du prochain maire de Londres », *Les Echos*, 4 mai 2016 ; **p. 241** Jennifer Matas, « Immobilier : se loger en Île-de-France face à la pénurie et à la hausse des prix », *Les Echos*, 7 décembre 2021 ; **p. 242** Isabelle Hennebelle, « Quand tu es en fauteuil, cette ville est sans pitié. » *Le Monde*, 17 novembre 2022 ; **p. 243** Benjamin Leclerc, « En 2023, le "Climat Libé Tour" donne la voie, *Libération*, 1er janvier 2023 ; **p. 244** Émeline Cazu et Audrey Garric, « Comment adapter Paris à des canicules qui vont parfois atteindre 50°C », *Le Monde*, 15 avril 2023 ; **p. 245** Emmanuèle Bailly, « Canicule : des solutions pour apporter de la fraicheur en ville », France 3 régions, France-Info, 14 juin 2022 ; **p. 246** Italo Calvino, *Villes invisibles* (1972), traduction Jean Thibaudeau, éditions du Seuil 1974 ; **p. 254** Stéphane Mandard, « Paris 2024 : le difficile pari de JO "écolos' », *Le Monde,* 24 mai 2023 ; **p. 254** Soazig Le Nevé, « JO de Paris 2024 : polémique autour de la réquisition de 3000 chambres d'étudiants », *Le Monde,* 12 mai 2023 ; **p. 255** Lucile Delorez, « A l'approche des JO, les associations inquiètes des transferts de sans-abris de Paris aux régions », *Libération,* 26 mai 2023 ; **p. 257** Catherine Calvet, « Immobilier : "La priorité n'est plus d'équilibrer, mais d'encourager des locomotives" », *Libération*, 7 janvier 2019.

Crédits iconographiques

p. 25 Jean-Auguste-Dominique Ingres, *La Grande Odalisque*, © RMN-Grand palais (musée du Louvre) ; **p. 93** Anonyme, Selk'nams, DR ; **p. 110** Caspar Friedrich, *Voyageur contemplant la mer de nuages*, 1817-1818, Kunsthalle de Hambourg ; **p. 196** Marc Riboud, *Le Peintre de la Tour Eiffel*, 1953, Centre Georges Pompidou, Paris © Marc Riboud/RMN GP; **p. 203** Maxime Maufra, *Féérie nocturne : Exposition universelle Paris 1900*, 1918, Musée des Beaux-Arts de Reims © AKG-Images; **p. 204** Raoul Dufy, *La Fée Électricité*, 1937, détail, Musée d'Art moderne de la ville de Paris © Hervé Champollion /AKG-Images/ Adagp, Paris, 2023; **p. 206** Gustave Caillebotte, *Rue de Paris, temps de pluie*, 1877, Art Institute of Chicago, États-Unis © BIS / © Archives Larbor ; **p. 207** Auguste Renoir, *Bal du Moulin de la Galette*, 1876, Musée d'Orsay, Paris © BIS / Ph. H. Josse © Archives Larbor ; **p. 232** Affiche réalisée par l'Atelier des Beaux-Arts de Paris © BIS / © Archives Larbor ; **p. 234** Eugène Delacroix, *La Liberté guidant le peuple*, 1830 ,Musée du Louvre, Paris © BIS / Ph. Hubert Josse © Archives Larbor.

Ce livre est imprimé sur du papier issu de forêts gérées durablement.

N° de projet : 10288052 - dépôt légal : août 2023
Achevé d'imprimer en août 2023 par Estimprim, France